实践与发展

——房山区教育学会"十四五"教育科研学术文集

王 塔 边 红 武维民 ◎ 主编

沈阳出版发行集团

沈阳出版社

图书在版编目（CIP）数据

实践与发展 ：房山区教育学会"十四五"教育科研学术文集 / 王塔，边红，武维民主编 . -- 沈阳：沈阳出版社，2024.10. -- ISBN 978-7-5716-4175-7

Ⅰ. G40-03

中国国家版本馆 CIP 数据核字第 2024AD2795 号

出版发行：沈阳出版发行集团 ｜ 沈阳出版社
　　　　　（地址：沈阳市沈河区南翰林路 10 号　邮编：110011）
网　　　址：http://www.sycbs.com
印　　　刷：河北万卷印刷有限公司
幅面尺寸：185mm × 260mm
印　　　张：18
字　　　数：370 千字
出版时间：2024 年 10 月第 1 版
印刷时间：2024 年 10 月第 1 次印刷
责任编辑：郭亚利
封面设计：寒　露
版式设计：盈成聚晖图文设计
责任校对：赵秀霞
责任监印：杨　旭

书　　　号：ISBN 978-7-5716-4175-7
定　　　价：98.00 元

联系电话：024-62564911 24112447
E－mail：sy24112447@163.com

编 委 会

主编寄语

　　"十四五"时期，是全面构建首都高质量教育体系的新阶段，也是房山区由教育大区向教育强区迈进的提升期。房山教育人栉风沐雨、携手成长，见证了房山教育改革的澎湃春潮，见证了教育人的炽热情怀，培育出众多优秀学术成果。这些成果来源于课程改革，来源于教育教学实践，来源于深耕课堂后的反思，也来源于教育同仁对本乡本土教育的一份厚爱。为了充分发挥学术成果的示范引领作用，提升全区教育教学水平，我们将其挖掘出来、梳理出来，结集成《实践与发展——房山区教育学会"十四五"教育科研学术文集》，以成果固化的形式扩大受众体，反哺于教育教学实践。

　　《实践与发展——房山区教育学会"十四五"教育科研学术文集》汇集了干部、教师在教育教学研究中的真知灼见，是对教育理念和专业知识不同阶段的认识、理解和把握。这一过程，也是干部、教师经验提升、反思成长的过程。书中所涉内容，均是房山区教育同仁潜心研究、笔耕不辍的成果。所选篇章虽算不上什么鸿篇巨制，但从稚嫩到成熟，恰恰印证了生命体的自然成长规律，再现了干部、教师在教育教学改革大潮中的历练和蜕变过程。管理机制的完善、教育观念的更新、教学方法的改进，每一次蜕变都映射出从教者对教育的求真、求实、求索、求进。整理编撰本书，旨在梳理总结过去，汇聚智慧结晶，晓示当下，发轫于后。

　　出版《实践与发展——房山区教育学会"十四五"教育科研学术文集》，是激励学术人做学问的正向驱动，更是为房山教育服务、

主编寄语

为基层学校服务、为广大教师服务的具体体现。此书涵盖了教育管理、课堂教学、项目推进、教学评价、育人案例等方面的内容，成果丰硕，具有学术价值和借鉴意义。

回望来时路，我们满怀豪情；展望新征程，我们信心满满。希望通过阅读《实践与发展——房山区教育学会"十四五"教育科研学术文集》，读者能了然房山教育课程改革的实践经验和成功探索，同时，也将本书的出版作为房山进校在教研转型升级进程中的物化成果，为干部管理提供思想引擎，为教师专业发展提供启迪、引领。

值此之际，衷心希望房山区干部、教师站在时代发展新起点，认真贯彻党的二十大精神和全国、市区教育大会精神，深入落实"双减""双新"要求，勇于探索、大胆创新、不断实践，再创房山教育新辉煌！

王塔

目　录

第一章　管理论"见"

第二章　学术方舟

第三章　躬耕实践

第四章　虔心育人

第一章 管理论"见"

目标引领　创新驱动
坚定走在房山教育改革发展最前端

郭冬红

站在全面深化教育领域综合改革的新起点，房山进校以"用心做教育，做心中有人的教育"为指导，紧紧围绕"聚焦、深化、推进"主题，运用"统筹、整合、合作、贯通、共享"工作策略，坚持进校"道德思想至上，学术精神至高"的办学理念，以"改革、转型、发展"为目标，以"两学一做"学习教育为载体，增强锐意进取、合力攻坚、廉洁奉公的奉献意识，切实发挥引领作用，促进房山教育事业的发展。

一、愿景规划，顶层设计，确立进校"三大中心"功能定位

站在转型升级新的发展起点上，在全面深化教育领域综合改革、房山教育大区向教育强区转变的大背景下，房山进校重新修订学校发展规划，加强愿景引领和顶层设计，确立了新的"三大中心"的功能定位：房山教育改革研究指导中心、房山教育系统干部教师研修中心、房山教育对外交流合作中心。

房山教育改革研究指导中心承担的责任有三个维度。一是成为行政部门的决策参谋和专业智库，在教育改革、课程建设、教学实践、评价建设等各个领域开展研究，为行政部门的决策提供意见与建议。二是成为基层学校发展的及时雨，做好改革的指导和引领工作。紧紧围绕课程改革中的重点、难点、热点问题，带领基层学校的骨干教师共同研究，结合区域实际进行问题破解。三是成为全区学生学业质量的监测中心，并做好区域教育资源开发和课程开发的管理。

房山教育系统干部教师研修中心的核心指向是促进教师和干部的专业发展，进一步推动干部教师分层、分类、分项、基于需求的系统培训，促进干部教师整体专业素养的提升。

房山教育对外交流合作中心的功能体现在三个层面。一是做好内部资源的统整。打破部门之间的壁垒，使整个教育指挥系统、业务系统完善统整起来，最大限度发挥能量与作用。二是承接高端。进一步扩大对外交流，为房山区引入更多高端的教育教学资源，服务于教师和学生。三是对外开放。在国际教育上寻求突破。

"三大中心"建设的新定位使进校职能更加全面，全方位适应教育领域综合改革的

趋势、全过程地引领教育转型的方向、全领域地促进教育生态的良好发展。新的目标、新的发展愿景，激发进校人不懈追求的愿望，引领进校人前进的方向。

二、价值引领，理念更新，打造进校发展新动能

面对房山进校转型升级的全新任务、建设"三大中心"的全新发展目标，进校党委会、校委会注重引导教职工重新审视自己的岗位和自身的价值，引领进校人树立大教育观，完善以办学理念为核心的思想文化体系：追求"行大道、养大气、干大事"的思想境界，不拘泥于传统老套的工作理念和工作方法，不固守旧有落后的教研模式，注重工作创新，开创研训一体的崭新局面；以"专业的人干专业的事"作为工作标准，提升自身专业素养、专业水平、专业能力，提高研究、指导、服务、管理水平，用专业赢得职业尊严，助力教育发展；以"研究"作为工作方式，一切工作从研究出发，着力解决制约房山教育发展的关键问题，形成发现问题、探究问题、解决问题、促进发展的良性循环，规避头痛医头、脚痛医脚的片面式工作方式，多举措、序列性、系统化地提升房山教育质量；以"行在改革之前，站在教师身后"作为工作要求，引领进校人树立甘为人梯、勇于承担教育改革重任、引领教育改革发展的信念。将"道德思想至上，学术精神至高"的办学理念进一步转化成实际的办学要求，细化为思想境界、工作标准、工作方式、工作要求四个方面，既凝聚了精神，又激发了动力，打造了进校发展的新动能。

为使价值观念深入人心，房山进校不断加强团队建设，从培训学习入手，出台《房山进校理论学习管理办法》等学习制度，探索学习内容的"课程体系"，按照"思想素养课程、学术素养课程、管理素养课程"来设计学习内容，增强了学习的系统性和针对性，提升学习实效，努力营造浓厚的学习氛围。并进一步提出"让进校精神的旗帜树起来"，通过多种途径和方式来开展师德教育、培育和践行社会主义核心价值观教育活动，增强了房山进校整个团队的凝聚力和战斗力，部门与部门之间、人与人之间形成合力，共谋进校的新发展。

三、项目管理，创新驱动，提升教研员职业理想与专业能力

房山进校以教研员专业发展为重点，以提升教研员"学习力、研究力、指导力"为目标，以项目管理、创新驱动为路径，围绕"学习—研究—实践"做文章，积极为教研员提供更多发展路径，推动教研员专业发展。

（一）拓宽学习途径，激发原动力

为促进教研员专业成长，房山进校不断拓宽教研员的学习途径，创设学习氛围，多角度、多形式、多内容地为教研员提供专业、针对性强的学习指导，激发教研员自身成长的原动力。为教研员提供丰富专业的学习资源：给教研员配备笔记本电脑、购买知网的三年使用权、组织有价值的研究活动、成立罗滨工作室、提供更多外出学习的机会，

使教研员学习更扎实、更专业，不断提升素质；充分利用本校、外校、外省教研员等培训资源，开展"教研员的责任与使命""教研员如何开展教研活动""教研员的课程领导力""教研工作转型与教师研修策划"等专业培训，从思想上、方法上引领并激发教研员专业发展的动力；借助教研转型，优化内部管理，开展教研员岗位大练兵，举行研训活动设计评比、教研转型公开课评比，夯实教研员自身基本功；成功召开以"探索教研转型，做有价值的研训活动"为主题的第十一届学术年会，引领教研员探索教研转型方式，做有价值的教研。

（二）开展课题研究，推进项目负责制

研究是进校一切工作的逻辑起点。为强化进校在改革中的引领作用，房山区开展业务工作项目推进的实践研究。结合"深综改"和进校管理品质升级，我们针对具有全区影响力和引领作用的重点工作，梳理了 28 个重点项目，主要涉及中高考备考和国家级9 个子课题研究、课堂改进及教研网络建设、各学段课程体系构建与完善和资源建设三大类。重点参与海淀区教师进修学校申请立项的教育部规划课题——《基于核心素养发展的区域教研转型实践研究》，并在全国子课题集体开题会上做示范性开题。依托课题研究和项目管理，推动教研员从教研理念、教研内容、教研方式、教研机制等几个维度进行突破性研究，实现教研转型，带动教研员的专业发展。

（三）转化研究成果，开展实验校实践

研究的成果只有服务于教育教学，促进教育教学发展才有其研究的价值。为把改革和研究的成果进行转化，切实为学生、教师、学校更好地服务，进一步推动队伍的建设和学校的发展，房山进校开展了新的实践，确立房山四中和房山三小为房山进校教育改革实验学校。实验校的确立，强化了房山进校引领房山教育的独特使命，为房山进校研训成果转化奠定了基础，也为教研员的专业成长提供了实践基地和有力保障。

四、对外合作，寻求突破，统筹整合共享资源

（一）实现内部整合

房山进校与考试中心、信息中心实现深度整合，和谐有序推动事业发展。共同开展"基于大数据分析的考试评价研究""信息技术与学科教学整合的研究""数字化学习背景下教研方式的转型"研究，形成"一体两翼"的研究共同体，实现资源共享，共同破解"深综改"中的难题。

（二）引入资源，迈向高端

房山进校通过上级支持、高校合作、同伴互助三个维度形成教育发展的资源网。积极争取市级研训部门的支持，使史、地、政、生学科"教非所学"教师的二学历培训落户房山，协同创新项目——市区校三级联动机制，成为北京市推动教师专业发展形式的

亮点，相关经验在《现代教育报》上展示交流。深化与中国教育科学研究院，以及北师大、北外等高校的合作。和中国教育科学研究院合作，开展学本课堂建设项目；与北师大深度合作，在开展高端备课、命题坊的基础上，和北师大未来教育高精尖创新中心合作，启动"大数据助力房山教育质量改进"项目；与北外合作，开展"十三五"英语教师口语培训；为明星教研员争取到赴海淀进校一年半的"一对一导师帮带"学习，其他教研员分期进行轮训的机会，旨在引领教研员迈向高端，拥有更高视野和境界。

（三）对外合作

依托中国教育科学研究院国际与比较教育研究所的强大实力和雄厚资源，在干部教师境外学习、跨国界的校际交流、外教及国际课程的引入方面寻求突破。房山进校顺利组织完成18人赴日本的学习考察，打通了干部出国培训的渠道。同时，寻求北外的支持，为良乡三中、北师大良乡附中分别请到一个外教，实现了房山区外教零的突破。

五、抓住改革，瞄准关键，促进房山教育新发展

房山进校人抢抓新的机遇，挑战新的定位，以实验校为基地，以教研转型为目标，以项目管理为抓手，实施研训一体，解决改革关键问题，力争在业务引领上有新作为、在服务教学上有新成果、在实际成效上有新体现，进一步推动房山教育改革发展。

（一）教研精品模式化

1. 教研方式有新突破，开展基于"转变教研方式"和配合"深综改"研究项目的各级各类教研培训，全面推进教材培训和部分教研活动的网络化。

2. 中高考改革有新进展，研判中高考形势，梳理出开放资源建设、课堂建设、考试分析、精细化管理、评价等五个核心问题，有效有力有序指导全区中高考备考。

3. 名师工程有新业绩，借助名师工作室、工作站，培养名师，打造教研团队。在全国特级教师工作站研讨活动中，房山区就团队研究经验作大会交流。

4. 学前管理有新办法，实施民办园与公办园业务手拉手管理模式，实现有证民办园的业务管理全覆盖。

（二）科研体系化

1. 科研课题有新成果，房山进校承担4项北京市教育科学规划课题、128项北京市学会课题、222项区规划课题。公开出版地方教材15本，有5项学术研究成果荣获北京市一等奖。

2. 课堂教学改革有新推进，完成《房山区课堂教学现状调研报告》，为出台《房山区课堂教学指导意见》《房山区课堂评价指标体系》，打造"以学为中心"的课堂，提供依据和支持。

3. 课程开发有新成效，稳步推进，整体构建学科课程体系。目前，小学已经完成社

会主义核心价值观落地的区域化课程开发，特别是北工商附小完成种子课程建设，琉璃河中心校完成西周燕都遗址博物馆课程建设。

4.学科联动有新亮点，各学科积极探索基于问题解决的项目学习方法，开展跨学科课程建设研究4次，提升学校的课程开发与实施能力，促进学生实践能力、创新能力的提高。

5.项目推进有新力度，依托"大数据助力房山教育质量改进"项目，有序推进房山课堂教学、学生统考统阅等数据分析与运用，为实现教学改进、学段贯通提供有力支持。

6.资源建设有新平台，积极建设教学资源库，提供优质教育资源。加强房山教师研修平台和进校内部办公系统两个平台的研发和培训管理。

（三）培训课程化

1.英语培训有新方式，组织实施房山与北外合作开展的英语培训项目，采用线上线下双轨并行、前测后测多元激励的方式，提升英语教师的听说能力。

2.教师培训有新举措，开展分层、分岗、分类的教师培训，注重培训方式多元化，在北京市"启航杯"风采展示活动中获"优秀组织奖"。

3.干部培训有新水平，党建研究、党员教育、干部培训针对性、实效性不断增强，被评为北京市党建研究先进单位，在北京市普教系统党建研究成果评选中获奖率百分之百，获得北京市小学干部培训先进集体奖。

（四）服务优质化

配合内部改革，房山进校推进了和谐家园建设，加强了干部联系处室制度，了解教职工的工作困难，解决教职工的工作生活问题。服务处室主动服务、优质服务的意识不断增强。一系列举措，让进校更加温馨和谐。

历经一年的艰苦努力，房山进校实现了硬件现代化、软件专业化、机构合理化，发展目标站位更加清晰和高远，学术引领作用更加有力和凸显，交流合作辐射范围进一步扩大，团队凝聚力、战斗力进一步增强。我们用奋斗与创造，担当使命，创造奇迹，向组织和人民交上了一份满意的答卷。

未来，房山进校将继续以改革的勇气、创新的精神、发展的谋略，以目标为引领，以创新为驱动，坚定走在房山教育改革发展最前端，迎接房山进校面临的新挑战，创造房山进校和房山教育更加美好的明天。

作者：原北京市房山区教委副主任、北京市房山区教师进修学校校长，现房山区教委主任。

注：文章选自《房山研训》第30期

打通关键环节　破解区域教师队伍
高质量发展之困

王　塔

"强国必先强教，强教必先强师。"教师队伍建设在深化教育领域综合改革、推进首都教育高质量发展中发挥着至关重要的作用。房山区境域面积广，教育规模相对较大。截至 2023 年 9 月，房山区有中小学、幼儿园 224 所，专任教师 9810 人，区级以上骨干教师 1426 名，特级教师 42 名，正高级教师 66 名。虽然优秀教师的数量和质量逐步增加和提高，但干部教师数量多、发展层次差异明显、个性化需求多样等突出问题仍须进一步解决。为应对改革挑战，房山区以系统思维、创新思维，探索有效机制，不断打通堵点、破解难点，实现干部教师高质量发展。

一、纵向推进——解决培训效能传导弱化问题

为了破解一线教师对教育政策敏感度不够、先进理念领会不透、教学行为落地不实等问题，房山区构建起"五位一体"的纵向推进机制，持续加大政策理论培训的速度、力度和效度。

（一）坚持党建引领

坚持党对培训工作的全面领导，发挥党建对最新国家政策贯彻落实的推进作用。坚持将习近平新时代中国特色社会主义思想作为干部教师培训的必修课，对习近平总书记关于教育的重要论述采取了专题培训、主题研讨等多种方式，确保学懂弄通做实。面对"双减""双新"政策变化点多、需要系统推进的实际，房山区采取"党政同责，双线发动"策略，通过"房山区委教育工委—区教育党校—中小学党组织—书记—委员—党员"的党建推进线，"房山区教委—房山区教师进修学校—中小学校—校长—干部—教师"的行政推进线，让改革政策相关培训成为区域整体推进抓手，确保政策的认同度和知晓率，为实践跟进奠定了基础。通过党建线和行政线，推动习近平新时代中国特色社会主义思想进课程、进课堂、进头脑，在房山教师队伍中落地生根。培训工作始终坚持正确的政治方向，在干部培训中把党性修养放在首位，教师培训中把师德师风涵养放在首位，通过现场教学、入职宣誓、组建临时党支部等形式，强化教师"为党育人、为国育才"的责任意识，筑牢思想之基。

（二）建设研训中枢

高质量的教育需要高质量的教研做支撑，教研是推动课程教学改革、促进教师发展的专业中枢。房山区教师进修学校将解读、转化、落实上级政策，发现、催生、转化优秀成果作为重要职责。以课程、教学、作业、评价、资源等育人的关键环节为载体，对上找准当前房山基础教育改革和发展中的重点难点问题，加强调查研究，提出发展思路和应对策略，成为教育行政部门课程与教学工作的重要助手和参谋；对下关注基层学校和课堂中的教学有效性，对所存在的问题进行诊断、研究和指导，通过教研课程建设、教研方式转型等多种手段为教师发展提供指导、服务和专业支撑，将课程与教学改革的各项要求落到实处，不断创造新的经验和成果。历经 7 年探索实践，"教研转型之路"系列丛书公开出版，引领区域干部教师专业成长。

（三）强化校本撬动

房山区以《北京市进一步加强中小学校本研修工作指导意见》为依据，完善和优化了《房山区加强中小学校本研修工作指导意见》，加强校本研修管理和指导，引领各学校制订校本研修计划，扎实推进校本研修实践。组织区域校本研修交流 4 次，开展校本研修检查评估与培训活动 2 轮，打破教师培训"单兵作战"的局面，形成区域学校共同发力，以高质量校本研修撬动学校高质量发展。

（四）推进学科深研

近年来，房山进校全面加强学科建设，以学科"六个一"建设为载体，即思想、文化、队伍、规划、课程、资源，全面提升学科教研品质，以学科组为最小培训单位，全面推进素养导向的教育教学改革，探究学习方式变革路径。在区级学科研训的基础上，建设学科基地校，培育优质学科组。开展教研组长主题培训，成立各学科组长研修班，开展优秀教研组展示活动，做实培训"最后一公里"。

（五）关注群体激发

让培训面向教师全体，满足各级各类教师的不同需求，建构"4+3+1"教师培训课程体系，开展分层分类培训。一方面，立足教师成长规律，开展分层远航培训，包括新任启航培训、骨干续航培训、名师领航培训和教研员助航培训，通过系统培训，保障教师队伍的可持续发展。另一方面，立足房山实际需求，开展专项研究和培训，做到因需施训，最大限度激发教师的内驱力。针对"教非所学"教师专业基础不牢、专业能力不强的问题，与北京教育学院合作，组织学前教育、音乐学、小学教育、思想政治"教非所学"二学历教师培训，促进教师学历和能力双提升，其经验多次在全市交流。针对中老年教师教龄时间长、专业理念不新、专业发展动力不足、职业韧性降低和职业倦怠上升的问题，开办"资深教师"专题培训班，采用区级研究、试点校实践、全区推广的路径，以区级示范培训带动校本培训，激发全体教师改革的自觉性、主动性和创造性。针对中学实验员专业知识和能力薄弱的问题，组织开展以实验室管理（特别是危化品安全管理）、实验基本技能为主要内容的实验员培训。针对班主任培训碎片化的问题，建构"新任—进阶—优秀—卓越"班主任培训体系，开展"初任期、成长期、成熟期、卓越期"四级培训，帮助班主任聚焦核心素养，更新育人理念，突破各发展阶段的瓶颈，提升专业能力，促进自主良性发展。

二、横向协同——解决培训任务分散问题

为整合培训资源、有效推进教育改革，破解重复培训、碎片培训、低效培训等难题，房山区加强培训的顶层设计、横向协同，打造培训合力，提高培训实效。

（一）区域项目拉动协同

近年来，在区教委的带领下，以"国家级基础教育优秀教学成果推广应用示范区""基于教学改革、融合信息技术的新型教与学模式实验区"为抓手，聚焦"国字号"教育改革实验探索，深度推进课程领导力提升工程，以学科实施纲要编制、思维课堂创建等具体项目为载体，通过培训工作项目化、系列化，整合房山区教师进修学校党建、教研、师训、课程、科研、评价等部门力量，聚焦"四大中心"职能，践行"行大道，养大气，干大事"的办学思想，传承"道德思想至上，学术精神至高"的校训精神，形成了"行政—业务—学校"联动的良好工作机制。以练代训、以研代训、以干代训，发挥"兵团作战"的集群效应，同向而行、同向发力，成为撬动区域教育高质量发展的重要力量。

（二）集团推进深化协同

房山区按照"1+1+N+X"的模式优化形成了6个中学教育集团、5个小学教育集团、6个幼儿园教育集团。其中每个中学教育集团涵盖了初中、高中两个学段，强化横向贯通，师资共享，开展人才联合培养。以教育集团为教师培训最优单位，以优秀学科组、教研组、教研基地为依托，打破校际、学段间、学科间壁垒，依据教育集团办学定位、育人目标和教师的需求，围绕跨学科、衔接课程、特色课程、课程整合等核心任务，开展因策施训、因需施训、因材施训，促进了教师培训全面提质增效。升级校本教研为集团教研，探索建立集团联合教研制度，分主题、定计划开展集团备课、专项研究、案例交流等活动，探索基于情境、问题导向的互动式、启发式、体验式课堂教学，开展了常态化集团联合教研。

（三）教研转型促进协同

房山进校作为区域研训支撑机构，不断深化教研内容、教研方式、教研作风"三个转变"。倡导专家引领式、主题研修式、项目研究式、课例研磨式、智慧众筹式、混合研修式"六式并举"教研方式。以"学习力、研究力、指导力、管理力、示范力"为

基础，以"变革力、创新力、整合力、推进力、进阶力"为目标，聚焦教研员双"五力"建设。先立后破，深化教研员职能转型，持续推进"立政策导向，破本位主义；立需求导向，破自说自话；立数据循证，破经验主义；立本土转化，破生搬硬套；立俯身示范，破高高在上"五立五破行动。聚焦本土教育家精神涵养、考试评价数据分析与应用、学科研究方法指导、学生学习科学与动机激发等教师能力的前沿议题，以项目式、工作坊式推进实施，注重教师的实际获得，促进了高素质教师队伍的成长。

三、技术赋能，解决培训供需优化问题

为打破时空局限、优化培训资源供给，解决一线干部教师改革任务重、培训需求多，但工学矛盾突出问题，房山区探索技术赋能干部教师培训路径。

（一）平台建设增强研修普惠性

依托国家级实验区，引入 ClassIn 和智慧教研平台，构建异步课堂，实现同步教研、线上线下融合教研场景，建设线上教研组、线上教研空间，形成区域线上教研组织体系，留存过程性数据、沉淀生成性资源，逐渐实现房山区协作教研网络化、网络教研常态化。有效解决了教研时空受限问题，并逐渐形成了一系列基于在线平台的网络教研精品案例资源库。

在 40 所学校建造 255 间双师教室，占全区中小学的 46%，带动了 1704 位教师常态化应用，通过"A-B""A-A""A-C"型双师，探索"课前远程协同备课—课中智能互动评价—课后联研双师反思"，支持教师构建跨学校专业发展共同体，实现优质学校和薄弱学校教师共同发展。确立智能平台与学习工具实验班，为多场景同步研修、线上线下融合研修创造条件，为干部教师搭建随时可学、人人可学的研修环境。

（二）数据分析增强研修针对性

建立干部教师基本信息资源库，推进教师教育信息共享数据的多元化，实现教师教育多元主体间的信息交流与协作方式，为教育主体、教育场所提供数据共享平台，这为教师研修创造了新的数据生态系统。通过技术手段突破传统研修的时间和空间限制，打破传统教师研修模式的束缚，实现对教师培养环境的智能构建和对培养过程的全程监控。以数字技术为基础，教师培养朝着以大数据驱动、提高培养效率为目标的方向发展，促使资源分配更具差异性，学科结构更加精细化，从而培养更高质量的教师。此外，基于历年积累的学业数据，分析区内各学科教师的优劣势情况和表现的稳定性，综合考虑区内教师的实际情况，智能化设计轮岗安排，增强了轮岗的针对性和适切性，为轮岗教师针对性培训奠定了基础，有效实现了轮岗教师的结构性优化。

（三）创新模式增强研修深刻性

构建研修设计实施，利用各级平台资源、培训过程生成培训资源的互动模式，增强

学员的参与感、获得感。借助"靠谱 COP 项目"（COP：实践社群），基于学习工具和智能平台，立足于课堂教学主阵地，设计由问题解决层、研修活动层及专业引领层组成的研修活动，带领研修教师经历课堂观察方法与技术掌握阶段、具体经验获取阶段、反思性观察阶段、抽象概括阶段、积极实践阶段和经验学习圈循环阶段，聚焦教师的专业学习、同伴合作与反思性对话，分享教师的教学改进方式、价值观、工具和职责等，为教师专业发展提供循证的、规范的、持续不断的学习支持与服务。逐渐形成跨校联动的教研转型模式，基于不同学校的同一节课，由教研员组织，借助"智慧教研"平台，联动多个学校进行打分、点评，形成课程的数据分析报告和改课意见，教师借助点评在线上平台进行交流，从数据的角度，帮助教师在授课技能、智能工具应用等方面得到更加快速、精准的提升。

几年来，房山区针对培训的重点、难点、关键点集中发力，取得了可喜成效。我们深刻感受到好的培训要满足需求、要激发内驱力、要务求实效、要持续跟进。面对教育强国使命、首都基础教育高质量发展的新要求，我们深知培养高素质、专业化、研究型干部教师队伍，任重而道远。

市委、市政府、市教育两委对房山教育高度关注、倾力支持，为房山教育插上了腾飞的翅膀。我们将在"原色育人，生态发展"的区域教育理念引领下，抢抓机遇、破解难题，加速干部教师专业发展，谱写房山教育高质量发展新篇章。

作者：北京市房山区教师进修学校党委书记、校长

新时代教研员职能创新的三大转向

梁玉财

习近平总书记在党的二十大报告中强调，"加快建设教育强国、科技强国、人才强国，坚持为党育人、为国育才，全面提高人才自主培养质量"。教育强国在科技强国、人才强国过程中的基础性价值，越来越受到社会的广泛关注。面对 2035 年率先建成教育强国的历史使命，建设基础教育高质量发展的教研支撑体系就成了当前一段时期内教研的重要职能。作为中国特色教研制度重要的组成部分、区域基础教育质量的保障者、学校课程教学改革的引领者、教师专业发展的支持者，教研员是我国基础教育质量提升的"法宝"，是基础教育高质量发展的"压舱石"，是落实课程改革新任务新要求的"稳定器"。

自 2019 年 11 月《教育部关于加强和改进新时代基础教育教研工作的意见》发布以来，教研部门紧紧围绕"四个服务"，取得了一定成效，但仍然存在教研内容"重师轻生"，对学生学习方法指导关注不多；教研语言"重文轻质"，教研培训"重理轻实"，精准性、实效性不够等问题，亟待加快转型发展步伐。

一、服务重心应由"教师端"转向"学生端"

2019 年《教育部关于加强和改进新时代基础教育教研工作的意见》首次提出了教研要服务于学校教育教学、教师专业成长、学生全面发展、教育管理决策的"四个服务"。"四个服务"是新时代教研工作的"风向标"，为教研持续转型发展提供了目标导向和不竭动力。通过分析不难发现，促进学生的全面发展是教研的本质目的和终极目标，教研服务于学校、教师、教育管理者都是为了最终服务于学生。因此，教研员应该进一步明晰，自己的教研工作仅仅停留于学校、教师、教育管理者等层面远远不够，应进一步积极向"学生端"靠拢，服务于学生全面发展。

教研员应主动研究如何帮助教师在课堂上创设适合学生学习的情境。2022 年 4 月，新的义务教育课程方案（以下简称"新课程方案"）发布，其中有四处提及了"情境"，即"学会在真实情境中发现问题、解决问题""注重培养学生在真实情境中综合运用知识解决问题的能力""加强情境创设和问题设计""注重真实情境的创设"。脑科学研究表明，在复杂环境中长大的小鼠大脑中的神经细胞突触数量，比在隔离环境中长大的小鼠多了 25%。在课堂上创设真实的、丰富的、适切的情境，可以促进学生大脑形成新的突触，有利于学生大脑发育和认知水平提升，从而进一步形成长期记忆、创新意识和综合实践能力。同时基于真实情境而产生的问题提出、分析、解决和改进，可以使任务驱动和问题解决更加具有价值感、意义感和使命感，可以促进学生自我认知朝正向激励方向发展，更加有利于学生学习意义的建构。

教研员应加强学生学科思想方法层面的研究和指导。达尔文认为"最有价值的知识是关于方法的知识"，培根则把方法称为"心的工具"。新课程方案提出"突出学科思想方法和探究方式的学习""体会学科思想方法"。单一或多个学科知识之间普遍存在各种关联，我们称之为"大概念""主题化"，这是知识结构化的具体体现。而学科思想方法则隐含在结构化知识的建构过程之中，对学科的理解、运用和发展起着决定性作用。只有掌握并运用学科思想方法，才能真正体会问题提出、知识建构、知识运用的全过程。也只有掌握了学科思想方法，才能促进学生学科实践能力的发展，进而促进创新意识的萌发，在未来的学习中才有可能综合运用学科知识和方法实现从"0"到"1"的突破。然而长期知识本位的教学实践，使教师常常在教学过程中忽略了学科思想方法的传授，致使学科思想方法、研究方法在学生终身学习和工作中无法发挥持续的接力作用。现阶段，教研员应加强学生学科思想方法层面的研究和指导，使教师逐步重视并掌握学科思想方法传授的精髓，促进"做中学"等学科探究活动的有效实施，进一步促进学生学科思想方法层面的积累。

教研员应基于学生学习规律的研究，加强学生学习方法层面的研究和指导。近年来，脑科学、认知科学与教育学的碰撞产生了很多有益的实践探索，为改进学生学习提供了诸多可操作的路径。但是由于教师很难严谨地使用脑科学、认知科学的知识和成果，造成理论和成果难以转化为教学实践。教研员指导教师掌握并运用脑科学、认知科学等知识，就成为当前教研转型的核心任务，也是服务于学生全面发展的目标所指。其一，教研员应加强脑科学、认知科学等前沿理论的研究，并及时转化为教师可操作的具体策略，积极发挥甄别、研究、转化、推广等方面的作用。其二，教研员应积极在教师群体中科普脑科学、认知科学等相关理论，促使教师对学生学习层面的意义建构、情境认知、情绪环境、元认知、自我管理与调控、适应力与意志力、行动与反思等规律进行持续关注，引导教师注重"学会学习"等核心素养的培育。

二、服务语言介质应由"精致"转向"土味"

"土味"是近年来才开始使用的网络流行词，用来形容一些俗气、土气、老气、不洋气、不符合潮流的东西，与网络用语"高端大气上档次"（简称"高大上"）所指的意思刚好相反。其含义表面看来具有一定讽刺意味，但实质具有"接地气"、受大众欢迎、易于接受等积极内涵。

教研指导视域下的"土味"语言，是指符合一线教师需求的、易懂的、简洁的、经过转化的通俗语言。教研员需要更多地使用"土味"语言，意指教研员在服务教师、指导教师过程中，要避免使用艰涩难懂的学术概念，要避免生搬硬套、囫囵吞枣地使用复杂学术语言，要积极将学术语言向通俗化转化，使指导过程呈现鲜活、有生命力、有实效的指导状态。

教研指导不应过度使用学术语言。IT界的传奇人物罗斯·佩罗曾对哈佛大学有过"你们所说的'环境扫描'，我把它叫作朝窗外看"的评价，意指哈佛大学过度追求学术表达的弊端。不可否认，严谨的学术语言在凝聚学术核心理念、促进学术交流层面有其积极意义。但有些教研员将使用学术化、复杂化的语言表述当作自己学术特质、专业地位、专业话语的一种体现，甚至故意使用一些晦涩的、罕用的专业化语言来表达自己的学术见解，以此来显示和证明自己的学术价值。这些语言的运用显然阻碍了学术的交流，并对教研员指导教师造成了负面影响。在教研指导视域下，教研员过多使用专业性太强的学术语言，容易使沟通显得异常困难，指导效果也适得其反。就像新文化运动中倡导"以白话文代替文言文"一样，在服务教师、指导教师的现实情境中，教研员应尽量使用教师喜闻乐见的通俗语言，使指导和交流口语化、有效化，增强指导实效性。

使用"土味"语言是教研指导的现实需求。苹果公司在21世纪初推出iPod播放器时，当时的营销人员提出的宣传方案强调"iPod的硬盘容量达到5G，重量却不足1千克"。在当时信息科技知识并未普及的时代背景下，乔布斯认为并不是所有人都理解5G的硬盘到底有多大容量。于是，乔布斯提出了"iPod播放器能把1000首歌装进你的口袋"的产品介绍，大获成功。显而易见，通俗语言、"土味"语言能够使沟通变得简单而有效。从教师角度来看，其能够接收的大多也是富有生命力的"土味"语言。2022年4月，新课程方案和各学科课程标准颁布，其中的新要求、新变化反映了课程改革的新方向。面对一些新概念、新理念，教师容易与其有"隔膜"。教研员直接转述这些话语，往往难以实现指导过程中的有效沟通，也容易造成误读、误解等情况。要注重使用通俗语言、适切语言去解释这些新概念、新理念，使教师们充分理解，并快速转化为课堂教学实际行动。

使用"土味"语言对于教研员的要求更高。华中科技大学陈海春教授曾提出"学术问题通俗化、严肃话题生活化、复杂问题简单化、海龟理论土鳖化"的命题，用来提醒自己在授课过程中要着力于学术语言的转化。著名物理学家杨振宁曾回忆说他被要求用五分钟的时间将一篇学术论文跟大家讲清楚，他认为这种转化对科学家来说，是特别高的要求。学术语言转化为"土味"语言，要兼顾严谨性和通俗性的平衡，这对于教研员而言是一种挑战。既考验教研员的教学实际经验，又对其学术理论理解功底有很高的要求。同时，在转化过程中，还要避免出现自说自话、套话、空话，甚至曲解、扭曲学术语言本身含义的情况。例如：在实际指导过程中，可以将"课堂评价量规""课堂评价量表"等语言转化为"观察教师课堂授课情况的几个观测点"等，将"教师述评""学生评价"等语言转化为"先客观说说学生的平时表现，再总结归纳学生的优点和不足"等话语。

"土味"语言并不土，而是教研员角色转型过程中语言运用的必由之路，是教育科学科普的必然要求。"土味"语言需要在教研舞台上大放异彩。

三、服务方式应由经验主义转向实证主义

长期以来，中小学教育科学研究（以下简称"教科研"）、课题研究等实效性不强、作用不大、坐而论道、自说自话等问题，一直备受一线教师诟病。究其原因，在研究的起始阶段缺乏问题意识，研究问题缺乏现实观照，或没有明确的研究问题提出；在研究过程中没有实证意识，研究资料多为个人工作过程性文字材料或工作总结，缺乏客观分析或分析停留于表层，研究结论经不起推敲；研究结论和建议采用堆砌的方式构建，辞藻华丽而缺乏客观数据和资料支撑，犹如"空中楼阁""文字游戏""耍笔杆子"。上述这些现象的出现，使教科研工作出现了系统性偏差，干扰了教师从事教科研的信心，影响了教师专业成长的成效，使教师在教科研的道路上渐行渐远。

教研员从事教科研需要示范实证主义的科学范式。从事教科研工作是优秀教师成长的必由之路。要想助力中小学教师教科研工作，作为教师"教练员"的教研员必须身先士卒，肩负起示范教科研的科学范式的重任，其中实证主义、行动主义比较适合中小学教师运用。对此，先要积极倡导基于实证的调查研究开展。只有基于真实数据和材料的调查研究越来越多，教师的问题意识、实证意识、研究意识才能逐步建立，先"究真"才能后"求善"，才能一步步助推研究结论和研究建议科学性生成。另外，鼓励教师在教学中开展行动研究，以自我或学生为研究对象，发现真实问题，并在教学行动中探索问题解决的有效方法。科学范式的引领，能够使教师逐步意识到教科研解决问题的重要功用，逐步提振教科研在教师心目中"办实事""解难题"的信心。

教研员从事教科研需要关注中小学校的现实需求。闭门造车、向壁虚构式的教科研备受教师反感，由于其问题的提出多数是无源之水、无本之木，其研究结论和研究建议的价值就存疑。自说自话式的教科研越来越不合时宜，越来越不受教师的欢迎。现阶段，教研员工作应进一步"重心下移"，多关注一线教师和学生的实际需求，聚焦学校的现实问题、真实问题、热点问题、重点难点问题、薄弱问题等研究。应摒弃工作总结、经验汇报式的研究方式，变工作导向为问题导向，多开展现实问题解决的研究。要从"小切口"，从中微观角度着手，聚焦小问题、真问题，使研究起始、研究过程、研究结论等都充满现实观照和问题导向，这样的教科研才能有助于教研员有效服务于教育教学。

教研员从事教科研需要回应教育政策的时代呼唤。教科研一方面要重视问题导向，问题导向是"自下而上"的问题解决思维，不能缺乏"自上而下"的政策引领，要从最

新的国家教育政策中找导向、找目标。教研员应"上下结合""小问题大着手"来审视教育政策中提出的新要求、新任务、新思路,多从微观角度深入研究落地实施的有效策略。例如近年来国家宏观教育政策中提及的"衔接课程""跨学科主题学习""教师述评制度""普通高中多样化特色发展"等,政策文本本身并未具体指出如何干、如何实施,这些实践操作环节需要我们教科研来研究如何实施、落地和改进等问题,为政策的实施提出基于实证研究的证据指引,为政策的完善与改进提供实证参考。

教研员从事教科研需要提升调查研究的数据意识。大力弘扬调查研究的优良传统,不断提高调查研究能力,这是新时代教科研的时代呼唤。在实证研究范式下审视教科研不难发现,不论是质性研究还是量化研究,不论是对于教育现象的生成进行解释性描述和分析,还是对多个因素进行关系性因果判定,都只有基于真实数据、真实证据的分析才能得出正确结论,只有在正确结论的基础上提出的建议,才有可能有助于现实问题的解决。因此需要教研员切实开展有效的现场访谈、问卷调研,收集真实、可信的数据,增强调研问卷的信效度,使研究结论和建议经得起实践的验证,并在推广过程中发挥研究价值。以事实和数据为依据,在深入分析的基础上提出相应的实施策略,增强问题解决的实效性、科学性、合理性,使教科研大有可为。

作者单位:北京市房山区教师进修学校

注:本文系中国教育学会 2021 年度教育科研一般规划课题《新时代教研员角色职能创新研究》的阶段性研究成果。课题编号:202176062101B

基于问题解决　提升课程领导力

李功修

课程（广义的）是指为了实现学校的培养目标而规定的所有科目（即教学科目）的总和或指学生在教师指导下各种活动的总和。而学校是实施课程的基本单位，以校长为核心的学校课程领导是落实课改的关键。课程领导力是学校内涵发展中，校长必备的核心能力。要提升校长课程领导力，我们必须深度观察和思考，聚焦课程建设核心问题，再在分析问题、解决问题过程中提升执行力，这种综合能力的提升必将促进学校可持续发展。

一、深度调研，用问题说话

课程领导力的提出源于三个需要：深化课程改革的需要、学校内涵发展的需要、提升课程建设者和实施者专业发展的需要。校长要善于通过调研发现问题，解决问题，把学校课程建设上升到学校可持续发展的战略地位。

北潞园学校是 21 世纪初由企办公助转制为区教委直属的九年一贯制学校。自诞生之日起，它就是一所勇于开拓创新的窗口学校，教学质量优质校，基于"民族根基、国际视野"大格局和大视野的学校，积累了以培养具有"伟人的胸怀、渊博的知识、世界的眼光"为特色的校本课程与教材。但随着社会的发展，教育改革的深入，对学校课程建设和课程多样化也提出了更高的要求。经过对师生和干部的深度调研，我们达成共识，认为原有的学校课程不能满足学生个性发展多样、多元的需要，干部课程领导力、教师的课程执行力都亟待提高，原有的校本教材需要结合当前的教育改革进行全面修订，学校新一轮的课程改革迫在眉睫。面对问题，校长作为课程领导者，必须把课程建设提高到学校可持续发展的战略地位，奠基师生未来发展。

二、厘清思路，用思考说话

习近平总书记曾经说过："改革是由问题倒逼而产生，又在不断解决问题中而深化。"学校课程建设首先要确定学校办学定位：学校办学价值观是什么？希望所培养的学生具有哪些特质？如何根据国家课程目标和学生培养目标确定适合我们学校的育人目标？如何实现育人目标？校长必须有自己的办学思想和课程理念，这是做好课程建设的基础。

　　带着这些问题，我们以"未来社会需要什么样的人"为思考起点，围绕"为谁培养人，培养什么样的人，怎样培养人"的教育命题，坚持立德树人的根本任务，在"仁·融"文化理念引领下，遵循"仁为本，融致远"的育人价值观，提出了"九年涵养一生"的办学理念，并结合区域教育规划与办学实际，以"办一所具有民族根基、国际视野的品牌校"作为学校办学目标。牢记立德树人的责任使命，以培育具有"家国情怀，世界眼光"的北潞园学子为育人目标。然而育人目标需要通过学校课程实现，校长要做学校课程建设的领跑者，要思考如何把自己的办学思想通过课程建设和实施来实现，要积极寻找学校课程建设的理论指导。在这个过程中，我们经过多次研讨，最终确定了以美国哈佛大学教育研究院的心理发展学家霍华德·加德纳在1983年提出的多元智能理论为指导，以"多元共生，善小大成"课程理念指导学校课程建设。通过课程建设落实立德树人的根本任务，把学生培养成为"健康、乐学、仁爱、担当"的"仁融"少年。

三、系统设计，用实践说话

　　学校课程建设要体现学校对课程的系统思考和逻辑布局，要思考几个核心问题：怎样构建以学生学习为核心的课程框架？怎样设计与育人目标一致的课程结构、课程设置？校长课程领导力的重要抓手是学校课程建设，首先体现在对课程规划的能力上。2017年11月，学校成立课程建设领导小组，以"仁为本，融致远"的校园文化为引领，对学校课程建设实现顶层设计。建立由德育、教学、班主任、学科骨干教师组成的课程建设工作组，校长亲自主抓，全局设计，整体规划，对学校原有课程再梳理修订。区课程中心周主任带着专家团队多次培训、指导，并与我校课程建设工作组进行了八次研讨，多次修订。修订后的课程方案中，课程图谱以清晰的逻辑表示了学校课程自上而下的一致性，课程结构以清楚的图表明确了学校课程之间的关系，通过课程实施实现学校育人目标，即培养具有"家国情怀，世界眼光"的北潞园学子，同时培养学生六大核心素养，即人文素养、科学素养、艺术素养、身心健康素养、人际交往能力、自主学习能力。2019年，我校成为房山区课程领导力三年行动计划的样本校，经过项目组的指导及专家的引领，我们继续优化原有课程结构，并找到了适合学生发展的课程实施路径，即基础课程校本化实施、拓展课程特色化实施、探究课程主题化实施。我们以九年一贯制学校学科课程一体化建设为研究载体，建构中小贯通的学科课程教学体系，努力做到不同学段课程教学无缝衔接。随着课程领导力三年行动计划项目的推进，我校分别在2020年和2021年完成了基础达标和特色达标工作。

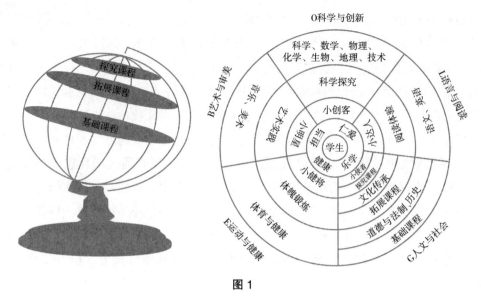

图 1

四、良性发展，用反思说话

学校课程领导力不仅包括校长个人课程领导力，也包括教师的课程领导力，一切课程问题的解决和课程建设都不能离开教师集体智慧的发挥。所以，校长课程领导力的另一个重要体现是对课程的执行能力，以教研团队建设为突破口，提高教师参与课程的积极性和专业的实施能力。

学校强化顶层设计，校长通过"仁融论坛"解读学校文化和学校课程方案，引发教师对课程的理解与认知，与学校办学理念和目标达成一致，提升课程执行力。以校本研修促课标研究常态化，保障基础类国家课程教学质量。聘请市、区级专家来校指导，开阔思维，做到有计划、有落实、有追踪。组织教师深度参与学科专家指导活动，了解更前沿的学科改革信息，紧跟改革步伐；请区各学科教研员听课指导，为课堂教学出谋划策。结合教学改革需求，提高教师研读课标、分析教材、优化教法应用能力。进一步规范课堂教学，强化课标意识，提升学科专业素养，提升教师"学课标，研教材，优教法"的能力，保证课堂教学质量。为每位学科教师配备了《学科能力标准与教学指南》，小学举办了青年教师基本功大赛，制定了学校中小学教师教学基本功大赛方案，并多次请各学科教研员对教师进行学科教学培训；各教研组在教务处统一安排下，每人每学期一节课堂教学质量评价课和"学研优"教学设计评比。每月一期的"仁融论坛"为教师结合教育教学工作中的现实需要与问题，提供了探索和研究平台。我校厚德、博学、乐研、共进的教师队伍正初步形成。

课程建设是学校发展的关键工程。我们将立足于学生的全面发展，依托房山区课程领导力提升项目，在专家的引领下，不断完善学校的课程建设，让每名学生都具备能够适应终身发展和社会发展需要的必备品格和关键能力。

作者单位：原北潞园学校

"双减"工作推进中要关注师生的心理健康

史瑞琴

新学年开学以来，"双减"工作正式在学校落地。这是一项关乎国家教育治理、学校育人方向、家长切身利益、学生全面发展的大事，因此受到党中央的高度重视，各级政府和教育部门也在强力推进，学校成了"双减"的主阵地，承担起教育教学及课后服务的主责。这是一次教育本质的回归，教育回归到本来的样子；这也是一场争夺，学校与培训机构对教育话语权的一场争夺；这还是一次再创新，学校在育人体系、育人模式上的再创新。"双减"给学校管理提出新的挑战，给教师工作标准提出新的要求，给学生学习带来新的影响。新的改变势必使师生心理产生相应变化，因此学校在"双减"工作推进中要高度关注师生的心理状况，维护好师生的心理健康。

一、"双减"工作中教师的心理问题防范

"双减"工作对教师而言是一个系统而复杂的改变，由此会带来一段时间内教师心理上的紧张与不适，学校要予以高度关注，及时采取有效策略进行疏导。

（一）"双减"工作给教师带来的心理变化

1. 工作标准的提高给教师增加了心理压力

"双减"的目的在于规范教育秩序，让学生在校内学足学好，提高学校的教育教学质量。因此，学校在教学常规上进一步规范，对教学计划制订、备课、上课、作业、辅导等各个教学环节都提出新的要求，特别是作业改革，要凸显层次性、针对性、实效性，这对教师特别是对老教师和任教多学科的教师提出了挑战，使他们增加了心理压力。

2. 工作时间的延长让教师产生了焦虑情绪

"双减"在学校推进中最重要的改变是课后服务，这不仅延长了师生在校时间，还提出了开展分层课业辅导的要求，对教师的身心承受能力及有针对性辅导答疑能力提出挑战。在校工作时间的增加使教师们往常正常的备课、批改作业等时间受到挤压，这些工作不得不占用休息时间，加之还有家庭或个人生活需要料理，因此教师容易感到疲惫和焦虑。

（二）学校防范教师产生心理问题的对策

针对上述变化给教师带来的心理问题，学校要及时采取应对策略，主动引导和干

预，尽量化解教师不良情绪。

1. 深入宣传政策，引导教师主动适应新形势新要求

学校要采取多种形式宣传"双减"政策出台的背景，理解其为党育人、为国育才的政治深意，激发教师的责任感和使命感。要理解这一政策为学校教育带来的有利因素，学校可以整体设计教学，把课堂教学、作业辅导、分层提高紧密结合，实现教学效益最大化；学生在学校能够基本把作业完成，缩短了教师批阅、反馈家庭作业的时间等。

学校要通过学习、培训、讨论交流引导教师认识到规范自己教学行为的重要性、必要性和紧迫性。面对家长对优质教育的强烈需求，教师必须不断更新教学理念，提升专业水平，科学改进教学行为，为学生全面健康发展提供强有力的支持。

2. 深化校本教研，带领教师不断破解新困惑新问题

面对"五项管理"新要求、减负提质新内容、课后服务新机制，教师在实际工作中会面临许多困惑和问题，因此需要发挥集体智慧，即深化校本教研，努力破解不断出现的新问题。要建立干部、骨干教师带头机制，干部要与教研组长一道，带领学科教师深入开展"双减"落实的专题研讨。如单元教学的设计、课堂教学中大任务的设计、有效教学活动的设计、多元评价的设计、分层作业的设计等，破解"双减"工作中出现的一个个问题。

3. 多些人文关怀，减轻教师负担

"双减"推进是硬任务，没有讨价还价、强调客观条件甚至推诿扯皮的余地，学校要坚定不移扎实落实。学校干部一要学在前面、想在前面、干在前面，二要对教师多些人文关怀，研究教师工作总量，切实减少干扰教师工作的不必要的会议、不必要的材料撰写，通过关心教师生活、实行弹性上下班、提供针对性服务等措施尽量给教师减负。

二、"双减"工作中学生的心理问题防范

"双减"给学生带来的是校内学习时间的充足，这样不仅可以完成作业，还能自主参加多项社团活动，放学后课余时间增加，自主时间、睡眠时间变长，非常有利于自主发展。但是，在这些积极效果的背后，要关注学生的一些心理问题，维护其心理健康。

（一）"双减"工作可能给学生带来的不利心理因素

1. 自卑心理

学校在课后服务中要设置分层课业辅导，其目的在于提高辅导的针对性，以取得良好的辅导效果，同时满足家长个性化辅导的需求，减少家长的焦虑。但是，实际操作中，学生会关注"我被分到了哪个层"。分到"培优"层的学生会内心欢喜、自信增长，而分到"补差"层的学生可能就会内心失落，自尊心、自信心受到打击，更有可能家长会质疑"层次是怎么分出来的"，产生"孩子不受重视"等想法，还有可能引发家校矛盾。

2. 懒惰心理

教师教学方式和内容的调整，使得学生在校基本能完成作业，这给学生创造了更多的空闲时间。"双减"的本意是让学生利用空闲时间安排体育锻炼强健身体、阅读课外读物开阔视野、承担家务劳动增强责任感、参与社会实践提高能力等。但是，有的家庭由于疏于引导和管理，导致学生没作业便不学习，空闲时间用来玩手机打游戏，伤了身体，形成懒惰心理和习惯。

（二）学校防范学生产生心理问题的对策

1. 发挥学生和家长参与课后服务的主动性

在课后服务项目中，做到家长和学生自愿选择。在分层课业辅导中，学生和家长有时判断不准自己处于什么层次，容易盲目选择。此时，要规避"分层"这个说法，可采用"专项辅导"，即不同的学生开展不同项目的辅导，教师提出建议，供学生和家长参考，同时在师资的安排上做到基本均衡。要鼓励学生主动查找学习中的问题，积极向老师寻求帮助，教师给出针对性解决方案，因材施教，助其提高，这样可以有效消除家长的顾虑和学生的自卑。

2. 指导并评价学生课余活动的质量和效果

学校要对学生课余活动有总体要求，年级要有学期整体设计，班级每周或每日要有具体目标和任务，要设计完成任务的记录方式，开展目标达成评价，与家长沟通协作、共同育人，促进学生全面健康成长。

总之，在"双减"工作推进中要高度关注师生的心理健康，采取有效措施预防师生心理问题的发生，让学校有序发展、健康发展。

作者单位：房山城关小学

践行儿童数学教育思想
打造温暖友善的育人场域

雷　宇

2013 年北京小学长阳分校成立，成为第一所"吴正宪儿童教育思想研究基地校"。2021 年 3 月，在区教委、区进校的大力支持下，我们又参与了房山区"吴正宪团队国家级优秀教学成果推广应用示范区"项目研究，并且成为成果推广应用基地校。在区级项目专家团队的一路陪伴与指导下，我们对项目的推广与应用有了更深刻的理解，并形成了一些研究成果。

一、我们的认识与思考

吴正宪团队"儿童数学教育的实践探索"成果的推广应用，引领一线教师充分认识到基础教育的育人使命，进一步聚焦了教育本质；引领一线学校教育教学改革，明确了提高教育教学质量的科学方法和有效途径；为学校提升研修品质，促进教师专业成长，提高育人质量搭建了新的平台。伴随着项目成果的探索与应用，我们努力让儿童教育理论与实践从数学学科辐射到所有学科，从课程浸润到课堂，从教师影响到学生，形成学校特色文化，也逐渐形成了学校及区域研修新范式。

二、推进思路与路径

（一）构建新网络，整体规划设计

作为全国示范区基地校，如何更好地让成果落地，做到生根、发芽呢？为此，我们构建了学校项目的"新网络"，即"项目领机制—专家引方向—校级研策略—学科明本质—区域促协同"。从推进内容、研修方式、平台搭建及成果梳理等方面，丰富教师的研修及教育教学策略。并通过深度学习带动学生项目研究，积累学习成果，提升学生思维水平和实践能力。

（二）找准融合点，有效转化应用

1. 学习内化，找准学校发展成长点

发挥专家优质资源优势，深入研读吴正宪儿童教育思想丛书，通过学习进行内化，促进实践落地。整体构建学校友善理念下的学校文化、课程建设、课堂建设、德育工作等办学实践体系，深化吴正宪儿童教育思想的多学科落地，优化学科课程图谱，形成全学科实践体系和实施策略，逐步打造学校特色。

2. 领会贯通，构建全学科实践体系

在区级四段式课例研修机制的带动下，依托原有"五位一体"校本研修，聚焦儿童友好型课堂的构建，聚焦"双减"背景下的关键环节，聚焦"新课标"的学习与理解，开展了"基于问题导向下的教研组长专业素养提升"系列培训课程，将数学学科研修的经验辐射到全学科，让教师能系统、深入地研读教材、使用教材，理解承重墙，打通隔断墙。让教师在吴老师教育理念的引领下，向上生长，结伴而行，促进教师群体专业化发展。

3. 分层培养，聚焦教师专业提升

为了助力教师团队发展，实施"三项助力工程"。青蓝工程：对新入职教师采用学理念、观优课、微讲堂、研沙龙、结对子等活动，为新教师成长提供学习资源。名师工程：骨干教师作为主持人，以吴正宪团队为资源，依托教育成果、小课题研究促进团队专业提升。干部"下沉"工程：干部以主打学科深入相关学科组，将吴老师的教育思想内化成自己的行为传递给教师，打造优秀教师团队。

（三）建立共同体，旨在协同发力

我校以项目推进为抓手，依托"城乡一体化"项目，以四级联动教研为路径，有效整合示范区、集团校、共同体、学科组等多种研修方式，通过定期交流达成共识、学习项目共享形成研学共同体、轮岗交流深度体验、青蓝跨校结对跟进指导等方式实现"1+1+10+N"的立体式研修资源网，以"数学带动学科、学校带动共同体、共同体带动集团、集团辐射外省帮扶校"，通过基地校的成果梳理，力争使优质资源的引领带动作用发挥更大效益，共同提升区域办学质量。

三、研究成果

（一）依托吴正宪儿童数学教育思想成果要义，逐渐形成友善儿童教育主张

1. 形成了友善儿童教育的理念

学校从建校开始，努力创建"友善儿童教育"——基于友好和善待、适合儿童成长的教育。从那时起，基于友善理念下的小学数学儿童教育就成了学校数学教师团队追求与践行的准则。学校从数学学科开始进行友善教育的探索，在课程建设、课堂教学、学习方式优化、学业评价等方面不断尝试，形成了具有我校校本特色的教育理念，即友善教育，从友善关系入手，把读懂儿童作为友善儿童教育的起点，在教育教学中关注儿童的主体性、适应儿童的发展性、重视儿童成长的选择性，发现、保护、支持儿童的潜能和兴趣，使儿童获得适应社会的情感、体能、审美、智力等全面发展的教育。

2.构建了友善儿童教育课程体系

学校顶层设计形成了目标激励、人格养成、能力构建的"三位一体"课程理念，建立了适合学生兴趣、特长和未来发展倾向的多样化、多层次的学科课程体系。老师们始终以儿童为中心，关注儿童学习差异，为儿童提供适合的学习活动，给儿童更多的选择机会。为了让儿童喜欢学习，学校积极从总目标、课程结构、课程实施等各个方面基本形成了较完整的友善课程体系，优化课程结构与设置，以学科素养为培养目标，挖掘课程内部逻辑，不断追求那些适应学生未来生活的有意义的课程，进行了"学校课程统整"，构建了学科基础课程、学科拓展课程和主题融合课程，为儿童提供源源不断的、优质的学习资源，从而促进不同学习基础学生的共同发展。

3.创设了儿童喜欢的"学友型"课堂文化

在课堂学习中，教师重建友善的师生关系，营造适合儿童学习的课堂环境，让儿童在敢提问、善表达、会合作、善分享的氛围中学习。在儿童感兴趣的学习活动中，不断激发儿童的学习潜力，培养儿童的思维，提升综合素养。力求改善课堂师生关系、重建课堂结构、提高课堂效率、减轻学生负担，以"善问""悦享"为实施路径，即引领学生善于发现、提出问题，注重培养学生合作分享的学习能力，真正将友善理念延续到课堂中去，让学生在课堂上享受友善所带来的文化浸润。

（二）依托区级"积极合作分享"课堂，深度推进"学友型"课堂文化建设

在校本研究的过程中，对吴正宪老师的"八大特色课堂"，以及区级"儿童友好型课堂"进行了再学习，对接"积极合作分享"这一维度，在已经厘清了我校"学友型"课堂文化内涵、营造了"学友型"课堂氛围、形成了"学友型"课堂师生关系的基础上，聚焦课堂教学中存在的问题，进行了进一步探索和实践。

1.提高组内交流质量的策略

在建立"学友型"课堂初期，我校已形成了"创设情境—提出问题与要求—独立思考—小组合作—全班分享—提升认识"的课堂学习模式，学生已掌握了小组合作和全班分享的规则。但是在听课的过程中，我们发现，看似"有序"和"热闹"的课堂背后存在一些问题，例如：学生在分享时说不清自己的想法，组内交流时有些学生未发表自己的想法。究其原因都是小组内交流时学生并未充分交流、碰撞想法。因此，我们探索出以下三个策略。

策略一：小组交流后将组牌放到"分享区"

教师制作班中所有小组的序号，贴在黑板上的"准备区"，当学生在组内交流完毕并做好分享的准备后，小组长将组牌移动到"分享区"。教师通过组牌的位置，能够了解组内交流的进度，同时，此方法能够激励各组同学提高组内交流的速度。

策略二：抽签选取发言人

有些小组长期不分享，会造成不积极思考的现象，因此，教师在学生组内交流后，

随机抽取发言的小组，会促进学生深度参与组内的交流。

策略三：选取最优组员

为了能够激发学生在组内交流的参与热情，可以给小组长放权，明确最优组员标准，由组长选取最优组员，给予学生积分奖励。

策略四：使用嵌入型评价

学生组内交流质量不高，有一部分因素是因为交流内容不明确或交流规则不清晰，因此教师可以在组内交流之前，明确交流内容和规则，并采用嵌入型评价的方式促进学生深度参与。

2. 促进全班深度交流的策略

在听课时，会发现有些班级，学生分享完自己的想法之后，其他学生没有回应，提不出关键性问题或做不出重要的补充，无法自主进行思维的碰撞。针对此问题，我们尝试了以下策略。

策略一：细化倾听规则

倾听中看	看汇报内容，看发言人手势。
倾听中记	记发言要点。
倾听中想	和自己想法是否相同。 如果不同，准备质疑； 如果相同，进行补充或点赞。 思考是否有新的启发。

策略二：约定回应手势和互动顺序

在发言人分享后，倾听者根据自己的情况用手势回应，具体见下表格。发言人先叫举小问号的同学，再叫补充的同学，最后叫有启发的同学。如果前三项都没有，可以叫一个点赞的同学。

手势回应	质疑：小问号 补充：举手 启发：举手 点赞：竖大拇指或鼓掌

策略三：梳理倾听后互动话语体系

为了助力学生之间的交流，可以为学生梳理倾听后的互动话语体系，并张贴在黑板上，提高互动交流的实效性，实现生生交流的自动化。

策略四：梳理提问路径

当学生无法提出有价值的问题时，教师可以在日常教学中有意识地帮助学生积累思考路径，例如数学课中，解决问题问思路，计算问题问算理，多种解决问题方法问联系等，逐渐帮助学生积累提问的经验。

3.教师智慧干预策略

无论是区级的"儿童友好型课堂",还是我校的"学友型"课堂,都是基于吴正宪儿童数学教育思想,始终坚持把儿童放在课堂的正中央。在听课时发现,有些教师给了学生充分的交流讨论时间,导致课堂效率较低,原因在于缺乏智慧的干预。教师怎样才能做到"该出手时就出手"呢?一方面,教师要在充分研读课标、教材的基础上,明确教学目标,通过认真倾听学生的发言快速进行价值判断,从而进行有效引导。另一方面,教师也需要掌握一些组织学生交流的话语技巧。

需要及时干预的情况	教师可以这样说
分享组说不明白时	你们谁知道他们组想说什么? 你们哪个组和他们的方法一样,能把你们的想法说得更清楚些吗?
台上台下争论不休时	我们再来看看他们组是怎么想的。(明确发言组的观点) 现在你们对哪里有疑问?(聚焦需要解决的核心问题)
发言内容偏离核心时	不好意思,我打扰你们一下,(然后问倾听的同学)听到这你们有什么想说的吗? 我发现有人皱眉头了,怎么回事呀?(然后引导学生回顾要解决的问题,聚焦核心问题。)
重点地方需要强调时	你们觉得他们组哪儿说得特别关键?(借力学生) 我必须夸夸他们组了……(教师强调)

(三)依托区级"四段式"研修,整体构建学科教研路径及范式

1.构建"学—研—行—展"研修路径

为提升学科教研品质,深入推进区级"儿童友好型课堂"的研究与落地,我校以"基于核心素养的教学评一体化课堂实践研究"为研究内容载体,依托区级"四段式"研修,形成了我校"学—研—行—展"四段式研修路径。

第一周:学。围绕每月的研究主题各学科进行理论学习,可以采用阅读书籍、文献,或者观摩优秀课例的方式。

第二周:研。根据研究主题,各学科教研组长进行头脑风暴式讨论,分享交流教研活动设计。

第三周:行。依据各学科教研组长分享的教研活动设计,优化本组的教研活动设计,并进行实践,在组内开展教研活动。

第四周:展。各学科教研组长汇报教研活动开展情况,一方面交流此次教研活动的反思和总结,另一方面分享基于月研究主题各组集结的成果。

2.探索多元研修范式

(1)听评课式。无论教研活动的形式如何革新,听课、评课依然是教师最喜欢、最常用,也是效益最大的一种教研形式。听课、评课是一个技术活儿,要听出特点,抓住关键,评出水平,有必要为教研组梳理出组织听评课式教研活动的相关技术。

设计听评课式教研活动，设计围绕主题的研讨问题是关键，能够引领着教师从活动前、活动中、到活动后持续思考。此外，提供课例研修单能够驱动教师深度参与，设计课堂观察单能够提高教师评课的效率，课例研修单和课堂观察单都需要根据教研主题进行调整。

（2）集体备课式。集体备课是常见的教研形式之一，是教师深入研究课标、教材、学生，形成优秀教学设计的有效方法。在集体备课前，教研组长或备课组长需要提前布置备课任务，明确备课内容及主备教师，其他教师也要提前思考，这样在备课时才能达到同频共振、交流思想的效果。为了助力教师提前准备，提高集体备课的效率，各学科组可以梳理备课流程。

（3）经验交流式。经验交流式教研活动，在活动前要确定交流的主题，并提前发布给参与活动的老师；明确分享人，提前与分享人沟通分享的框架和内容。活动中，分享人为主发言人，其他参与人员也要就议题积极踊跃发言。通过交流，在活动的最后，教研组长要总结提炼出可迁移的经验或策略，有助于参与教师应用到教育教学工作中。

（4）品鉴优课式。向优秀的教师学习，观摩名师课例，也是提高教师专业能力的有效途径。教研组长或备课组长可以查找一些与所教内容相关的优秀课例，组织教师集体观摩，学习优秀教师的学习任务设计、核心问题设计、教学生成的处理等，并在观摩后组织交流研讨，分享自己的收获。

（5）读文改进式。教育教学研究中，有些问题其他教研员或一线教师已经进行了一些研究，形成了一定的理论基础，因此在教研活动时，教研组长和备课组长可以提前查阅文献，筛选出有价值的学习内容，在教研活动时提供给教师，组织教师现场阅读，阅读后立即进行问题的讨论或课堂教学的改进。依据原有理论进行问题改进，会提高教研活动的实效性。

（6）双师联研式。随着数字化校园建设的不断深入，基于 ClassIn 平台的"双师联研"教研方式，不仅有助于教师之间教学技能的切磋，校与校之间的深度交流，而且有助于各校的均衡发展。双师联研，可以先呈现一节双师课例，然后借助观课单组织两校或多校教师进行交流研讨，也可以围绕一个话题各校进行汇报交流。

四、研究成效与反思

十年来，学校在吴正宪儿童数学教育思想的引领下，在办学品质、课程建设、课堂实施、师生素养提升等方面均获得了全面发展。

（一）研究成效

1.儿童数学教育思想深入人心。"友善教育"成了我校师生共同的价值追求，并运用到文化建设、课程建设、教师队伍建设等方方面面。

2.提升了师生综合素养。教学活动关注学生自主学习能力的提升，学生更自信，乐于发言、敢于质疑，学生的综合素养在学科课程学习过程中逐渐得到发展。

3. 教师队伍走向研究自觉。教师在吴正宪团队的优秀教学成果实践过程中有了研究的意识，也锻炼了一批优秀教师。通过课例展示、论文发表等，多位教师收获成长。

4. 学校办学影响力不断提升。承担国培计划项目的教研观摩多次，承办吴正宪儿童数学教育思想主题展示活动，多位教师应邀到京外教学交流，学校荣获了"北京市课程建设优秀学校""北京市科研工作先进校"等称号，并被评为北京市"百姓家门口的好学校"，教育专著正式出版。

（二）反思与设想

1. 要依托成果推广项目，更好地实现"自生长"和"共提高"，继续优化基地校的研修范式。

2. 要做好过程评价，对基地校的推广应用效果进行改进与指导。

3. 要加强成果宣传，定期组织开展优秀教学成果的宣讲交流，形成品牌。

总之，经过多年不断探索，北京小学长阳分校基于友善理念下的儿童数学教育的实践让我们感受到：教师要把儿童放在心中，做心中有儿童的教学，让儿童因为有缘与我们相遇而幸福，让教育因为我们的温暖而美好。

作者单位：北京小学长阳分校

幼儿园红色种子探索课程组织
与实施中的多样化策略

王永涛

琉璃河中心幼儿园地处房山区东南琉璃河镇。琉璃河镇素有北京"城之源"之美誉，举世闻名的西周燕都遗址以其独特久远的文化面貌和重要的历史价值为这座古镇增添着无限辉煌与厚重。红色种子课程正是以红色资源为教育内容，以红色精神为育人核心，以萌发爱的情感为活动主线，培育幼儿热爱家乡、挑战自我、奉献社会的崇高品质。那么，在课程的组织与实施中，都有哪些适宜有效的活动形式呢？通过反复研究与实践，我园秉承"让红色文化在娃娃心中生根发芽"的教育理念，依据幼儿发展规律和年龄特点，充分挖掘地域资源优势，利用多种途径大胆实践，力求活动形式的多样化、自然化和生活化。

一、主题活动策略，发挥德育功能

（一）主题中的教育活动

主题活动是课程实施的主要途径，具有比较明确的目标和计划性，教师对幼儿的组织与指导作用更加直接，也更具有针对性，如：在"我的家乡琉璃河"主题中，教师带领幼儿探索有趣的村名、了解石板桥的由来、听爷爷奶奶讲琉璃河的故事……这些活动潜移默化地在幼儿心中播下了红色的种子，为其良好品德的形成奠定了坚实的基础。

（二）主题中的区域活动

幼儿的社会性特征总是在与一定的社会环境的相互作用中得到发展的，区域活动就如同一个小小的社会，营造了宽松自然的活动氛围。在红色种子课程实施中，班级开设了"农家乐""燕都小馆""红星小舞台"等区域，幼儿开展了纳鞋底、摊煎饼、编竹筐、做军帽等传统手工活动，通过扮演、体验、交往、探究等进一步萌发了爱祖国爱家乡的情感。

（三）主题中的特色活动

中华民族是爱美的民族，人们把对美好生活的向往，通过各种图案、装饰表现在艺术作品上，歌颂着生活和未来。为了给幼儿创造更多感受美、表现美的机会，我园开展了主题下的泥塑游戏、民间游戏等特色活动，如：将燕都文化中的饕餮纹、鼎型、罐型渗透在玩泥中，将舞龙、竹竿舞、空竹等融入户外活动，让孩子们在游戏的过程中感受到传统文化的魅力。

二、师幼社团策略，传承红色经典

（一）说起来

发扬红色文化是践行立德树人根本任务的有效途径。为了让红色精神渗透到师幼心灵深处，我园积极创设想说、敢说、有机会说的语言环境，开设了红星广播站，举办餐前红色故事等活动。幼儿通过讲抗日故事、说经典儿歌充分了解老一辈无产阶级革命家和无数革命先烈的奋斗历史，从小树立远大的理想信念，为形成正确的价值观奠定了坚实的基础。

（二）唱起来

琉璃合唱团是近一年来深受师幼喜爱的社团活动形式。合唱团虽然成立时间较短，但成效显著。我们借助红五月、国庆节，以教师幼儿唱红歌为主要内容，以课程研究与实践为组织形式，结合我园一园四址管理特点，先后合唱《唱支山歌给党听》《我爱你中国》《闪闪的红星》《我爱北京天安门》《没有共产党就没有新中国》等歌曲，形成了"红歌人人唱、经典园园颂"的传唱氛围。

（三）演起来

为了进一步深化红色文化，我们不仅把红色经典说起来、唱起来，更要演起来。我园每个班结合幼儿年龄特点和兴趣需求开设表演区、小剧场等，幼儿通过制订演出计划，排练红色歌舞剧、儿歌快板，去敬老院给老人表演，真正成了活动的小主人。这个过程，不仅培养了幼儿合作、交流、分享等意志品质，更激发了每个人感受经典、理解经典、传承经典的热情。

三、社会实践活动策略，培养爱的情感

（一）参观活动

西周燕都文化是我园红色教育资源的有效组成部分，其中大大小小的展览馆、文化长廊等都有很大的教育意义。同时，琉璃河石板桥、抗战纪念馆等都是我们的实践基地，教师和家长带着幼儿参观体验，不仅有利于幼儿了解家乡文化，还能通过家乡的历史文化适时地对幼儿进行道德品质的渗透与培养。

（二）邀请活动

幼儿园周边可以作为红色教育资源的人物也非常广泛，可以是村里的名人、优秀党员，也可以是能人或英雄人物；可以是现在的，也可以是过去的。我园通过邀请老革命

先辈、老党员讲述这些人物的优秀事迹，挖掘其蕴含的精神品质，从而进一步培养幼儿良好的品德。这些红色故事在幼儿心中埋下了爱的种子，帮助他们形成正确的情感态度价值观。

（三）访问活动

为了给幼儿创造更多表现的机会，我园通过招募"小记者"的形式，创立了"红星记者站"。每月最后一周的周五，是我园的小记者日，也是他们最忙碌的时候。几位小记者会走进社区、走进小学校、走进村委会，开展多种形式的访问活动，并将信息整理、宣传，介绍给幼儿园的小朋友，将红色文化传播开来。

四、家园合作策略，共促幼儿发展

（一）家长助教

我园积极抓住家长资源和社区资源，形成教育合力，利用家长学校、家委会、志愿服务等，引领家长进行助教活动，如：请部队工作的男家长共同参与升国旗仪式，进行国旗下教育；请社区的爷爷奶奶和孩子们一起抖空竹、舞龙等。丰富多彩的助教活动让家长逐渐成为红色种子课程的参与者、合作者和引导者。

（二）家园共读

为弘扬中华民族的灿烂文化、发扬中华民族的传统美德，我园提供大量红色经典读本和传统文化书籍，引导家长每月月初与幼儿一起开展"经典诵读"活动，并结合四月读书月进行"图书漂流"。在"共读共育"的过程中，引导幼儿学党史、颂党情，培育每个人爱党、爱家、爱国的情怀与信念。

（三）亲子携手游

家长资源的有效利用，极大推进了红色种子课程的研究与实践。我园通过多种途径和方式，如线上交流、家园联动等，与家长、村镇、社区和相关部门建立密切的联系，形成由园内到园外的网状式课程资源体系。家长带领幼儿游览琉璃河湿地公园、博物馆、实践基地等，丰富的活动让周边的花花草草、一树一木等更多的资源都在课程建设中绽放着勃勃生机，每一个人逐渐成为红色种子课程的贡献者。

五、生活教育策略，弘扬红色文化

（一）大带小

为发扬中华民族的传统美德，培养幼儿的责任感和荣誉感，我园在一日生活中积极开展"大带小"活动。如：我给弟弟妹妹讲红色故事、娃娃家进行角色扮演、表演区为红歌打节奏等，年龄大的幼儿愿意成为大家的榜样，年龄小的幼儿乐于模仿，大家在愉悦的氛围中一起游戏、相互学习、共同发展。

（二）新闻角

随着红色种子课程的不断推进，幼儿自主创设了更多的游戏形式与内容，如班级的新闻角、娃娃电视台等。家长、教师和幼儿共同搜集新闻，每天来播报的孩子络绎不绝，有时是新闻里听到的大事，有时是班级里近期发生的趣事，有时是教师结合课程播报的新任务等，真是小新闻大世界。总之，通过新闻播报的形式，大家一起讨论、交流，不仅锻炼了幼儿的胆量，更培养了专注、自信的良好品质。

（三）劳动日

劳动教育是红色种子课程中非常重要的教育内容之一，我园把每周五定为劳动日，结合日常生活开展劳动教育，从小培养幼儿的劳动习惯，如自己擦桌椅、收拾区域材料，帮妈妈做家务等，而且每班都设有种植基地、饲养角。孩子们在老师、家长的带领下，开展"快乐种植""亲亲饲养"等活动，真真切切地体验辛勤播种、快乐收获的喜悦。

总之，在红色种子课程的研究与实践中，还有更多丰富多彩的活动形式，我们将继续探索与创新。相信在家、园、社会的共同努力下，我们会将一颗颗爱的种子播撒在幼儿心灵深处，从而增强幼儿的爱国主义情怀，让他们从小传承红色基因，争做新时代的接班人。

作者单位：琉璃河中心幼儿园

项目赋能校本研修

——吴正宪团队国家级优秀教学成果推广应用项目
工作坊式校本研修实践与思考

高贵兴

伴随着吴正宪团队国家级优秀教学成果推广应用项目的持续深入，我们进一步理解了吴正宪老师"好吃又有营养"的儿童数学教育主张，有效促进了"双新"的落地。同时深刻感受到成果推广项目是促进教师专业成长、课堂教学质量提升的有效策略。四段式研修为创新校本教研，构建研修课程提供了范本。基于以上认识与思考，我们在区级项目组的引领下不断研究实践，努力探索一条项目赋能农村学校的发展之路。

一、完善研修机制，确保研修实效

我校基于"传授知识、启迪智慧、完善人格"三位一体的儿童数学教育观，积极探索，建构了"1+6+N"的研修组织层级，明确了各层级研修任务。"1"是中心校数学学科教研组，任务是结合月度主题与推送课例开展"集中 + 自主"的深度观课，在观课基础上，依据课标要求，梳理学科核心素养及课堂实施策略，引领校本实践的深入实施；"6"是指 1～6 年级教研组，任务是在观课、议课、理解核心素养及实施策略的基础上，在课堂实践中践行策略，促进成果转化；"N"是其他科任教研组、完小（完全小学）教研组，其任务是重点通过读书、观课，学习吴老师的"儿童观、儿童数学教育观"理念，用理念引领，迁移策略，在本学科践行理念与策略。通过研修机制的不断完善，在原有数学学科基础上，向其他学科拓展，吴老师的"儿童观、儿童数学教育观"也在慢慢影响着全体教师。

二、夯实研修过程，提升专业素养

2022 年，学校申报了《小学工作坊式校本研修模式的研究》课题。我们努力实现将四段式研修融入工作坊式校本教研中，按照数学学科组、年级组、综合组，成立工作坊，以主动参与、深度体验、团体互动为学习模式，针对教师在项目研修与教育教学中存在的困惑和不足，采用主题沙龙式、实践带动式与课程评析式开展学习研究。

（一）明确任务，提高观课实效

根据观课任务，按照不同组别，以工作坊的形式组织教师采取线上、线下的方式集中观课。数学学科组基于学科核心素养要求，结合课例，梳理吴老师的课堂教学基本策略。如：在观看吴老师"复式折线统计图"这节课例后，通过工作坊式的研讨、交流，梳理出了"情景教学策略、启发式教学策略、小组合作教学策略、问题链教学策略"。综合组则是依托课例，结合专业阅读，学习吴老师的"儿童观、儿童数学教育观"，结合本学科的核心素养，实现思考策略的迁移以及本学科课堂的优化。

（二）依托教研，强化自我实践

在第一周数学学科组梳理出教学策略的基础上，第二周依托各组开展工作坊式校本教研，观照校内实践课，结合吴老师的课堂和本组教学实践进行认真剖析，尝试课堂教学策略，积累实践经验。在学习了吴老师"小数除法"这节课后，依托校本研修分别呈现了低中高三节课例，低年级"万以内数的加减法"、中年级"简单的分数加减法"、高年级"同分母分数加减法"，以年级组为单位开展了工作坊式校本研修。听了吴老师的课，学习了课程标准，明确了学科核心素养，梳理了吴老师的实践策略，在此基础上，又听了身边同事的课，研讨更有实效，更加聚焦问题。有的老师说："计数单位太重要了，以前虽然也知道，但是没在课堂上这样强调。"有的老师说："加法就是计数单位的累加，低年级时把这学扎实了，中高年级的分数加法也就不难了。"这种基于梳理策略后的课堂实践，从浅表走向深入，从粗放走向精细，使学生在完成一个个挑战性任务中，在独立探究、小组合作、交流思辨中提升问题解决能力，发展核心素养。

（三）深化研磨，不断反思改进

在自主观课与校本改课的基础上，第三周积极参与并承办共同体联片教研活动，借助区级项目专家"陪伴式"专业引领，不断深化儿童数学教育思想，优化课堂实践策略。针对"在统计学习中发展学生的数据意识"这一研修主题，围绕"数据意识"这一学科核心素养，结合四年级"条形统计图"单元，在共同体专家指导下，从新课标要求、教材分析、单元学习主题分析、课时教学设计等方面进行了全面解读。在单元分析基础上，以"四年级学生最喜欢的体育项目"这一真实问题为驱动展开了"条形统计图"这一内容的学习，引导学生经历条形统计图的制作过程，感悟条形统计图的特征和意义，进一步体会了统计在现实生活中的作用，发展了学生的数据意识和应用意识。

综合组通过专业阅读，观摩课例，努力践行"传授知识、启迪智慧、完善人格"三位一体的儿童数学教育观。在学习了《吴正宪的儿童数学教育》一书中关于"让学生站出来——让学生学会学习就应该让每一名同学都感受到我真正成了学习的小主人"的内容后，老师们在研磨语文学科"军神"一课时，就如何"体会人物内心"这一语文要素，引导学生转化角色，以沃克医生的角度还原这些场景，引发思考，并通过生生交流达到对文本阅读的深入理解。这种基于学生主体的生生互动、层层递进的学习活动，充分挖掘了孩子的阅读潜力，提升了阅读能力。这样，以一科带多科，吴老师的儿童数学教育思想悄悄地在各学科的课堂中开始生长。

（四）展示精彩，深化引领与辐射

伴随着成果推广项目研修的不断深入，我们看到了教师在慢慢地发生着变化，等待、体验、合作、交流，理解儿童，研究本质，遵循规律的"儿童观、儿童数学教育观"正深入人心，落地课堂。一篇篇论文、一节节课例、一段段研讨，使教师的专业素养明显提升。更重要的是，我们看到了学生慢慢地发生着变化，"我是这样思考的，这个单元我是这样梳理的，我还有不同的想法"等等，智慧的激发、思维的碰撞，孩子们享受着"好吃又有营养"的学习体验。

三、依托项目研修，拓宽实践路径

（一）专业阅读

专业阅读是教师成长的重要路径，伴随着四段式研修不断深入，教师们思考得越来越深，遇到的问题也越来越多，我们感觉到在向专家学习的基础上，专业的阅读也至关重要。基于此，我们为教师配备了专业书籍，帮助解决研修过程中遇到的问题，如：学习目标的制订，加法三种原型具体形态，运算能力培养与发展的策略，持续性评价等。教师在观课研讨、策略梳理、实践研磨的过程中，针对遇到的问题，打开了《吴正宪的儿童数学教育》《深度学习》《发展儿童关键能力》《义务教育数学课程标准（2022年版）案例式解读》以及新课标等书籍，从书籍中寻根溯源，掌握策略方法。

（二）教学竞赛

教学竞赛是课堂实践的一种表现方式，是检验项目研修成果的一种途径，能进一步促进项目研修的深入推进。基于此，我们将月度研修任务与学校开展的"智慧杯"进行一体化设计与实施，结合四段式研修月度任务，分年级组确定研修月度主题，纳入赛课，采取以赛促研的形式。每月第一、二周开展"智慧杯"赛课，年级组根据月度主题，选取"智慧杯"赛课录像资源开展年级教研，集中观课，工作坊式交流分享。通过"智慧杯"赛课，以评促研，以研促课堂质量提升的推动方式，使研究不断深入，引导教师落实"双新"要求，践行"儿童观"，努力构建能思会问、乐学笃行的友好型"智慧课堂"。

（三）研训故事

伴随着项目研修的深入，发生了很多真实而有意义的故事，这些故事记录着研修的不断推进和师生共同的进步，梳理和讲述好这些故事在很大程度上会激发教师项目研修的热情，引领教师深度研修，同时也会促进经验的分享与借鉴。所以，学会及时记录、整理并讲述研修故事也是项目研修的一项重要活动。在四年级上册"条形统计图"课例研修过程中，就发生了这样一个故事：课前，教师以"四年级学生最喜欢的体育项目"这一真实问题为引，出示了四种体育活动，孩子就"健美操能起到什么锻炼效果"这一问题展开了讨论。经过老师解释与鼓励，孩子们产生了很大的兴趣。但是，孩子又对活动的真实性产生了质疑，老师觉得就是这样的真实情境，才激发了学生的积极性，所以，在数据统计后，教师把学生真实的调查数据与建议上报了学校，学校基于调查数据，开设了健美操课程，满足了学生的真实需求。学生经历了真实的调查，充分感受到统计数据的现实意义，激发了进一步学习的兴趣与动力，这也正是吴老师"儿童观、儿童数学教育观"所倡导的"一切为了孩子"这一核心思想。

在成果推广项目助力下，校本研修不断深化。"四段式"研修机制促进了"双新"的有效落地，教师专业能力有了长足进步，成果转化促进课堂改进取得良好效果，学生核心素养得以发展。在后续的研修中，我们要继续坚守"儿童观、儿童数学教育观"的理念，坚持为儿童创设"好吃又有营养"的全学科教育，让热爱儿童、尊重儿童、理解儿童成为我校全体教师的追求，儿童的需求和喜爱，就是我们前行的动力。

作者单位：石楼中心校

提升轮岗教师岗位胜任力的策略研究

郑　淼

2022年9月开学起，北京市各区全面实施教师交流轮岗。交流轮岗政策是促进教育优质均衡发展的有力举措，许多参与轮岗的教师也在其中找到了发挥自身价值的广阔舞台。然而，个别轮岗教师在轮岗后面临着环境陌生、教学理念不同、自身的专业知识技能储备不足等挑战。作为学校的管理者，应及时关注个别教师暂时出现的岗位不适应甚至不胜任等问题。从如何促进学校高质量发展的目标出发，理性分析问题、解决问题，采取有效策略帮助轮岗教师快速适应新的环境，提升岗位胜任力，最终激发学校活力，提升教育教学质量。

轮岗教师到新的学校虽然岗位没有变化，但新的环境氛围、不同的办学理念、自身的专业知识技能储备不足及参与轮岗的动机和态度等因素让部分轮岗教师出现了不适应，甚至不胜任新学校岗位要求等问题。轮岗教师也在努力调整自己，但解决这一问题更需要学校管理者及时进行管理转型，给予关注和支持。

一、轮岗教师面临的新问题

在交流轮岗过程中，部分教师在新的环境中面对学生不同的服务需求，因为一些潜在的原因，在岗位胜任力上出现了新的问题。

（一）部分轮岗教师在新学校岗位胜任力上面临的新问题

1.教师对学校缺少归属感。

2.师生间不能做到教学相长。

3.教师班级管理能力较弱。

4.教师间缺少团结协作。

（二）部分轮岗教师岗位胜任力不足的归因分析

交流轮岗教师的岗位胜任力问题主要表现为以下三类：

1.存在"过客"心态

有些轮岗教师认为工作两年就离开了，导致工作上缺乏主人翁意识，积极性不高，凡事置身事外。当自身的专业知识技能储备不足时，不愿意学习，不进行反思总结，课堂教学反思或教研活动总结均流于形式，对问题的本质缺乏深度认识，与学生不能做到教学相长，教育教学成绩一般甚至很差。

2. 存在不敢管、不想管的心态

比如：学生经常换社团，教师不进行制止及正面引导，哄着学生高兴就行；不选班干部，学生的主动性被压抑，参与班级管理的机会微乎其微；大扫除等劳动教育，只是完成任务，指导流于形式；不重视学生良好行为习惯的养成，对问题学生转化不上心。

3. 教师间沟通不畅

学科任课教师间步调不一致，目标不统一，即相互间不主动介绍学生的情况和存在的问题，把教学中遇到的问题简单而又片面地认为是任课教师自己的事，课堂发生的事由任课老师管，与己无关，或袖手旁观，或有意回避。

综上所述，每个学校都有自己长期形成的教育风格，有自己长期培育的教育理念。轮岗教师在新的环境中"水土不服"，产生焦虑情绪，就无法脚踏实地且精力充沛地潜心于教学。家长也能感受到教师的工作状态，对教师的工作能力及师德质疑，造成了家校沟通不畅，问题层出不穷。

二、交流轮岗对学校管理提出了新要求

面对教师的流动，学校管理一定会面临新挑战，作为学校的管理者要转变管理思维方式，应对交流轮岗带来的新挑战。

（一）学校管理面临的新挑战

以教育优质均衡发展为导向的教师交流轮岗实质上是教师专业资本的流动与增值，以往的政策对于教师交流轮岗制度强调实现教育资源配置，但在教育优质均衡发展阶段，教师交流轮岗更应该重视交流和提升。

教师不仅是人力资本的供给方，同时也是专业发展的需求方。因此，在交流轮岗政策下，学校为了促进包括轮岗教师在内的全体教师发展，学校管理至少面临三大挑战：第一，激励与评价制度的挑战。流入校对于轮岗教师的起点不了解，避免进行负面评价，要从工作态度、课堂教学、学生管理和工作绩效等方面进行增值性评价，通过全面、客观、科学、准确的评价和及时反馈，推动教师的专业发展。第二，融入新环境的挑战。轮岗教师与流入校教师间存在着教学环境差异，学校的管理者要在鼓励轮岗教师积极参与学校建设的同时，在保留自己独特教学方式和处事方式的前提下，引领流入校教师积极接纳新成员融入，要让新成员不觉得自己是个陌生人，让他们能迅速融入新的团体，迅速以主人翁的姿态开始工作。第三，建设教师发展共同体的挑战。轮岗教师与流入校教师工作经验不同，实践能力也不同，加强教师间的专业合作，让轮岗教师与流入校教师建立专业共同体，引导每一位教师释放育人潜能和价值。

（二）转变管理思维方式迎接新挑战

每所学校的管理者面临的轮岗教师教育教学水平是千差万别的，但从深化教育综合

改革发展的全局看，今天的教师交流轮岗不再以单一要素流动解决局部问题，而是将政策环境、人力条件、机制保障、价值基础、分配样态等接续联动，着力构建新的教育实践生态。

作为学校的管理者，我们要更好地理解和应对内外部环境的变化，提高管理效能和组织绩效。以往教师队伍相对稳定，管理思维已经固化，遇到问题总是依赖本能和惯性去处理，一些管理方式不适合交流轮岗教师，这就需要学校的管理者转变认识，转变管理思维，主动适应变革，走出舒适区，不断审视自身，从而实现新一轮的成长进步，由交流轮岗工作的"执行者"转变为"助力者"，最终成长为"领跑者"。

三、提升交流轮岗教师胜任力的策略

笔者为一名完小主任。完小是指具备初级小学（小学一年级至四年级）和高级小学（小学五年级、六年级）的学校，称为"完全小学"，简称"完小"。完小部门齐全，有学籍记载，有发放毕业证书的权利，但不是独立法人。完小主任在中心校领导下主持完小教育教学的全面工作，在当地村民心中就是这所学校的校长。笔者所在的完小流入的轮岗教师主要来自教育集团内其他中心校一些有轮岗需求的教师。他们中部分教师面临着缺少归属感、责任心不强、家校沟通能力弱、教学水平不高、内动力不足等问题。

作为一名完小主任，为了能让轮岗教师打消顾虑，快速适应新的环境和新的岗位，我在转变管理思维提升轮岗教师岗位胜任力方面探索出了一些有效策略。

（一）构建情感氛围，生发归属感

教师轮岗之后，对新的教学环境、教学设备以及人际关系都需要磨合、适应，精神压力很大。作为学校领导，要懂得换位思考，关注教师心理方面的引导和建设，主动营造和谐融合的微观环境，关心交流轮岗教师的工作和生活，让教师在繁重的工作中保持热情，生发归属感。例如，周末，约上轮岗女老师一起去逛街，聊聊家常、说说困惑，情感一下子就拉近了。再如，一名轮岗教师擅长制作丝网花，利用空余时间，邀请这位老师教全体女教师制作，宽松愉悦的学习氛围中，老师们像家人一样，合作得其乐融融。人文关怀构建的情感氛围，让轮岗教师切身体验到被接纳，有了归属感，形成了教师团结协作的基础，也增强了学校的凝聚力。

（二）通过尊重赏识，增强责任心

每个人都有一种来自心灵深处的精神需求，那就是被尊重、被赏识。教师都希望自身工作价值得到认可。作为领导，满足他们的这一心理需求，就能使之获得更大的工作驱动力。学校私下与轮岗教师原单位的领导联系，了解他们在原单位的工作状态和曾经取得的成绩，并通过聊天、观察发现教师身上的优点，找准时机对他们工作的点滴成效及时肯定，激起他们对工作的极大热情和高度责任感。例如：一位教师每天放学送学生时都会和家长聊几句，家长很快就认可了这位教师；再如一名年轻教师，课间经常会和

学生一起活动，学生非常喜欢她，师生关系融洽；还有一位教师，每次上课都会制作突破教学难点的课件，提高了课堂效率。还有一位轮岗男教师作为体育老师，特别重视学生的德育，看到学生揪树叶会及时劝阻，说："如果别人揪你的耳朵，你会疼吗？小树也有生命，你揪它，它也会疼。"当看到外校有教师入校活动，学生没有主动问好时，他会对学生说："咱们学校的学生都很有礼貌，怎样做能让外校的老师也知道你们有礼貌呢？"学校领导在工作会上，及时对教师们的表现给予了肯定与表扬。受到赏识与鼓励后的教师更加自信，责任心也更强了。人们常说好学生是夸出来的，实践证明，好教师也是赏识出来的。

（三）运用案例指导，探索共育途径

一位年轻的轮岗教师当班主任的时间不长，缺少与家长沟通的经验，掌握不好方式方法。平时不与家长沟通，学生一犯错（比如不交作业、上课睡觉、与老师顶嘴、和同学闹点小矛盾）立马给家长打电话或请家长到学校来，引起了家长的反感。学校从侧面与教师了解情况时，发现她自己也很困惑，自认为在和家长沟通时已经很礼貌了，为什么家长还是很抵触，也不配合呢？通过教师的反映，学校了解到这位年轻教师没有认识到自己与家长的沟通方式出了问题。学校没有直接对老师进行说教，而是在班主任工作会上，播放了三个真实的家校沟通的案例："如何不被反感地向家长催作业""如何让家长协助监督学生不玩手机"和"家长的尖锐问题如何化解"。三个案例从事情的背景、解决的办法和沟通的要点方面进行了直观引导，让老师们从内心认识到家校沟通工作不是机械的教育工作，而是一种充满人文关怀的沟通交流，使家校共育走上"同心同向"的过程。经过指导，老师们明确了家校共育的方向，厘清了思路，思想认识也有了很大提高，从内心深处愿意加强学习、转变观念，探索家校共育的有效途径。

（四）构建发展共同体，提高教学技能

为了使轮岗教师更好、更快地融入集体，促进年轻教师的专业成长，我校根据实际情况组建专业发展共同体，按学科分组，选有经验的教师担任组长，帮助轮岗的年轻教师快速融入新环境的同时，提升专业能力。我校的李老师，是一位优秀的语文骨干教师，有着丰富的教学经验和独到的教学方法，更具备教书育人、无私奉献的品格和严谨治学、精益求精的工作作风。开学初，学校将李老师与三位轮岗的年轻教师分到一组。李老师在平时的教育教学中倾囊相授，对三位教师大到钻研教材、研究教法，小到作业布置与批改，都进行了悉心指导和耐心帮助，解决了三位教师在备课和授课上的困难。李老师的言传身教，促进了三位教师迅速成长，快速适应了新环境，逐渐找到适合自己的教学思路和教学风格，语文教学水平明显提高。李老师在整个过程中，把每节课都当成示范课，经常查找相关资料，充分准备，不管是教具还是教学过程，都会精心设计，尽量把最好的方面展示给三位轮岗教师，这也促进了自己专业水平的提高。

（五）规范评价制度，促进专业提升

每个学校都有自己长期形成的教育风格，有自己长期培育的育人理念。为了让轮岗教师快速地适应我校的教育环境，胜任新的岗位，学校各个部门联合起来，从工作态度、课堂教学、学生管理和工作绩效等方面规范评价制度，全程对轮岗教师进行增值性评价，夯实常规管理，促进教师的专业成长。教学干部根据课堂教学评价内容对轮岗教师进行了跟踪听课，在备、讲、练、批、复、考各环节进行了监督与指导；德育干部根据学生管理的评价内容，利用班主任工作室对教师进行培训，并加大课间巡视力度，发现问题及时与教师沟通；学校根据工作态度和工作绩效内容组织了"师德演讲""新课标学习体会交流""课堂教学评优""教案评比""作业展评""主题班会评比"等活动，要求轮岗教师积极参加各项活动，每次活动都会及时评价、反馈、指导，在活动中提升了轮岗教师的专业素养。

（六）共享目标愿景，激发内驱力

通过加大人文关怀、尊重赏识、指导赋能、构建发展共同体、规范评价制度等措施对交流轮岗教师进行管理，为轮岗教师的专业发展创设了良好的外部环境，而成就教师发展的最终还是教师自己。教师职业有相当高的专业性，有很大的发展空间。学校的管理者要引导教师自己督促自己，让自己越来越好。学校以"书香教师"的评比为契机，推荐教师阅读张桂梅、叶嘉莹、魏书生、吴正宪等优秀教师的感人事迹，了解优秀教师的成长历程，潜移默化地以优秀教师的成就与深度作为自己的目标，以发展更好、更适合自己学生的教育方法为职业发展内驱力，立足于个人特点，自主找到适合自己成长的路径，最终把自己变成一位优秀教师。

四、结论

作为学校的领导，既要懂"战略"，也要有"战术"，善于抓住契机促进学校发展，实现有温度的管理。教师是学校工作的主体，教师交流轮岗是实现区域内优质教育资源均衡配置、保障教育公平、推动义务教育均衡发展的有效措施，是社会发展对教育的要求，也是办人民满意教育的要求。在干部教师交流轮岗的大背景下，对待每一位教师都要一视同仁，不能疏密有别。要尊重教师的人格，在处理事情方面做到求同存异。要转变管理思维，采取有效策略，引导教师由"学校人"向"系统人"观念转变，激发教师的内驱力，提升岗位胜任力，进而激发学校的活力，促进学校的教育教学高质量发展。

作者单位：长育中心校饶乐府小学

借力区级项目推广　提高校本研修实效

丁友军

校本研修是以学校为研修基地，以教师为研修主体，以学校和教师在教育教学中的实际问题为研修内容，以改进教育教学实践、提高教育教学质量、促进教师的专业成长和学校的发展为基本目的的一种集工作、学习和研究三位于一体的学校活动和教师行为。随着时代的发展，教育改革的不断深入，"双减"政策的有效实施，学校校本研修工作需要承担起教师专业发展和提高课堂教学质量的重要任务。

学校的校本研修工作还存在诸多不足，诸如：教师的专业知识储备不足，学习组织尚未建立；教师参与主动性不足，对研修认识不清，方向不明；教师的问题意识差，活动中交流少且不够深入，活动效果不实；学校的校本研修缺少专业引领等诸多问题。针对问题，借力区级项目，明确学校校本研修"学习—改进—构建"的工作思路，努力提升校本研修实效。

2021年4月，国家级优秀教学成果"吴正宪儿童数学教育"推广项目在房山"落户"，丰富的研修课程，"观课、改课、磨课、展课"四段式研修模式，让我们有了新的思考：如何借助示范区项目，提高校本研修实效。于是，学校决定抓住这一契机，成立研究团队，即由主管校长主抓、项目负责人推进、完小（完全小学）实施的自上而下逐层推进的体系。组建了一支由区级"百人团队核心成员"、年级组长、完小研修组长、学科教师构成的"吴正宪研修共同体"，形成共研、共创、共享的研修机制，立足学校发展的实际，以解决学校教育教学中存在的现实问题和突出问题为突破口，以学习、研究和落实新课程理念为重点，以问题研究和课题研究为依托，以自我反思、同伴互助、专家引领为基本途径，全面提高教师的综合素质。

一、聚焦问题，制订计划

针对学校和教师专业化发展中的问题，积极探索课程视域下课堂改革的途径与方法，落实核心素养背景下的校本研修。以"来自学科课堂内的问题""学科外的热难点问题"和"教师的困惑"为切入点，针对教师上课过程中出现的问题进行汇总、梳理和提炼，最终确定教学实践中亟须解决的真问题。通过收集问题、确定主要问题、分析问题成因，提炼研修主题，使研修活动更具针对性和系统性。目前教师们存在优化新课标理念教学能力不足，素养导向下大单元整体教学设计与实践能力弱，调动学生深度参与课堂教学办法少等诸多问题，我们聚焦问题，制订计划。

计划中确定"素养导向下的各学科大单元整体教学设计与实践的研究——学生学习历程设计的研究"主题。以吴正宪优秀成果推广项目及深度学习联合项目化研修为重点，以数学教研组为核心，全学科落实"吴正宪儿童数学教育思想"，强化教师对新课标、新理念的学习，着力改进备课的方式方法，逐步形成一套适合我校学情的评价体系。

二、共同学习，明确思路

明确学习的重要性。我们采用多种形式加强理论学习，提高教师专业理论素养，建立学习型团队。利用自主学，围绕"学习—学会—改变"这一主题组织全体教师展开一系列学习活动，达到悟理念、明方向、转行为的目的。利用引领学，借助示范区总项目组，发挥种子教师优势，引领全体干部教师转变思想，使教师的教学行为融入新理念。

明确备课的重要性。努力探究教学结构化，构建单元整体教学。研究如何做好单元整体备课，深度构建内容上的联系。梳理知识体系，通过纵向、横向和关键点三个视角深度理解现有教材。找准教学起点，沟通知识之间的内在联系，形成与本单元学科本质一致的系列单元，提出可行的教学策略，形成实践案例，描绘儿童友好型课堂该有的样态。

明确研究的重要性。结合区级研究任务，选取教材中的相关内容作为研究重点，针对主题，立足一个单元，深度研讨。教师全员卷入，采取"四段式"课例研修，进行滚雪球式的"实践—反思—再实践—总结经验"，使教师们能够对教材精准把握。研修中，教师们进行单元整体教学设计，从课标解读、教材分析、单元学习任务实施、学习评价设计、单元作业设计等维度开展团队说课展示，力求一个活动说清楚，一个亮点说透彻。

三、立足研修，系统整合

发挥区级项目引领作用，系统规划校本研修。学校的校本研修与整体工作的关系不明确，校本研修的主线地位未得到很好的体现，校本研修游离于常规教学以外，使研修失去其应有的效益。针对以上问题，学校应在系统规划整体工作时，根据研修目标对常规教研活动进行整合，将其纳入校本研修工作范畴，做到"研修即教学，教学即研修"。目前，学校校本研修还缺乏专业引领，研修效果不理想，不能很好激发教师积极参与，存在教师掌握的新理念、新方法在研修活动中不能充分展示交流等问题。为此，我们充分利用区级项目的引领作用，系统规划校本研修，使有实效的校本研修成为教师专业发展的主阵地。

发挥课题研究的导向作用，深入推进校本研修。开展校本研修，必须立足学校和教师发展实际。课题研究式校本研修的特点是以课题研究为依托进行的行动研究，并运用研修成果指导教学。我们借助区教育学会"十四五"课题——《基于学科素养视域下的小学数学课堂核心活动设计的实践研究》，结合学校课程领导力"单元整体视角下怡情启智课堂学生核心活动实效性研究"自选项目，将研修任务与课题研究相整合，开展有现实性和针对性的问题研究和课题研究，激发教师参与教育科研的兴趣，提高教师的教育科研意识和能力。

发挥竞赛活动的激励作用，扎实促进校本研修。借助区级"龙源杯"、学校"幸福杯"比赛开展研修，把研修内容与比赛内容有机结合，让比赛成为教师参与校本研修的推进剂。

四、立足课堂，营造氛围

课堂教学是校本研修成果展示的主阵地，课堂教学质量的提高也是校本研修的最终目的。校本研修的实效性不强，往往是因为形式大于内容，教师在活动中真教假研。我们应该立足校情、学情，营造研修氛围，扎实研究，让校本研修与课堂教学整合。从教师的课堂起步，实实在在去解决教学实际问题。

在校本研修活动中，充分利用吴正宪优秀成果项目研究，组织教师完成观课任务，梳理、践行吴正宪老师的课堂教学策略，改进自己的课堂教学。观课前，学校发布《研修任务单》，教师进行自主观课，完成任务单上的研修任务。随后，在各完小开展教研活动时，与同事进行交流探讨，提出改进点。教师针对研讨改进点，再进行自主改课实践。教师通过上课、改课环节进行自我反思和优化，提炼经验。在完小教研活动中，以工作坊的形式展示教研历程。过程中，对整个课堂教学各个环节进行评价，找准突破点，使每节课都能聚集同行的智慧和个人的"工匠精神"。教师再利用参加中心校研修组活动时间，分年级进行二次课例研磨、课例展示，记录活动收获，将活动的收获再次落实在自己的常态课堂，逐步形成了"自上而下—自下而上"的研修氛围。

五、借力项目，效果初显

校本研修是一项长期的工作，需要学校领导教师不断探索其工作的内涵和方法，与时俱进，不断前行。坚持以问题为导向，借助区级项目，不断探索属于自己的校本研修范式，努力提高校本研修实效。借力区级项目，开展学校的校本研修，唤醒了教师们研修的热情，明确了方向。在研修中教师的学习能力不断提高，发现问题、解决问题的能力也有显著进步。向下扎根，向上生长，教师们借助校本研修活动，在教学实践中不断转变教育教学行为，促进自身成长，提升了教育教学水平，也形成了校本教研新的样态，有力推进了学校的"教""学""研"水平，教育教学质量得到了全面提升。

"教而不研则愚"，我校校本研修重视教师自我反思、同伴互助、专家引领。"自我反思"是教师与自我的对话，"同伴互助"是教师与同行的对话，"专家引领"是实践与理论对话，三者力量相互协调，不断促进我校每位教师的专业成长。

作者单位：南召中心小学

第二章　学术方舟

丹心励耘七十载　薪火传承谱新篇

——在房山进校七十年校庆大会上的讲话

王　塔

　　讲述房山进校七十年这样一个庞大的主题，对于任职不过半年的我来说，内心惴惴不安。不过仔细想想，一路走来，这所学校和自己的缘分、对自己的影响，以及身处其中想要探寻它身世的强烈愿望，反倒给了我勇气，以及别样的视角和不一样的讲述角度。我和家人至今已有两代三个人先后在这里供职。所以，我既听到过老一辈教研员艰苦地送教下乡的故事，又亲身经历过教研员工作到深夜两三点钟的场景。自己从教师到校长的成长历程，每一步都有来自房山进校干部、教研员的支持和帮助。既有对我个人的持续引领和严格要求，又有对我和同伴甩掉薄弱校帽子的鼎力相助。

　　我对这所学校充满感恩和敬畏，在逐渐深刻感知它的同时也在不断追问一个问题，那就是它的核心特质到底是什么。到任之后，这个问题更是不断引发我的思考。

　　老教研员郭志富在他退休的十一年间，一直致力于研读中国传统文化的经典。他说，越学习，越研究，越觉得才疏学浅，越需要追根溯源。郭老师现在仍然坚持每天研究《说文解字》，用五六个小时的时间研究五六个汉字。郭老师说，研究是一种生活习惯。通过持续研究学习，才知道什么是学问、什么是学术，才知道大学时代的老先生们为什么会孜孜以求。我想，这种深入骨髓的对研究探索的挚爱也许是我所要探寻的答案。

　　20世纪50年代，我国正式确立教研制度，房山进校应运而生。1952年建校之初，学校在房山、良乡两县两址分别办学，1959年合并，1988年迁入位于房山城关西大街26号的独立办公大楼。至此，学校在三十七年里，历经了初创期、发展期、波折与恢复期之后，终于迎来了二十八年的平稳发展时期。2016年，学校迁入今天位于良乡大学城的新址——房山教育大厦，由此进入了崭新的历史发展阶段，奏响了新时代教研转型的奋进乐章。七十年间，房山进校历经九次校址变迁、十二次名称更改。在历史沿革的背后，实际上是房山教研随着国家教育政策改革，日益明确职能定位、不断完善组织机构的革故鼎新。而始终不变的是房山教研人对教育教学规律进行探索与实践的不懈努力，是一代代进校人在七十年的奋斗中，扎根房山大地，服务区域教育发展的责任与担当。

进入 80 年代，国家对教研的职能定位发生了变化，从学历补偿性教育逐步转向服务学校教学。1982 年，房山进校紧跟改革步伐，成立了教研室，标志着进校的工作重点由"教师进修"开始转向"教学研究"。教研员深入教学一线，听课评课，举办公共课、研究课，培训实验员，编写教参，搜集、研究、总结和推广教学经验，培养学科带头人和中青年骨干教师，制定《房山区中小学课堂教学常规》等基本规程，对改进当时的教学方法、提高教育质量起到重要的引领和指导作用。

进校人以开拓进取和勇于探索的精神，积极推行教学改革实验，仅 1984—1986 年就有七个教改项目在我区推进。到了 90 年代，在我区轰轰烈烈进行的目标教学实验，更是成为一个时代的记忆。展标、施标、查标、补标、小结这些环节依然记忆犹新。目标教学在当时实验规模之大，成效之显著，影响之广泛，在房山教学改革史上是少有的。之所以呈现出这样的改革活力，是因为我们顺应国家的改革趋势，基础教育要从应试教育转到素质教育的轨道上。同时期，国家颁布了《中华人民共和国义务教育法》，需要大面积提高教学质量，需要在实践中建立起基本适应于这个时代的一套新型教学体系。房山进校主动回应教育教学改革的要求和学生、教师、学校的实际需求，积极改革，与教师一起形成研究与实践的共同体。边学习、边研究、边实践、边改进，架起了理论与实践的桥梁。经过多年的探索，有效提高了区域课堂教学质量。这是时代对教育的呼唤，也是教育自身发展的需要，更是进校教研的智慧与担当。

数年如一日的坚持，房山进校发生了日新月异的变化。90 年代末，已经成为全区教研、进修、科研、培训的指导中心。教学改革成绩显著，得到社会广泛认可；进修处的本科班、研究生课程班、骨干教师培训班持续助力教师成长；承担的市级、国家级课题不断引领教学进步。研、训、教一体化支撑着区域教育教学的改革。今天当我们回首往昔，每个进校人都可以自豪地说，我们不辜负前人的期望，无愧于后人的目光。

2001 年《基础教育课程改革纲要》颁布，由原来教学"双基"升级为课程"三维目标"，实行国家、地方、学校三级课程管理。这次改革不只是话语体系和话风的改变——从教学改革走向课程改革，更是整个育人理论逻辑、价值内容和行动路径的改变。作为促进区域教育质量提升的专业支持者，进校人主动转型，强化"教"的使命，提升"研"的站位，担负起课程教学和考试改革研究者、探索者、推广者的使命和责任。房山进校提出"科研兴教，科研兴校"，教科室从"组织研究"发展到"以教育科学的基础理论为武器，以教育科学的应用研究为主，回应课改难题"，教研员针对课程实施过程中的难题进行充分调研、系统思考、理性回应，用研究的方式解决改革中的难点，支撑课程、教学、评价的综合改革，助力新课程理念落地生根。

为适应新课程改革的发展要求，2007 年，房山进校成立了课改秘书处，增设了课程研究的专业人员，带领和推动学校课程建设，使得当时我区的校本课程如雨后春笋，百花齐放，激发了学校的活力，促进了学生的个性化成长。同时，在教委提出的"三个聚焦"引领下，教研员立足课程育人，不断深化对课堂的实践探索，指导各个学校形成具有本校特色的课堂教学模式，引领我区一个时期教与学方式的变革。这一时期教研内容也有了非常大的拓展，围绕课程、教材、教学、评价、资源等开展立体化研究与实践。

进校人励精图治，躬耕不辍，逐渐形成具有房山特色的"3366"式教研新样态，努力做到为行政决策服务，为基层学校服务，为教师专业发展服务；提高教研员的学习力、研究力和指导力；坚持"一个理念，一种精神，一个项目，一个模式，一个团队，一个特色"六个一的工作思路；实施赛、研、带、训等研训策略。启动了"以学科工作室为载体的教师培养工程"，形成了"母机再造工程"等一批成果，在北京市第三届基础教育教学成果奖的评选中，房山实现突破，取得了良好成绩。

岁月如歌，改革的脚步铿锵有力，文化的传承绵延不息。一代一代的进校教研人滋养着每一位房山教师的成长，也将区域教育推向一个新的发展高地，充分彰显了教研员执着探索的研究精神，以及胸怀大局、勇于担当的使命与情怀，为进校下一个阶段的发展奠定了坚强的基石。

2012 年，党的十八大报告首次提出，"把立德树人作为教育的根本任务"，此后一系列教育改革政策密集出台，核心素养的发布、新课标的实施、高质量育人体系的构建、"双减"的落地、加强和改进教研工作的意见等等，都对教研部门提出了更高的要求，教研工作面临着更大的挑战。高质量的教育呼唤高质量的教研，房山教研人满怀豪情，站在新时代起点，努力向人民交上最满意的答卷。

在教育改革的关键时刻，2016 年，房山进校在区委、区政府的关心关怀下喜迁新址。有了现代化办公设施的进校人备受鼓舞，同时也感受着社会的高期盼、高要求。房山进校人满怀豪情开启新的创业历程，全力以赴谋求新发展，大刀阔斧推进改革。房山进校秉持"改革创新、统筹协调、开放包容、共享合作"的教研原则。以构建"科研先导，研训一体"的教研机制、促进教师专业发展为核心。努力建设研修品牌，提升研训品质，推进课程教学改革，促进区域教育优质均衡发展。为构建德智体美劳全面发展的教育体系和房山教育新发展格局贡献教研力量。

改革是时代的命题，也是研修机构发挥作用的难得机遇，我们从职能定位开始明确教研的价值。努力将进校建设为"四大中心"——党建研究指导中心、教育改革研究指导中心、干部教师研训中心、对外交流合作中心。通过研究、指导、服务、管理、评价的职能，实现"四个服务"功能，真正成为房山教育发展的"智库"。要适应改革发展的新要求，就必须进行彻底的、全方位的改革。打破原有组织架构，成立五大部门十七个处室，实行岗位全员竞聘，面向全系统和全社会公开招聘。推进党委领导的主管领导责任制、处室主任负责制、学科主任聘任制，全面推进管理机制改革，激发进校发展活力，创生教研新动能。实施"项目管理、任务驱动"工作模式，改进管理方式。组建项目团队，统一资源配置，建立推进机制，实施项目评估。以目标、问题和创新为导向，整体规划项目群。课程领导力提升及"双区建设"等项目整体推动全区中小学、幼儿园工作迈上新台阶。通过外引项目和内生项目，构建矩阵型项目管理新格局。

以教育部重点课题《基于核心素养发展的房山区教研转型实践研究》为载体，积极推动区域教研理念、内容、方式、机制的转型。构建以教育行政部门为主导、教研机构为主体、教育联盟为轴心、中小学校为基地的纵向研修体系；形成目标一致、任务清晰、优势互补、上下联动、协同创新、高效运行的教研工作新格局；创新六式并举的研修方式，优化教研机制，形成教研文化；通过科研引领实践，跳出一般性的经验主义指导行动的发展方式，探索出"纵向贯通、横向联通"的区域教研新范式；形成大数据视域下教、学、研新样态，探索了一条用科研引领区域研修机构转型发展的房山路径。研制"房山区教研员发展性评价标准"，构建教研员发展"五力"模型，搭建教研员分层培训课程体系。以职业规划为抓手，开展全员系列培训，借助高校、市教科研部门等高端资源，开展"腾飞计划""青蓝工程""金种子计划"等，激发教研员的活力，赋能教研员的专业发展。让进校成为吸引优秀人才、培养优秀人才、输送优秀人才的基地。做好内部整合，积极引进外部资源，用开放的视野拥抱教育变革，促进房山教育优质均衡发展。推动房山进校与科研教育机构、周边大学等协作共同体的建设。通过资源引进、文化互动、融合协作等方式，丰富研修课程资源，提升研修品质；加强高端人才引进，扩大对外合作交流，开展多层次、宽领域的交流与合作活动，促进区域教育融合创新发展。

清晰的功能定位，全新的发展理念、有效的管理机制，让房山进校进入一个高位发展的历史阶段。"道德思想至上、学术精神至高"的校训不断深入人心，"行大道、养大气、干大事"的办学思想成为全体进校人的行动追求，"想在教师之前，做在教师之中，站在教师身后"的研修精神以及"研究是一切工作的逻辑起点"的研修观念在每个进校人身上得以充分彰显。触摸房山进校七十年历史，让我们强烈地感受到一次次震撼、一股股力量、一份份责任和一个个希望。一代代进校人在房山这片教育沃土默默耕耘，在研究中不断开拓，在实践中砥砺前行。岁月的长河中，留下的是他们坚定的教育情怀和动人的教育故事。

昨日的岁月峥嵘，一枝一叶都是今天的财富，也是将来进校持续发展的基石。未来，我们将始终继承和发扬房山进校的光荣传统，紧紧围绕"做一流教育研修，高品质服务区域教育高质量发展"办学目标，坚持"燃星火志，铸强教魂，做大先生"的价值追求，以及"情怀立德，思想立言，实干立行，形象立身，研究立校"的办学理念。以"聚人心，塑机制，强优势，树品牌，汇资源，扩影响"的办学策略，和"负责、精细、规范、实效、极致"的管理文化，推动进校深度转型发展，志存高远、用心育人。服务好138所学校的教育教学、万名教师的专业成长、10万名学生的全面发展，服务好区域教育的管理决策，办好人民满意的教育，助力区域教育高质量发展。

七十载沐雨经霜、不忘初心，是进校人勇担重任的执着坚守；七十载凝心聚力、弦歌不辍，是进校人奋发向上的精神脊梁；七十载丹心励耘、薪火传承，是进校人追求卓越的华美乐章。一代代进校人携手同心，为了同一个名字、同一个梦想，汇聚起气壮山河的磅礴力量，以"人比山高、脚比路长"的无限豪情再创新辉煌！

注：本文根据王塔校长在房山进校七十年校庆大会上的讲话整理，略有改动。

以成果推广应用赋能区域教育
高质量发展的房山实践

国家级优秀教学成果推广应用项目组

2020年11月，教育部启动基础教育国家级教学成果推广应用项目，房山示范区立即意识到这将是支持区域教育跨越式发展的重要契机。国家级教学成果凝聚着当前教育改革的最高智慧，国家级教学成果的推广应用则提供了一个以国家行政推动、国家供给专家、国家牵线合作、国家监督质量的教育发展新平台，它背后隐藏着系统化的优质教育资源供给，是房山教育高质量发展的"软实力"。三年来，房山区以成果价值的区本化实现为目标，以学校发展、课堂改进、师生成长为落脚点，以面对痛点、解决问题为实践遵循，践行"管理运行—研修运行—实践运行"的成果应用运行逻辑，经历"学习理解—精心设计—宣传动员—实施推进—总结反思—改进创新—成果生成—辐射带动"八步走推进步骤，构建起"总项目—子项目—学科组—基地校"层层落地的"计划、研究、推进、宣传"贯通体系，探索出"四段式课例研修""学科教研基地建设""基于实证的学科协同推进"等多条成果应用特色路径，践行出以"统—通—同"为引领的成果推广应用运行之路。

一、项目运行机制

房山区将国家级教学成果推广应用定位为房山教育发展的"复兴号"。区政府将成果推广应用项目纳入分解台账，落实监管机制，每月跟进，拨专项资金作为支持；区教委将其纳入区域"十四五"规划重点项目，设立专项表彰和评优评选倾斜机制，牵头推进；区进校牵头调研区域教育改革关键问题，确定成果推广应用的聚焦点和研究专题。全区行政与业务联动，建立起以管理运行为核心的外围支持系统和以研修与实践运行为核心的内核转化系统。

管理运行指向"统"，旨在做优区域的统筹设计与推进。研制成果应用的"3×3×3"目标体系，从3个成果、3个年度、3个维度系统性明确区域推进方向；通过出台文件、项目论证、启动大会、手册研发、媒体宣传等多元渠道，营造浓厚区域氛围；建立起"1+3+34+N"区域推进架构，以总项目组牵头各成果项目、基地校带动协同校的方式系统推进。以秘书处为中枢部门，按照成果应用的内在规律，在各成果应用的关键节点，同步推进各成果的启动培训、年度总结、教研员工作坊、终期评估、外出访学等。

研修运行指向"通"，旨在有步骤地推动成果从学术形态转化为实践形态，教研中枢通向一线。一是学习内化，将优秀成果转化为自己能理解的成果。通过印制手册、学习著作等在文本中学成果；通过专题培训、案例研修等在培训中学成果；通过现场教研、同课异构等，在实践中学成果。二是本土转化，将优秀的成果转化为区域能用的成果。探寻成果应用与区域和学校的结合点，以结合点为抓手聚焦重点组建研究共同体。三是研究深化，将能用的成果转化为好用的成果。立项国家级课题，注重教研员的能力提升，结合"双减"、新课标落地等与时俱进地确定各项目组和各学校研究专题，以区域教研赋能校本教研。

实践运行指向"同"，旨在做实学校应用，同心同力抓教学落地。一是学科引领，建立56个学科基地，采取"认定一批、培育一批、带动一批"的策略滚动发展；二是培育典型，以基地为基础打造52所重点学校，以研究专题为引领众筹解决校本问题；三是课堂改进，启动"双减"背景下区域课堂教学提质增效的建设、深度推进友好型课堂研究、基于实证的学科教学改进研究，为成果应用课堂教学样态画像，推进单元教学和跨学科实践活动，让课堂改变看得见。

二、项目推广成效

国家级教学成果推广应用，助力房山教育改革取得显著成效，体现在：

（一）推动课堂育人改进，教学水平有所提高

以成果推广应用落实新课标落地，深度推进教与学方式变革。在国家教育质量监测数据反馈中，我区小学数学学业成绩和学业表现水平中等以上的比例均名列北京市前茅，数学学业均衡度达到满分，成绩较以往显著提高。在初中学业水平考试中，示范区重点校的成绩普遍优于其他学校的考试成绩；在高中学生的学科能力入学前测和期末后测的对比测试中，学生的学科能力明显提升。

（二）推动教研深度转型，成为区域长久机制

以成果应用为载体建立的"四段式课例研修""友好型课堂实践""学科教研基地建设""基于实证的学科联动""基于学科能力评价的区域命题"等，已成为支持房山区教研转型、推动教师成长的重要机制。构成房山教育生态的重要一环，持续为区域教育改革和学生核心素养培育发挥重要作用。

（三）推动评价引领，提升区域命题水平

应用成果"3×3"学科能力指标，房山区研发出本土化高中命题指标体系，命制原创统考试题100余套，其中有2个学科受邀参与了北京市《单元教学评指南》的研制。

（四）促进教师发展，推动教师队伍建设

在房山，"好吃又有营养"的教育主张尽人皆知，友好对待儿童已成为房山教师的群体气质。成果应用支持教师形成规范的基于实证的教学改进操作流程，提升了教学改进的针对性和精准性。近三年，示范区核心团队教师获评正高级教师 15 人、市学带教师 2 人，获全国五一劳动奖章 1 人。在教学设计、课堂展示方面，获国家级、市级奖励共计 130 人次，20 余篇论文在核心期刊发表，以"3×3"学科能力评价成果应用为亮点的课堂教学获北京市"京教杯"青年教师教学基本功培训和展示活动一等奖。

自启动以来，房山区作国家级、市级典型发言 10 次，作面向全国的成果应用研修展示 15 次，接待来自河南省郑州市、内蒙古自治区等地的访学团 200 余人次。在官媒作新闻报道逾百篇，发布房山区成果推广应用专刊 3 本，推进丛书出版 5 本。房山区的成果应用实践被《中国教师报》《光明教育家》《华夏教师》等多家刊物收录，被《创新人才教育》杂志作系列专版报道，并被作为《基础教育课程教学改革深化行动方案》典型案例呈报市教委。

三、经验与反思

在成果推广应用"统—通—同"的践行道路中，房山区的核心方法有三：

（一）做强"三运行"

对应"统—通—同"，房山区深入研究成果应用规律，以中国教育学会课题《国家级优秀教学成果推广应用的区域运行模式建构》引领示范区建设。其中，总项目组牵头管理运行研究，子项目、各学科执行研修运行研究，区校协同、以校为本执行实践运行研究。通过行动研究与模型建构，推动成果应用科学理性开展。

（二）做实"三结合"

针对成果用什么、怎么用、与学校有什么关系等问题，找准三个结合点，推动成果应用逐步融入本土实践。第一次结合，是找准成果与区域的结合点：成果 1 的结合点定位在"基于儿童数学教育思想促进小学生数学深度学习"，成果 2 的结合点定位在"以学科教研基地建设促教研品质提升"，成果 3 的结合点定位在"基于实证的九学科协同推进促教学改进和区域命题"。第一次结合，为区域成果应用找准了方向。第二次结合，是找准项目与学校的结合点：房山区研制 21 个结合点，开展全区范围对结合点的自选申报活动，组建学习共同体。第三次结合，是找准学校结合点的校本化分解。这是每个学校各不相同的，但明确后成果应用才能变成学校自己的事。比如我区有学校深受儿童观和教学观影响，开展办学理念完善、课堂文化重构、校本教研转型等系列变革。

（三）做优"三支柱"

"四段式课例研修""学科教研基地建设"和"基于实证的学科协同推进"，是房山

示范区的三个支柱，持续推动成果应用走向深入。"四段式课例研修"模式，通过"自主观课、教研改课、连片磨课、区级展课"的研修循环，每月一主题，每周一任务，支持教师们将吴老师的课循序渐进地学透、用好、内化。"学科教研基地建设"，通过界定本地内涵、研制本地标准、设计本地路径、开展本地评价，开辟出一条区域支持教师发展的新路径。"基于实证的学科协同推进"，探索出基于学科能力的单元教学改进路径和命题思路，蓬勃团结的风貌展现了学科联动的成果推广应用样态。

国家级教学成果推广应用是房山教育的宝贵财富，虽然项目接近尾声，但研究仍然继续，成果应用的思维、机制、路径还将持续支持区域的教育改革。一是在教育改革政策与新课程标准的引领下，进一步调研区域的新方向、新需求，将成果应用与教学教研进一步融合。二是充分梳理三年成果推广应用的有效做法，将三个项目的有效经验融合梳理、改造升级，打破学段壁垒进一步应用。三是推动示范区重点校及学科基地进一步成为区域课堂研究、资源共享、学术交流的重要平台，支持研修课程持续开发，支持基于循证的教学教研改进，开展入重点校一对一指导活动，支持学校发展。

融合　合作　创生　赋能
——大数据助力房山教育质量改进项目成效性分析

大数据助力房山教育质量改进项目组

一、项目简介

为进一步落实中共中央、国务院《关于全面深化新时代教师队伍建设改革的意见》《国务院关于积极推进"互联网+"行动的指导意见》《教育部关于印发＜教育信息化"十三五"规划＞的通知》等文件要求。2021年7月，房山区教委与北京师范大学合作，在融合智能平台和学习工具的新型教学模式的教学质量提升、利用教育信息化平台开展数据循证的教研转型实践、借助学生历次测评数据开展增值评价分析助力学业质量提升、基于学科能力指标体系的高端备课指导等方面开展实践研究，助力房山区中学教育教学质量改进。项目组充分利用北京师范大学未来教育高精尖创新中心在未来教育理论、方法及技术研究方面的学术优势和大数据、人工智能等多种技术的核心优势，推动我区学校教育教学转型，深化房山区教育领域综合改革。

二、工作推动

一年多来，项目组以课题研究为抓手，主要面向良乡四中、青龙湖中学、良乡五中、北潞园学校、张坊中学、首都师大附属中学实验学校、房山四中、良乡六中、葫芦垡中学、十二中朗悦学校、良乡二中、北京四中房山分校、实验中学、首都师大未来实验学校14所实验校2021年秋季学期入学的初二、高二年级的学生群体开展实施。

2021年9月—2022年8月，项目组借助智能平台和学习工具，开展多学科基于数据的循证教学改进，采取远程指导与线下入校指导相结合的方式，累计开展3轮指导活动，涉及15所中学（4所高中+11所初中），指导58名教师，开展74节公开课，组织约20个基于智慧学伴平台的小课题结题答辩，开展7次教研相关会议（4次集体会议+1次课题指导会议+1次一对一指导会议+1次一线教师教研转型会议），开展项目阶段性会议14次（4次研讨会+7次推进会+3次交流展示会），组织学校领导及教师开展基于智能平台与学习工具的教学研评管一体化研究44个课题的开题答辩及指导活动，进行8次阶段性考试数据汇总（2次期末+2次期中+1次小初衔接考+1次高三入学前测+1次初三一模+1次高三一模），共生成15份综合报告、137份学科报告、45万余份学生报告、4 份初高三增值报告、1 份小初衔接增值报告、2 份基于智慧学伴平台与学习工具的课题学习情况调研报告，还开展了高二高三备考分析、视导分析、教师轮岗分析、认知诊断、高三一模生物分析等交流活动。

表 1　工作开展情况统计

类别	开展次数	课题 / 报告份数	教师培训人数
教学改进公开课	74	/	约 200
课题指导	30	72	72
平台培训	16	/	约 100
教研转型指导	7	/	约 60
质量监测	8	45 万	/
大数据分析	8	7	/
阶段会议	14	/	/

（一）开展大数据项目支撑平台的培训

1. 智慧学伴教学使用场景的指导

为推进基于智能平台与学习工具的教学研评管一体化改革项目进程，有效提升教师教育信息化素养，在张坊中学、朗悦学校等多所学校开展智慧学伴平台应用学习的培训活动。培训内容围绕智慧学伴的服务理念，对学生进行全学习过程数据的采集、知识与能力结构的建模、学习问题的诊断与分析、学科优势的发现与增强，结合不同使用场景，向教师们演示了如何使用智慧学伴平台辅助教师教育教学。

2. 点阵笔贯通课堂应用的培训

为促进各实验校将点阵笔深入应用到一线教学中，项目组开展了深入 14 所实验校的相关培训指导，项目相关负责人为实验学科教师进行了贯通点阵工具与智能平台的实操演示，让教师亲身体验点阵笔作答和数据的上传，并让教师观看了智慧学伴平台生成的数据报告和作答笔迹的回放，教师能够结合各个学科的特点，开展点阵笔教学的深度应用。

3. 智能工具使用情况调研

为了更好地了解学生和老师对智慧学伴平台与点阵笔在课堂中的使用情况，以便后期更好规划如何有效开展智慧教学。项目组面向房山区实验校的学生和老师开展了基于智慧平台与学习工具的课堂使用情况问卷调查，根据收集的数据作详细的分析报告，提出改进建议。

（二）汇集各学段历次质量监测大数据

结合"3×3"能力框架进行试卷编码，将相关的学生作答和分数上传至智慧学伴平台，在该平台上生成综合、九大学科、多角色（校长、年级主任、教研组长、教研员、班主任、任课教师等）报告，分析维度包含各学科考试概况、各校成绩详情、学科能力表现分布、学科能力水平分布、学科关联性等，为多角色教师开展相应业务提供数据支撑。通过采集初高中学生学习全过程大数据，将知识与能力结构可视化，进行学习问题的诊断与改进，发现与增强学科优势，帮助教师明确日后教学调整方向。一年来，通过对初高中6个年级共进行8次阶段性考试数据的汇集，共生成15份综合报告，137份学科报告，45万余份学生报告。

（三）深度挖掘和使用学业质量数据

1. 小初衔接贯通诊断分析

一是联合命题。依据"3×3"学科能力指标体系，联合北师大九大学科团队专家一起命制前测试卷，确保试题的考查不仅有知识立意，同时兼顾能力立意。二是统考统阅。小初衔接前测在监考、阅卷等环节采取全区统考统阅的方式进行，保证测评结果能够客观、真实地反映学生学业水平情况。三是数据汇集与分析。测评结束后，学生数据汇集到智慧学伴平台，进而生成多维度（测评情况、能力素养、试卷分析），多角色（校长、年级主任、教研组长、教研员、班主任、任课教师等）初中各校报告，为各校教学工作的开展提供抓手。对各学科从"试卷及测评整体情况分析""核心概念考核分布比例""能力层级分布比例""全区层面学科能力表现情况""各校层面学科能力表现情况""全区层面学科核心素养表现情况""典型试题分析"等方面进行了分析，形成了全区2021年监测考试测评报告。

2. 认知诊断层面评价分析

为了提高高考教学复习的针对性和精准度，项目组从认知结构和能力发展变化的角度对高三的成绩进行分析。分析的大致流程如下，首先从数据库中导出历年测评数据，然后结合智慧学伴知识图谱标注总测的知识点层级关系，再根据模型需要处理数据类型，并通过认知诊断模型输出学生每个核心概念的掌握情况。

3. 初三高三年级增值报告

基于大数据分析开展精准教学已成为房山区教师的重要教研活动内容。为更好地了解初三高三年级学生情况，把握复习备考方向，项目组借助智慧学伴平台汇集的历次数据开展了相关数据分析，帮助区域教研员和学校教师有效开展备考活动。2022年3月和8月，项目组对房山区初三高三的历次大型考试的5次成绩作了全面而深入的分析。高三分析报告从区域整体情况、历次考试的学校总分数情况、各学科的各校历次排名情况、每个学科维度下各校增值分析、典型班级情况分析、学生个体分析、区域各学科薄弱指标七个方面作了分析；初三分析报告从区域整体情况，高位保持、进步飞跃、退步预警及波动关注四类典型校，各学科各校历次考试排名情况，每个学科维度下各校增值分析，典型班级情况分析，学生个体分析，区域各学科薄弱指标七个方面作了深入剖析。通过数据分析，可以挖掘出超越传统经验总结的教育教学关注要点，为房山区教学质量改进提供新的思路和方向。

4. 基于一模数据循证备考

通过"一模"考试，可以发现学生的薄弱知识点，为后面的二轮复习提供参考依据。高三一模考试结束后，根据现实需求，特邀北师大未来教育高精尖创新中心项目组相关专家对高三学生的一模生物成绩进行分析，对历次考试"整体情况""增值状况"以及一模"单次考试"情况进行数据分析。

5. 数据支撑高考备考方案

为基于数据高效实施高二、高三在线备考计划，进校中教研、学生发展评价处、实验校领导、北师大未来教育高精尖中心对2022届高二、高三备考方案作了多次商议，对基于数据筛选备考群体、线上班级组建的问题、高三线下活动的场地选择问题、指导的频次、专题指导后的知识内容测试形式、测试的试题、项目的统筹和管理等方面进行研讨研磨，对备考方案不断地修订完善，助力新一届高二、高三学子备考高效顺利实施。

6. 数据定位教育视导重点

基于多年汇聚的过程性数据，进行薄弱学科分析，查找出初高中近期连续三次或者四次持续退步/进步的学校和学科，给出视导学科和学校的建议，通过精准定位薄弱学科，为房山区教研工作的开展明确了方向。

7. 数据助力教师轮岗决策

基于多年汇集的过程性数据进行分析，使用2018级至2021级所有的综测考试，采用多样化的评判标准，选择最合适的方式对学校的优劣势学科进行综合评判，选择综合实力更强、更稳定的学校作为教师资源的输出校，给出教师轮岗建议。

（四）开展大数据支撑的教学改进

1. 实施评学教一体化教学改进

充分发挥智能平台与学习工具在教育教学中的支撑作用，促进房山区各校深入思考本校面临的实际问题，探索教与学转型的新模式。由于受到新冠疫情影响，10余所实验校近20节公开课进行线上指导，讲课教师将公开课上传至智慧教研平台，邀请相关专家在平台上对公开课进行观看和集中点评。

2. 初探点阵笔工具的课堂改进

探索智能平台与学习工具在教学中的作用，结合贯通点阵工具与智能平台的应用流程，组织实验校教师开展公开课，专家从信息技术应用、教学专业及课题推进等方面对公开课进行评课指导。各实验校尝试使用点阵笔开展公开课，教师结合各自学科的特点使用点阵笔授课。采用点阵笔的投票模式开展习题课能够快速收集学生的作答情况，及时了解学生的易错点，方便课上及时为学生解析；利用点阵笔让学生绘制思维导图，实现课上就能了解学生对于单元或者本节课知识的整体掌握情况等。点阵笔教学的开展促进了教师对于信息技术应用技能的提升，同时，也为教师深入挖掘技术给一线教学带来便利提供了一定的基础。

3. 践行考点教研的教学改进

组织教师录制贯通点阵笔应用的公开课，上传至智慧教研平台，部分教研员利用智慧教研平台组织相应学科教师进行观课点评，利用腾讯会议对公开课进行线上说课和点评。通过对点阵笔工具的应用，发现签到功能在辅助教师进行课堂管理方面起到了一定的作用。活动以"微讲座＋交流研讨""课例研讨＋主题讲座""同课异构说课＋专家点评"等多种形式开展。

（五）新学年持续实施学生素质测评

通过智慧学伴平台上的心理健康、汉语阅读能力、推理能力、空间能力4个量表对房山区初三学生进行测试，进而了解该学生群体的心理健康、阅读理解能力、运用知识解决问题的能力等多方面的认知能力发展水平，为房山区教育教学转型奠定一定的基础。

（六）推动教学研评管一体化课题研究

1. 项目教师课题申报指导

强调课题的整体时间节点和最后生成的成果模式，按照时间节点积极配合完成课题研究相关工作，对智能平台和学习工具要深入挖掘其功能助力学校教学变革。

2. 研究过程中一对一指导

项目组课题相关负责人从课题解析、课题开展思路、实施建议要点、相关研究方向的平台数据支撑等方面进行分享，为教学改进提供了有力证据，促进了学校课题组的研究思路更加清晰，并就研究过程中存在的问题进行了交流。同时，邀请北京市东城区教育科学研究院教研员胡玉娇老师线上开展了《中小学基于课题的教学研究与实践》专题讲座。

（七）助力教研员教研工作全面转型

1. 教研工作转型推进会

邀请专家对教研工作如何开展进行了"数据支撑下的学教评一体化教研模式"的分享。通过专家的介绍打开了房山领导对于教研转型的新思路，专家就目前教研存在的问题，提出了大数据时代的教研转型、学生测评数据支撑教研主题确定、课堂观察数据支撑教学问题诊断、研讨互动数据支持教研效果评价等解决方案。

2. 教研员信息化素养培训

邀请相关专家做"信息技术与学科教学融合应用理论与实践"的专题讲座。

3. 智慧教研及听评课指导

邀请专家对利用智能平台如何评课作了介绍，分为两种形式：录播课听评课和现场课听评课。针对录播课听评课主要通过智慧教研平台开展，现场课听评课需要使用"听课本"。对两种听评课方式方法、各模块的功能、生成的 S-T 课堂观察量表、课堂提问观察量表、弗兰德斯互动分析量表、相关的报告等作了详细的介绍。

4. 教研员课题研究专题讲座

项目组邀请专家，以腾讯会议形式对申报课题的学科教研员课题进行了一对一论证指导。专家结合学科特点、大数据分析及智慧教研平台的功能等多方面因素，对课题进行一一指导，最后同教研员展开交流，解答了大家提出的问题，为课题进一步研究并顺利实施打下坚实的基础。

三、阶段成效

经过一学年的项目实施，取得了良好的项目成效，房山引入北师大未来教育高精尖创新中心开发的智能平台"智慧学伴"，整合学科专家团队资源，利用最新的信息化手段及智能技术，以核心素养关键能力为导向，推动房山初中和高中阶段教育教学全面转型。在实验校通过以课题带动方式开展项目实施，为区域、学校及学生提供个性化精准的支持服务，逐步扩大辐射面积，辐射至房山区非实验初中校和高中校，以智慧教研平台带动联动教研的形式促进教师间、校际、跨区的交流，激发全区初中校和高中校活力，确保实验校和非实验校实现学校整体质量、学科教学质量与学生综合素质的较大幅度提升。具体达成的成效如下：

（一）带动区域教育信息环境建设

项目组基于实施需求，协助房山区引入教学信息化学习工具点阵笔。确保了房山区项目的有效实施，提高了区域学习工具设备的配置率、使用率。

（二）汇聚区域特色项目成果

经过前期的项目实践，项目积累了一定数量的区域研究成果，汇聚了一定数量的教研员和教师小课题研究的过程性成果和案例，其中教研员小课题 8 份，教师小课题 44 份，共计 52 份；本学年教师基于本项目开展公开课 74 节，部分案例被提交成为可推广示范典型案例，助力全区项目特色化、成果集中化。

（三）培养学生信息化素养及主动性

房山区学生积极主动利用大数据平台——智慧学伴诊断自己的学科素养、学科能力，自主发现自己的学科优势和学科问题，并利用优质资源进行查遗补漏。5月，由于新冠疫情严重，全北京市学校课程转为了线上教学，房山区学生在老师们的带动下在线上进行学习，其中 5 月份日测作答次数达 4 万余次。另外房山区学生也在积极使用平台资源进行备考和复习，从 2021 年 12 月开始，各月资源的观看次数呈现上升趋势，最高达到 1 万次。项目的开展在提升学习自主性的同时，不断提高学生对教育信息化的感知力，有效促进了学生综合素质的发展。

（四）推动全区各校联动交流与发展

一年来，项目组开展了 3 次区域展示交流活动，促进了各校对大数据融入教与学方式的深入了解。通过将房山区全部学校划片联动管理，以实验校带动非实验校的方式，实现校际交流，带动非实验校的创新和发展，将良乡附中从非实验校带入了实验校发展队伍，加强区内各校的联系，实现全区的整体发展，同时便于充分利用优质资源，让更多的教师和学生受益。

（五）提高教师数据敏感度和研究水平

项目组深入分析汇集的大数据，助力教师实现精准教学、个性化教学，分析结果的交流展示也提高了教师对数据的关注度，带动了教师对于平台的使用。在一线教学研究过程中，教师尝试利用智慧学伴平台给学生做前测，不仅提高了课堂教学的精准性，同时也提高了课题研究的科学性。

（六）促进房山区实现学科教研转型

项目组通过前期实践经验，在本学年持续推进房山区学科教研方式的转型升级，同时利用智慧教研平台和听课本，关注教师的教研全过程、收集与记录教研数据并进行可视化呈现、进一步实现个性化诊断与资源推荐，让教师的专业发展得到全面提升。利用智慧教研平台和听课本工具有利于教师协同备课、听评课，促进教研方式的转变。平台可将评课关键词进行量化，促进课堂精细化评价。此种教研方式得到了房山教研员的认可，各位教研员主动学习，并在实际教研活动中实施，摆脱了传统教研的弊端，大幅度提升了区域教研水平。

（七）迈出房山区教育循证治理的步伐

项目组通过对数据的进一步分析，能够了解教师和各校各学科的成绩表现情况，结合教师交流轮岗制度建设需要，在探索轮岗方式的同时，试图将教研员视导工作进行全新转型。通过对数据做深入分析，为两项工作的开展提供了有力依据。

四、推进建议

（一）持续强化大数据教学模式的提炼

基于智能平台和学习工具开展教学研评管一体化研究是大数据项目的迭代升级，前期各实验校在项目开展过程中主要的工作是进行教学实践，但是未进行模式的进一步提炼；区域在推进此项目过程中，为各个实验校配备了点阵笔，希望通过信息技术助力课堂教学，但前期点阵笔在一线教学中的应用，部分学校也只是停留在为用而用的阶段。建议各实验校能够深度挖掘、扩大点阵笔的应用场景，在此基础上加快模式的提炼，助力房山区教育教学质量借助信息技术的应用稳步转型，并形成可示范的典型模式。

（二）进一步提升区本研究的课题质量

本项目的实施以课题研究为抓手，在前期项目实施中，各实验校的领导和老师已经提交了部分课题，但项目组在指导过程中发现，个别课题的主题和内容不一致，存在研究过程不够深入的问题，部分课题未能将研究内容与智能平台和学习工具进行深度融合，与此同时，还有部分教师，甚至是非实验校教师，有参与课题研究的意愿，因此建议各校提高前期研究课题的质量，同时面向更大范围的教师及相关群体开放课题研究，带动教师科研能力的提升，通过理论与实践相结合，提升教师专业水平。

（三）不断拓展数据应用的广度和深度

教育数据是对教育成效、科研活动、教学活动等方面进行分析的重要依据，它为教育教学和科研活动提供重要的科学依据和可行性论证的材料。多年的数据积累为后期工作的开展奠定了基础。前期项目组利用现有数据在小初衔接增值分析、初三高三增值分析、素质测评、认知诊断、视导分析以及教师轮岗等方面进行了探索，但是数据背后隐藏的信息不仅限于以上方面，数据分析还可以剖析更深层次的问题，拓展数据应用的广度与深度可以更有力地助力教育工作的开展。建议下阶段项目组继续扩大房山区的数据应用范围，挖掘数据分析问题的深度，助力房山区更精准地解决教育教学中面临的实际问题。

多维探索课程推进路径　为教育高质量发展蓄能

——房山区中小学幼儿园课程领导力提升项目总结报告

课程领导力提升项目组

一、项目背景

伴随着《推进普通高中育人方式改革的指导意见》《关于深化教育教学改革全面提高义务教育质量的意见》和《关于学前教育深化改革规范发展的若干意见》等的颁布实施，新一轮课程改革的号角再次吹响，"质量"也再次成为区域和学校关注的焦点。文件不仅明确了深化新一轮课程教学改革的指导思想，而且对未来教育质量的提升作出了全面谋划，对培养什么人，为谁培养人和怎么培养人作出了具体要求，是各学段教育质量提升的纲领性文件和行动指南。

为有效落实这些文件精神，房山区聚焦时代发展和教育需求，将课程、教学、评价、教师培养、资源开发、课程管理等有效地统整在一起，科学谋划和整体设计新一轮的课程改革，并以课程领导力为引擎，促进学校转型发展，推动区域教育质量整体提升。

课程领导力以课程为载体，聚焦课程思想力、设计力、执行力、评价力，在课程的运作中集中体现于规划与设计、实施与评价、管理与保障等方面。以课程方案编制与优化的研究为抓手，以课程评价研究为导航，聚力关键领域课程体系、国家课程校本化、课堂教学等实施。加强组织机构、专业制度、管理机制等的研究，助力研究多维突破，最终指向基于学习的课程教学变革。

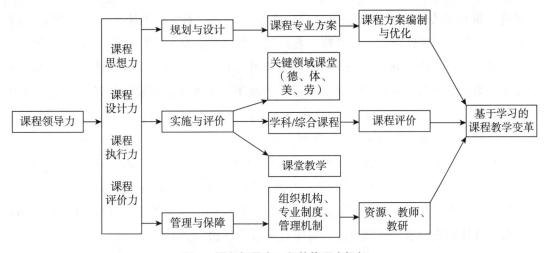

图1　课程领导力工程整体研究框架

二、研究过程

工程聚焦课程领导力，将课程、教学、评价、教师培养、资源开发、课程管理等有效地统整在一起，科学谋划和整体设计新一轮的课程改革，并以课程领导力为引擎，促进学校转型发展，推动区域教育质量整体提升。

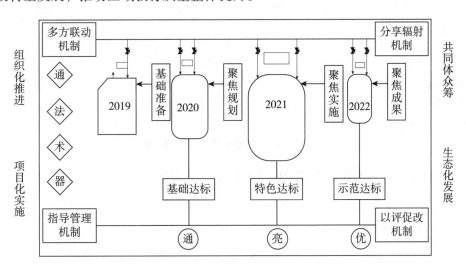

图2　课程领导力工程三年整体推进设计思路

（一）2019年，工程设计阶段：精心布局，项目统筹

经过近一年的精心筹备，工程于2019年10月17日正式启动，发布了《房山区中小学幼儿园课程领导力提升工程三年行动计划》和《房山区中小学幼儿园课程领导力提升工程建设指南》。为了高质量地推进课程领导力提升工程，组建了专家智库。每个学

段聘请一位首席专家：中学段的韩立芬、小学段的暴生君、幼儿园的苏靖（北京早教所）。并由首席专家分别组建由高校、教科院、教科研、基层学校专家组成的三个学段的核心团队，并组织召开了学校课程领导力提升三年行动计划、项目设计、申报书撰写培训会。为引领学校清晰思考未来三年的课程改革，并能够精准设计与有效行动，按照工程推进计划，于 11 月 23 至 26 日集中 4 天，组织来自上海、杭州、北京的 20 位专家对 39 所中学、43 所小学和 43 所幼儿园，共 125 所学校进行集中论证。在专家论证评审的基础上，评审委员会根据发展性、地域性和协同性原则，遴选出北京四中房山分校等 12 所中学，良乡三小等 10 所小学，西路街道中心园等 9 所幼儿园共 31 所学校为三年工程的样本校，每个样本校将带动 2～4 所协同校捆绑式发展，项目组明确样本校和协同校的具体职责要求、考核办法，并签订区校合作协议。

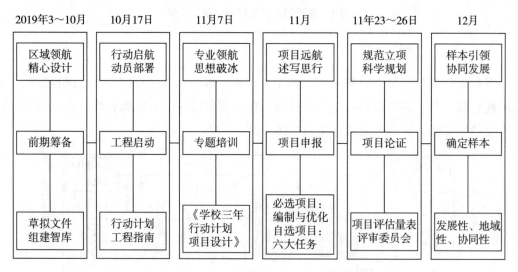

图 3　2019 年课程领导力工程推进路线图

（二）2020 年，工程执行阶段：聚焦规划，实践探索

2020 年，工程进入实际执行操作阶段，依据工程三年达标要求，本年度目标指向基础达标，聚焦课程规划、区域研究引领，通过实践探索不断优化方案，推动学校自主发展。在整个推进过程中，注重课程思维、项目思维、科研思维的渗透与应用，伴随过程宣传、成果培育与推广工作。

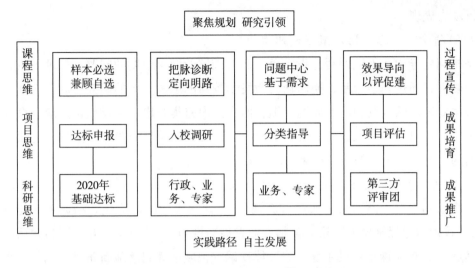

图 4　2020 年课程领导力工程推进路线图

2020 年，围绕年度项目基础达标目标，上半年围绕课程规划编制与优化进行专题培训，完成了全区中小学课程领导力现状调研的基础前测，并组织学校优化课程方案，创新课程实践。下半年，组织开展了工程基础达标意向申报、学校课程规划方案诊断与自选项目定向的入校调研、基于项目研究和实践问题的分类指导，并通过文本材料、校长汇报、团队答辩的基础达标评估验收。在一年的推进过程中，借助《房山研训》出版《课程领导力项目》专刊，完成了《房山论"见"》课程领导力提升工程系列访谈节目录制，实现成果交流、分享、推广工作。

（三）2021 年，工程实施阶段：聚焦实施，助力提升

2021 年是课程领导力提升工程承"上"启"下"的关键实施年，以"规划"为基，承接 2020 年度重点，即课程规划方案的编制、课程建设基础达标、聚力校长课程领导力提升等；以"实践"为要，开启 2021 年度重点，即课程规划方案的优化、课程建设基础和特色达标、聚焦干部教师课程领导力提升，为高品质课程建设奠基，为教育高质量发展蓄能。

围绕高品质课程建设这一核心，瞄准自选项目重点突破、必选项目实施优化两个重点，坚持系统规划、典型探索、实证研究三项原则，聚焦自选与必选贯通、规划与实施耦合、部分与整体同向、课程与课堂融通四个维度的问题，采取入校调研、问题诊断、专题指导、专项研修、达标评估五条实践路径。

1. 入校调研，现场练兵开辟新路径

坚持调研主题重引领、调研目的重推进、研修设计重发展、项目研修重实证的基本思路，专家团队和项目团队入校调研，沉浸式跟进，采取"观、研、论、评、问、引"六环节，观察教师课程领导力的课堂表现、以观课议课为核心的主题教研表现；观察学校课程"双减"微论坛表现、团队汇报表现、会谈中课程意识表现以及后续发展的思想

力和行动力表现。

2. 问题诊断，逆向切入激发新思考

坚持问题导向，围绕课程建设特色达标要破解的四个维度的问题，梳理形成多个驱动型问题群，通过问题诊断，逆向切入激发学校新的思考、新的研究行动。例如，良乡四中根据专家团队入校调研的问题反馈，两个月内密集开启专家反馈再回应、育人目标再讨论、作业研究再深入、研究成果再积淀、未来方向再努力等多方面的专题研究，形成系列的、逻辑性较强的研究成果。

3. 专题指导，聚力重点引领新高度

专家系列专题引路，每一次都有新视角，"课程规划的再优化"贴近新课程方案新要求；"教师与课程领导力"聚力教师专业发展新视角；"特色课程开发"为课后服务增添新亮点；"大单元课程建设主题研修"体现课程视域下规划落地新路径。例如，良乡三小构建了单元课程路径体系，创新单元课程实施方式体系，建立了单元课程管理体系，打破年级界限，依据学科标准统整教材内容，实施真正意义上的大单元课程建设，形成了典型的辐射经验。

4. 专项研修，实操演练助力新成长

在课程建设横向深耕、贯通下沉的过程中，中学专家团队设计了系列工作坊活动，以实操演练的方式，凸显实战性、合作性和生成性，直接指向教师的课程领导力提升，助力学校形成高品质的课程建设实践体系。2021 年 10 月下旬，中学第一期"课程特色引领学校高质量发展——'双减'背景下校本课程开发与实施"工作坊正式开启，全程采用生成理论的研修流程，聚焦课程开发七项核心技术，以驱动型任务链的形式，着力提升学员对校本课程的思想力和设计力，坊员获益匪浅。

5. 达标评估，评建一体实现新突破

分层分批推进达标评估——评建结合，聚力"提质"，是年度重点工作之一。坚持评价标准先行，将评价指标作为衡量学校课程建设的标尺和促进学校课程建设的支架，以评促建，评建一体。2021 年，在稳步推进基础达标的前提下，首次组织房山区课程领导力特色达标项目组和专家团队下沉到学校开展现场评估，包括主题观课、现场教研、团队答辩和专家评估四个关键环节。

三、研究成效

（一）区域课程建设的行动路线与发展轨迹日渐清晰

紧紧围绕课程领导力三年行动计划为学校设定的三个进阶式发展目标，即课程建设基础、特色和示范达标，每个阶段聚焦四个关键性内容，融合科研思维、课程思维、项目思维，以问题为导向提供发展支架，以问题有效破解来实现学校课程建设的进阶式发展。

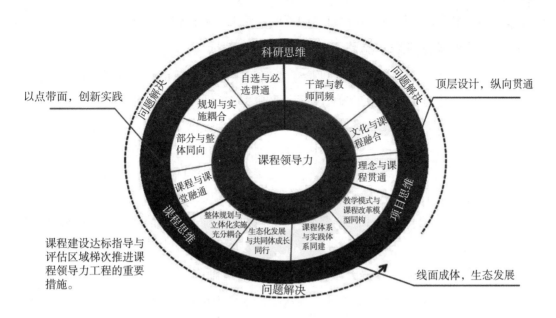

图5 以问题解决为导向的学校课程建设梯次发展结构图

（二）课程领导力工程实践价值与意义进一步彰显

1. 课程规划从单向引领走向双向互动

在双向互动中不断优化和创生，不断提升规划与实践的耦合度。学校在课程规划的引领下开展多样化的实践探索，并在不断调适中完善学校的课程建设实践体系。例如，良乡五中在课程规划落地实践的过程中，开展小学课程设计、实践及丰富多彩的拓展型课程等实证研究，而实证研究又反过来促进学校课程规划不断优化，在"优化—引领—基于实证再优化—再引领"中不断迭代升级，走向优质。

2. 学校校长从课程管理逐渐走向课程领导

课程领导的魅力源于它在实践中的生命力，特别是学校校长在全面落实立德树人的过程中，逐渐由过去为了秩序和效率，强调自上而下的行政决策，转变为注重计划、组织、管理、协调的管理样态。自主聚焦课程要素，围绕课程规划编制与优化、落地组织与实施，以及课程特色创新与实践、课程管理与评价等关键维度展开思考与行动，追求课程文化与生态，强调自下而上的民主决策，注重引领、影响、合作和协商，多方位促进学校内生的变革与发展。

3. 学校干部从课程理解逐渐走向课程实践

在课程领导力推进过程中，学校干部团队带领教师进行课程方案校本化实施、学科课程纲要编制、年级课程统整、单元课程建设探索、校本课程开发、主题教研课程化尝试、课程教学一体化推进等，将自己对课程的学习理解逐渐付诸课程实践。并逐步将教师全员卷入，不断唤醒教师的课程意识，部分教师从课程迷茫逐渐走向课程觉醒，开始认识到课程的整体育人价值，并在自己的课改之路上深耕实践，创新探索。

（三）学校课程规划实施路径丰富多样特色鲜明

课程领导力必选项目和自选项目是达成课程领导力提升目标的重要载体和实践场域，项目系统设计与实践能基于学校实际，聚焦关键问题、破解关键难题，具有相对明确的问题意识和清晰的研究思路。聚焦学校课程的顶层设计和课堂教学的有效实施，路径多样，特色鲜明。例如，有的学校研发了序列化落位支架，从宏观到微观、从设计到行动、从整体到局部、从课程到资源等，最终实现"从教师到学生"的深化、细化、强化与内化的过程。有的学校科研助力课程规划实施工作规范严谨，形成"文献研究—聚焦课堂—构建模型—专题推进—实践研究—优化创新—全域推广"的行动路径与方法等。

（四）教师课程领导力提升发展的路径日渐清晰

从已有经验出发，发展课程意识——从教学安排发展到课程规划，从教学进度发展到课程纲要，从教材结构发展到学科课程结构，把课堂模式放大为课程结构。通过经验叙事，开展课程研究——抓住课程关键要素进行统整，开展以目标为引领的学科课程建设研究，在教师卷入式研究实践中渐进式发展教师的课程意识。抓住关键事件，讲述课程故事——通过一个主题，展现情境冲突，引发课程问题思考，经历问题解决过程，讲述课程故事，故事中涌动着教师课程意识的觉醒，课程能力的生长。提供工具模板，进行课程开发——学校有目的地提供课程落位脚手架，教师借助工具进行课程二次开发，并辅之以专题培训，促使教师课程领导力潜移默化地得到滋养和提升。

（五）课程建设一体化发展助力育人质量提升

聚焦课程设计、课程纲要、单元设计、教学设计、活动设计、评价设计，系统思考：怎样构建这些内容与学校课程理念目标之间的关系？怎样展开目标分解和内容研发？建立怎样的逐层深入行动策略与实施途径？带着这一系列的问题，探索课程视域下基于课程标准的课堂实践，打通课程、课程标准到学生实际成长的路径。以课程育人价值为引领，以课标为遵循，整合各类教学资源，设计教学方案，始终贯彻以成长目标为灵魂的课程教学和学生评价，践行课程、教学与评价一致性的教学思想，助力学生全面发展。

（六）课程领导力建设成果孕育发展新契机

伴随着课程领导力项目的推进，以及学校课程建设的逐步展开与深入，学校课程设计的落地越来越展现出新的活力，课程建设硕果累累。2019 年—2021 年，房山区获得北京市基础教育课程建设先进成果一等奖 6 个，二等奖 15 个，三等奖 39 个；8 所学校获得课程建设先进单位；编制两册《课程领导力年度工作巡礼》；刊发两册《课程领导力年度研训专刊》；录制一季六期的《房山论"见"》访谈栏目；18 所幼儿园、24 所小学、27 所中学通过基础达标，6 所小学、3 所中学通过特色达标。

"课程领导力提升工程"是一项系统而复杂的改革工程，以"双减"工作为主线，以高质量研修为手段，以高品质课程实践体系建设为重点，整体谋划形成一盘棋，多方协同拧成一股绳，在完善常态化交流机制、加强针对性专业指导、开展过程性工作评估、加大典型性经验宣传、培育课程建设示范样板上下功夫，持续扩大课程建设的示范力、引领力、影响力，激发唤醒更多的教师卷入课程改革的大潮，在沉浸式课程改革实践中发展干部教师的课程领导力，助力育人质量全面提升，为教育高质量发展蓄能。

数据赋能课堂改进　提升区域育人质量

——房山区靠谱 COP 项目总结

靠谱 COP 项目组

将大数据融入课堂教学，利用大数据实现精准教研、促进教师专业发展，借助大数据帮助教育管理者做好决策是新时期教育事业科学发展的迫切要求。党的十八大以来，以习近平同志为核心的党中央高度重视教师队伍建设，习近平总书记指出，"教师是教育工作的中坚力量。有高质量的教师，才会有高质量的教育。"为了促进房山区小学教师队伍的专业素养提升，2018 年初，在房山区教委郭冬红主任的带领下，在充分考察、调研的基础上，行政和教研合力推动"房山区靠谱 COP 项目"，通过教育大数据改进课堂，探索房山区向"教育强区"发展的新路径。经过三年的研究实践，房山区靠谱 COP 项目形成了助力教师专业发展的房山经验。

一、顶层设计，促进项目有效运行

房山区项目组与首都师大专家团队深度融合、协商，进行项目的顶层设计，最终确立了"3+3+3"的项目运行机制体系。

（一）构建团队，形成三个共同体

专家共同体。形成了由首都师大靠谱 COP 项目专家和房山进校教研员组成的专家团队，在研修中，首都师大专家主要针对教师的实践性知识进行指导，房山进校教研员针对教学内容的本质进行把握。使教师既能准确地把握教学内容本质，又能在教学实践中有效落实。

教师共同体。各校形成了涵盖语文、数学、英语等学科领域的 15 人研修核心团队，核心团队成员在备课组中带动本学科的每一位教师。并创新性地开展跨学科融合教研，形成多学科教师发展共同体。

学校共同体。在运行一个学期后，项目学校取得了一定的研修经验，具备了辐射带动的能力。总项目组将 10 所项目学校按集团划分，共分为 5 个共同体。项目学校带动集团内所有学校共同开展联合教研活动，将基于数据循证的教研理念和策略辐射渗透于房山区每一所小学。

（二）建章立制，构建三项研修机制

项目组建立了研修的出勤制度、校本研修制度、教师研修评价制度。目的是规范研修过程，提升研修的实效。

1. 构建三级联动的区域学科教研支持机制

为了更大地发挥大数据赋能教育发展的潜力，项目以融合和共享为理念，把靠谱 COP 项目与区域教研有机链接，形成市、区、校三级联动的"1+3+10+N"区域学科教研支持机制，"1"指以首都师大项目组和房山区项目团队组成的总项目组，把握方向，组织落实，过程管理。"3"指 3 个学科教研员团队，成立以语文、数学、英语 3 个学科教研员为核心的教研团队，配合首都师大靠谱 COP 项目专家，对课堂教学进行学科本质的把握与指导。"10"指 10 所项目基地校，作为教研基地，开展教师研修。"N"指教研资源、教研成果辐射到的每一所小学。三年来 3 个学科分别以区域教研的形式，向全区骨干教师推广项目研究成果。区域教研与项目的深度融合促进了研修实效的提升，也成了房山区靠谱 COP 项目的特色，在实践中取得了突出的效果。

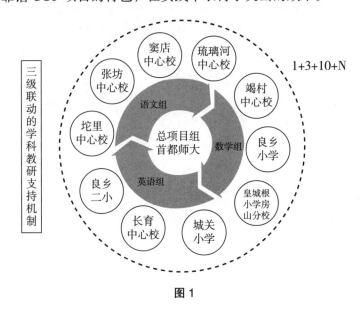

图 1

2. 形成一体两翼的校本研修助力机制

一所学校,只有基于本校的关键性问题的深度改进,才能促进学校整体育人质量的提升。10所项目学校在项目组专家的指导下积极探索校本研修的体系建设,促进项目学校的校本研修开展和课堂教学改进,项目组为促进各校校本研修的开展,建立"一体两翼"的研修机制。一体指以课堂教学改进为载体;两翼中,一方面是帮助教师掌握课堂观察技术,让教师能够在校本研修中诊断出课堂教学存在的问题,另一方面是教研员指导教师基于数据对教学目标、学习任务、过程测评、教学行为进行改进。

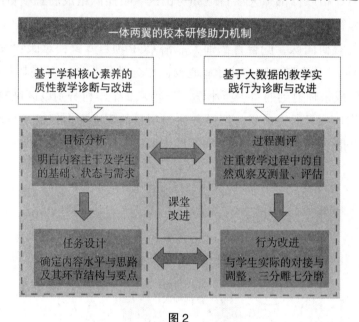

图2

3. 建立教师自主研修"三结合"机制

任何研修只有激发唤醒教师的内驱力才能发挥最大的效能,项目组重视教师个体自主反思改进。

自我反思与团队反思相结合。由教师个体反思转变为团队反思机制,使反思更全面,更深刻。一方面,使课堂教学改进更深入、更科学、更有效。另一方面,增强教师的团队意识和合作能力,既强大了团队,更发展了每一个个体,达到"1+1>2"的效果。

线上研修与线下研修相结合。在线下研修中,项目组以"课堂观察方法""六种实践性知识的内涵""有效问题的设计"等主题开展了集中现场培训的线下研修。在线上研修中,教师能够依据自己的需求选择研修内容进行线上个性化学习。还可以把自己所录制的常态课上传到网上,得到自己课堂教学的诊断报告和专家的个性化指导,达到学习和实践的双重目的。

学科内部与跨学科研修相结合。在研修的过程中,打破学科壁垒,组成语文、数学、英语三个学科的研修共同体,开展跨学科教学研修,使研修的视角更多元,研修的领域更广泛，对课堂改进的认识更深刻，达到互学共进的目的。

（三）聚焦管理，形成学期"三交流"机制

项目组确定了定期交流工作的机制，目的是使各基地校校长、主管教学副校长、项目负责人统一思想，保证研修能够在学校真正落地，生根。

研修计划交流：每学期初开展项目负责人研修计划交流会。

研修进展交流：项目开展过程中，定期交流各校研修工作开展情况，通过校长论坛活动查找问题，交流解决策略。

研修总结交流：学期末开展项目总结交流活动，不仅有学校层面的总结，区域层面也会用不同形式开展总结交流活动。

二、扎实研究，促进项目深度落地

靠谱 COP 项目能够为课堂改进和教研提供审视课堂观察的工具和一对一有针对性的支持服务，有效指导学科教研员和骨干教师开展基于教育大数据科学范式的教学研究，实现以科研促教学改进、以教学实践促教研品质的双向互动。

（一）数据循证，区域教研整体带动

为了提升研修的实效性、系统性，达到通过一节课，改进一类课，通过一个团队，影响一个区域的目的。项目组设计了"问题诊断（原始课）—研究改进（改进课）—形成成果（教学课例、教学课件、微课）—成果辐射（网络研讨）"的课例研究范式，各学科教研员带动团队在此模式下开展课堂教学改进。2018 年 10 月项目启动以来，语文、数学、英语教研员与首都师大靠谱 COP 项目专家联合下校 121 次，课堂观察、分析和指导共计 233 节，课堂改进首先从发现问题开始。

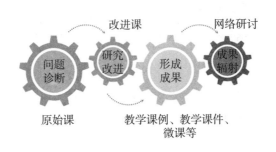

图3　课例研究范式

1. 开展课堂观察，发现真实问题

首都师大专家及各学科教研员以"S-T 分析、有效性提问、教师回应、四何问题、对话深度"等维度观察和分析课堂教学效果。从"教育信念、自我知识、人际知识、策略性知识、情景知识、反思性知识"六类实践性知识观察和分析教师的专业素养。在第一轮诊断分析中，我们发现课堂教学主要存在以下三个方面的问题。

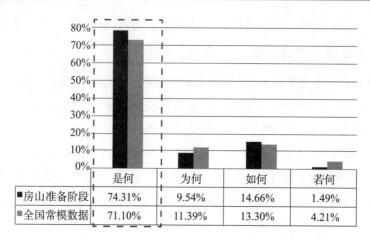

图4

问题一：教学结构化不强，思维水平不高。从课堂观察数据中看出，低阶思维的问题高于全国常模，高阶思维的问题低于全国常模。说明教师对学生的原理性知识的迁移、创造性知识的获取重视程度不够，课堂生成思维含量低，学生认知结构水平低，解决问题的能力低。

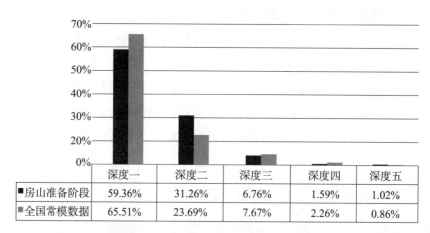

图5

问题二：课堂教学深度不足。课堂教学对话以深度二为主，深度对话的数据普遍低于常模。反映出师生缺乏对问题的深层次探讨，教师对内容的核心要点和教学目标把握不准，对学生已有认知经验和困难了解不足，设计学习任务的思维深度和有效性不够。

问题三：学生主体地位有待提升。在课堂观察中发现，学生"讨论后汇报"的数据质量远低于全国常模。说明互动合作学习、项目化学习还没有被普遍重视，一问一答的情况较为普遍，信息技术的使用情况不容乐观。

2. 精准定位问题，开展靶向研究

靠谱 COP 项目课堂观察数据中反映的问题，在一定程度上也反映出区域课堂的共性问题，小学研修处的重点工作指向了基于数据的问题解决，促进课堂教学变革。各学科研修组制定了基于问题的研究主题，与首都师大项目专家携手开展培训和研究。

（1）开展单元整体教学研究，促进学生学习的结构化。针对教师课堂教学目标不明确，问题指向性不强，学生思维处于浅表层面的问题。各学科教研员组织教师开展基于单元整体的教学改进。单元教学注重核心问题和问题串的设计，一是单元核心问题指向学科本质与核心素养，指向学生高阶思维的发展；二是核心问题之间进行结构化关联，体现学习进阶与思维发展的水平，这些问题在问题类型中我们设计的是为何类、如何类和若何类问题；三是问题串体现问题类型的丰富性，在每一个课时中，各类问题合理搭配相得益彰；四是在核心问题的引领下进行学习任务序列的设计。通过单元整体规划，教师对教学进行了战略性安排，核心素养得以落实。

（2）提升课堂对话深度，促进学生间的互动交流。针对课堂教学对话深度不足，教师对学生的反馈不及时、针对性不强，组织学生深入交流的策略不足等问题，教研员带领教师开展深入研究。帮助教师把研究的视角转向学生，通过学情调研、课堂提问等形式，了解学生的学习经验，精准判断学生的学习困难，特别是学生困惑和好奇的问题，让对话的核心内容走进学生的心坎里。

（3）开展"小组合作学习"研究，转变学生的学习方式。针对课堂观察中小组合作学习缺失和效度低等问题，教研员结合项目组提供的学生合作观察工具，对小组合作学习的任务进行改进。针对讨论后汇报效度低的问题，开发讨论后汇报环节的观察量表，提升汇报环节的实效性。使得学生在小组合作环节能够迎接挑战性任务，在有限时间内提升合作实效，在汇报环节促进生生质疑交流，每一个步骤均有实效性策略，以支持教师的课堂改进。

为了将成果有效辐射，在区域产生良好影响，语文、数学和英语教研员共组织开展区级研修活动36次，参与教师3000余人次，形成精品案例70余个。语文、数学、英语三个学科均参与过全国直播展示或跨区域展示，锻炼了种子教师，有效提升了区域的影响力。

（二）扎根学校，科学研究校本研修范式

本着基于学校、为了学校的理念，项目组注重让教师研修建立在学习发生的地方，也就是学校和课堂，因此，项目组从课堂改进和校本研修两个维度对学校的课堂教学和教师的专业能力进行了诊断和指导。

1. 形成各具特色的研修生态

三年来，10所项目学校形成了氛围和谐、有效合作的校本研修团队，依据各学校的校情，探索有效的研修方式，形成了各有特色的校本研修样态，取得了研修实效。

2. 确定了切合需求的研修主题

各学校基于本校课堂教学存在的问题，开展课堂教学改进，形成了各具特色的研修主题，各学校项目负责人带领教师开展深度研究，靠谱COP项目专家和教研员深入学

校开展针对性指导。这种"私人订制"的校本研修活动，有效提升了各学校课堂教学质量的提升。

序号	主题（拟定）	学校
1	合作学习活动设计的策略微研究	阎村中心校
2	合作学习中鼓励学生提出问题的策略研究	城关小学
3	课堂教学中问题设计的有效性研究	良乡二小
4	小组合作学习中的问题设计	黄城根小学房山分校
5	教师鼓励学生提出问题的策略	良乡小学
6	小组合作学习的评价策略研究	长育中心校
7	在"少教多学"理念下提升学生主体地位——提升创造性问题的策略	坨里中心小学
8	提升创造性问题设计的微策略研究	窦店中心校
9	如何在小组合作中设计和引发学生认知冲突以及消解认知冲突的微策略研究	琉璃河中心小学
10	教师鼓励学生提出问题的教育信念研究	张坊中心校

图6

3. 形成了基于数据循证的校本研修成果

在三年持续深入的研究中，各学校负责人带领教师总结提炼研究成果，最终形成了基于数据循证的《房山区校本研修手册》，这本手册不仅有研修方式的提炼，更有鲜活案例的支撑，解决了校本研修方式落后、实效性低的问题，对校本研修具有很强指导意义。三年来，扎根学校、扎根课堂，10所项目学校"一校一主题，一校一模式、一校一特色"，呈现出各美其美，美美与共的校本研修发展态势。

（三）构架资源库，提升项目传播力

三年来，项目组一直秉承着"以终为始"的思想，资源建设伴随着项目开展的始终。通过三年的努力，构建了数据循证下的教学改进优秀资源库。让优秀的资源成为教师发展的持续动力，同时也成为项目辐射的有效途径。

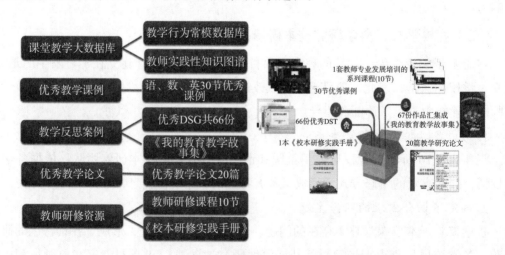

图7

三、务求实效，反思研修成果

项目教师共获得省部级奖励241项，市级奖励135项，区级奖励316项。在"我的教育故事"征文中67名研修教师获奖。项目教师一起努力，共同编撰了《我的教育教学故事集》《校本研修实践手册》，形成《教育信息技术促进课堂教学改进教师研修课程》等物化成果。丰硕的成果反映出项目教师研究的深度，更反映出教师的专业追求和对成长的愿望。

研究成果通过三级联动的教研活动进行成果辐射。教研员带动项目学校，把研修成果辐射到区域内其他小学，共做区级联合教研36场；在第十届、第十一届、第十二届基于网络的教师实践社区学术交流观摩活动中，展示了房山区教师丰富的研修成果，有72人（应该是72份作品）DST（数字故事讲述）教育故事获奖，优秀课例征集获奖171人次（应该是171节课）。全国展示活动"同上一节课"活动中，房山区教师进行两次课堂教学交流。

（一）提升了房山区小学课堂教学质量

不同学科精准教研促进了课堂教学质量的提升，其中创造性问题、批判性问题等高阶问题显著增加，师生互动方式明显改善，学生能够创造评价性回答，学生课堂生成有巨大突破。特别是10所项目学校中有山区校、薄弱校，在项目中均获得不同程度的发展。

（二）教师专业能力获得发展

项目学校教师得到专家一对一指导，项目学校带领集团校教师开展数据循证下的教学改进，区教研员带领全区进行数据循证下的教学研究，三级教研网覆盖到所有小学，让全体教师获得不同程度的专业发展。

区级教研员组建区级观察团队，把项目优秀教师凝聚在一起，打造成为区域优秀学科课堂观察团队，这些也是学科教研的精英团队，为数据循证下的教学研究与教研改进埋下火种，使之持续发热。

（三）促进了学校的可持续发展

利用课堂教学行为大数据诊断分析课堂教学，并促进校本研修的常态化、科学化发展，各学校形成了各具特色的校本教研范式，并在项目组专家的指导下掌握了撰写方案、研发工具、组织实施、成果提炼的方法与策略。形成了以课堂教学行为大数据为基础的高质量校本研修成果。

（四）形成了房山区小学课堂教学数据库

三年的研修，研修教师共进行373节课的数据分析，留下了珍贵的课堂教学大数据库，这些数据精准刻画了房山区小学语数英3个学科的现状、优势和问题。三年积累的大数据为教育管理、教学研究等提供了支持。

（五）促进了数据循证下的教研方式转型

基于大数据的课堂观察团队突破了传统教研缺乏实证、难管理、难量化、难持续跟踪等方面的限制，实现基于大数据的教研方式转变，促进了教研工作的量化、实证研究、评估、持续跟踪。

基于大数据，房山区教研走出了一条区域教研新路径，即从粗放走向精细，推动教研机制转型；从封闭走向开放，促进教研方式转型；从单一走向多元，推动教师专业发展转型；从经验走向实证，实现教研过程科学化转型。

常规 + 创新

统筹推进区域综评工作有效落实

——《中小学学生综合素质评价研究与创新》项目成果报告

中小学学生综合素质评价研究与创新项目组

一、项目简介

社会对人的需求已经逐渐从高知识储备的专门人才向具备较高素养的复合型人才转变。一个社会需求的新知识是多方面、多层次的，复合型人才符合当前社会需求。这要求教育评价，特别是学生评价能够把最适切的人才衡量标准引入普通学校教学，也同样要求评价内容、主体、方法与时俱进，特别是评价内容必须把握好时代脉搏，回答"培养什么样人"这一根本问题。

学生综合素质评价制度不仅是人才培养模式改革的重要内容，也是人才选拔制度的重要组成部分，是新一轮深化考试招生制度改革的重要举措和主要亮点，是破除"唯分数论"，促进从"招分"走向"招人"的关键性制度设计。

本项目由学生发展评价处平艳君、魏淑珍、张梦初、曹锐、强文媛 5 位老师组成。旨在通过研究，淡化综合素质评价在升学中的功利色彩，凸显其在培养学生全面发展方面不可替代的作用；坚持"评育结合"的核心理念，采取以"评"促"育"，以"育"督"评"的评价策略，秉承"常规 + 创新"的工作思路，基于问题，加强研究，范例引领，积极稳妥地推进区域学生综合素质评价工作不断走向深入。

二、内容与对策

（一）依托市区基地校，加强课题研究

我区三所市级基地校三个研究主题（"小学生综合素质评价奖励机制研究"【小学】、"学生综合素质评价各记录要点的评价方法与案例研究"【初中】、"学生自我评价方法指导研究"【高中】）进入结题阶段，三所基地校通过多主题、多维度、多路径的研究，在这三个方面探索出具体的策略和方法。个人申报的北京市教育科学"十三五"规划课题《区域中小学学生综合素质评价实践研究》已进入结题准备阶段。

（二）依托综评平台，探索有效的评价实践

利用平台激发学生自主评价意识，让平台成为学生成长足迹的真实记录，使学生在自我发展、自我激励中不断丰富、发展、完善自我；把平台作为家校沟通的桥梁，师生互动的载体，学校全面了解学生的窗口。实践中，引导教师充分利用平台，对学生作出全面、客观、公正的评价；学校管理者通过对平台的监控与反馈，全面了解教师评价行为和学生发展状况，使学校动态调整管理模式，进而有针对性地调整教学过程与学生活动。

1. 小学依托试点校探索平台的有效利用；

2. 初中关注起始年级方案审核、各年级数据填报及毕业年级报告册生成；

3. 高中关注起始年级方案审核、各年级数据填报及毕业年级报告册生成。

（三）搭建区级平台，提升教师评价意识和技能

通过研讨交流和培训，指导学校构建学生评价体系（充分认识学生评价体系是学校教育体系的重要组成部分，鼓励学校结合已有的评价经验、现有的综评平台及其他载体，研制与学校课程、学校文化、学生培养相适应的学生发展性评价体系建设实施方案）；通过指导教师的评价实践，将教师的评价意识和评价技能转化为教师的评价行为，将学生评价与班级管理有机融合。

三、过程与方法

项目组秉承"常规＋创新"的工作思路，在实施过程中调适推进策略，突出"五个强化"，平稳有序推进区域中小学学生综合素质评价工作。

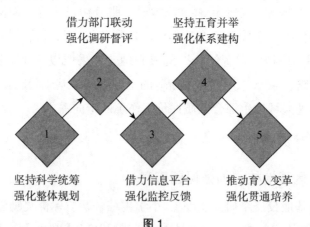

图1

（一）积极探索学生综评工作的新常态

2020年第一学期注定是一个不寻常的学期，突如其来的新冠疫情打破原有的工作常态，原有熟悉的工作场景突然变成隔空相对，项目组一方面积极研发课程，探索网络

培训新路径，一方面通过多种网络渠道和电话沟通等方式监控基层学校的完成情况，随时解答学校的各种困惑。

新的学生综合素质评价报告册的生成工作成了高三年级学生综评工作的重中之重。按照市、区普通高中毕业生学生综合素质评价工作部署和相关安排，自 2 月 28 日起，房山区 2020 年普通高中毕业生综合素质评价报告册的生成工作正式启动，项目组全程指导和答疑。经过多个环节的指导和操作，截至 6 月 19 日，我区 2020 年普通高中毕业生综合素质评价报告册生成工作圆满结束。

2017 级初中综评结果依然是以 162 分的形式纳入中考总成绩、参与校额到校，按照市、区文件精神，项目组对本区初中校 2017 级初中学生综合素质评价信息填报和归档工作进行了全程指导和答疑，6 月 22 日对学校上报的签字确认情况进行了最终的统计与核查，对操作中有问题的、上报不及时的学校一对一指导，此次数据核查工作为我区 2020 年校额到校中招政策的有效落实奠定了基础。

网络课程、网络研训正成为学生综评工作的新常态。

（二）学段共性及学段个性化工作有序推进

1. 学段共性任务按时间节点创新开展

优质完成全学段调研及初高中各年级平台数据填报归档工作、教育评价论文征集与评选、中小学学生综评案例撰写专题培训，启动"评价在线"公众号的建设并有序运维，梳理"十三五"期间评价典型案例，汇聚形成《房山区学生综合素质评价典型案例集》，成功组织一年一度的"房山区中小学学生综合素质评价论坛"。

2. 各学段个性化工作平稳有序

【小学】新一轮学生综合素质评价电子平台试点启动并有序推进。创新启动"学校特色化学生评价体系建构"项目。9 月，区级工作整体部署；10 月至 11 月 30 日，各校思考基于学校特色的学生发展性评价体系建设方案；12 月各校提交本校学生发展性评价体系建设方案；12 月下旬至 1 月上旬，组织对学校上交方案进行评审。

【初中】新初一评价方案及细则的指导与审核；历史学期数据填报的监控与指导；2018 级学生 1～4 学期的数据补录有序推进；2020 年新建校和民办校专项交流、培训、指导；优质完成教育部《初中学生综合素质评价实施指南》区域实验的全部工作。

【高中】2020 届毕业生综合素质评价工作经验总结；新高一年级框架指导与审核；对历史学期数据的填报与指导；依托市基地校，梳理"高中学生自我评价"典型经验。

四、成果介绍（完成预定目标情况，创新性的主要表现）

（一）形成了具有区域特色的工作策略及流程。

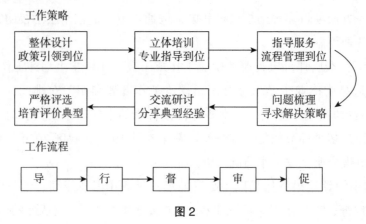

图2

（二）三所市级基地校（北师大良乡附属中学、房山四中、黄城根小学房山分校）顺利结题。

（三）形成"十三五"学生评价典型案例集《巧用评价，让学生更精彩》。

（四）创新性研发了"2020届普通高中学生综合素质评价工作信息完善阶段100问""2020届普通高中学生综合素质评价工作信息整理与报告册生成阶段50问"课程资源，并录制了"房山区2020届普通高中毕业生学生综合素质评价工作实施方案"微视频。

图3

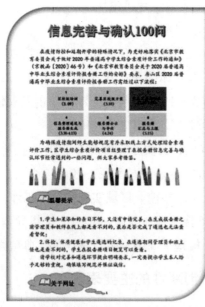

图4

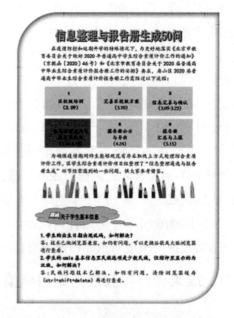

图5

五、交流与推广

（一）2020 年 10 月 29—30 日，北师大良乡附属中学于妍、房山五中赵玉霞两位老师在"北京市小学、初中、高中学生综合素质评价论坛"上作典型发言，房山区优秀的教育评价案例和经验在更广阔的平台得以分享和传递，得到与会专家的认同，与会教师的关注。

（二）2021 年 6 月 2 日，黄城根小学房山分校卢威燕副校长代表房山区在"北京市小学生综合素质评价基地校专题研究成果交流会"上作题为"学生奖励评价机制的创新与实践"大会发言。

（三）12 月 30 日，一年一度的房山区中小学生综合素质评价论坛首次以腾讯会议的形式线上召开，特邀朝阳区教育研究中心附属学校喻江校长、黄城根小学房山分校和北师大良乡附属中学主管校长，以及首师附李艳、理工附何畅、北小田芳、岳各庄中学隗功楼 4 位老师围绕学校和班级评价体系建设进行了经验分享，一方面为干部教师搭建交流展示的平台，同时使优秀资源共享。

（四）2020 年 10 月，项目组正式开通"评价在线"公众号，其目的在于为一线教师搭建平台，让感人至深的评价故事得以展示、分享和传递，实现共研共享共发展。

六、应用与效果

【学生】服务了一批应届毕业生

4650 名初中毕业生学生综合素质评价报告册圆满完成，其中 50% 的学生在校额到校中招政策中获益；2020 届 2594 名普通高中毕业生综合素质评价报告册整理与遴选，存入个人档案。

【教师】培养了一批综评优秀教师

共有 24 位教师撰写的教育评价论文在房山区首届教育评价研究分会论文征集活动中获区级奖项，45 位教师撰写的案例（评价故事）在 2020 年北京市"我的评价故事"征集活动中获市级奖项，为教师的专业成长提供了平台。

【学校】打造了一批综评先进集体

共有 10 所小学、2 所初中、1 所高中被评为"北京市 2020 年中小学生综合素质评价工作先进单位"，为房山区学生综合素质评价全面展开形成了良好的示范。

房山区校长工作坊研修实践

校长工作坊项目组

一、研究背景

随着教育综合改革的深入进行，各学校都在探索适合本校实际的教育教学及管理模式。作为学校的总负责人，校长们学习提高的愿望日益增强，不定期外请专家很难满足校长的个性化、专题化的学习，在工作改进中也得不到持续的支持和帮助。分学段开展集中培训又很难兼顾校长个性发展的需求，不能得到有针对性的指导，这在一定程度上减缓了校长，特别是年轻校长的成长速度。采取何种方式能够更好地促进校长专业成长，推动学校内涵发展，成为干训部门思考的问题。

根据 2012 年和 2013 年房山干训在"初任校长培训"中对"导师带培"培养方式进行的初步研究和深入探索的结果，导师通过案例分析和诊断指导等方式加速了新任校长的成长，不仅帮助初任校长快速实现角色转变，也切实提升了他们的思想素质和能力水平。研究结论表明"导师制"是校长成长过程中一种有效的研修方式，能够极大地促进校长的专业成长和发展。

通过调查研究干训部门发现，房山区一批优秀的校长日趋成熟，其办学思想端正，思维品质良好，办学效益不断增强，自身经验比较丰富，而且对区内其他学校的办学状况和校情有一定的了解。如何进一步发挥这些校长的引领带动作用，利用现有资源更好地促进其他校长的成长，"新任校长'导师带培'"的研究给了我们很大启示。结合 2017 年 7 月教育部制定并下发的《乡村校园长"三段式"培训指南》《乡村校园长"送培进校"诊断式培训指南》《乡村校园长工作坊研修指南》《乡村校园长培训团队研修指南》等四个文件的要求，干训处尝试对优秀校（园）长工作坊研修进行实践研究，探索新的研修方式的管理制度以及如何促进坊员校长的发展。

二、研究过程

通过对校长工作坊相关文献的检索与梳理，"教师工作坊"主要分线上和线下两种活动形式，主要是以优秀教师为核心，联合高校专家和教研员共同承担坊主角色，吸引并促进参与者发展的过程。"校长工作室"一般是在行政的支持下，由一位优秀校长担任工作室主持人，聘请高校专家一起，共同引领数位青年校长的成长和发展。在对以上两类工作坊研究的基础上，本研究将校长工作坊界定为以区内、外优秀校长为核心，以研究和改进教育教学现实问题为目标，成立的研修、实践的学习共同体。校长工作坊研修采取行动研究的方式，将实际工作情境与校长研修相结合，以提升校长专业能力为目标，并进而改进工作实践，体现为"计划—行动—研究—反思"的螺旋过程。

（一）形成研究计划

在研究之初开展调研工作，走进多所中小学和幼儿园，与数位校（园）长进行面对面访谈，最终明确了研究的价值，正式立项开展研究。根据工作坊的建坊目标，制定完成《房山区校长工作坊建设方案》和《房山区校长工作坊经费管理办法》。《房山区校长工作坊建设方案》中明确了建坊目标、建坊原则、工作坊构成及职责、工作坊类型及研修原则、工作坊运行与管理、工作坊条件与保障等内容。《房山区校长工作坊经费管理办法》对不同类型的工作坊及其经费的使用和管理办法作出明确规定。两个管理文件作为工作坊研究的初期成果，对后期的研究开展起到极大的引领和规范作用。

根据《房山区校长工作坊建设方案》遴选工作坊坊主、确立基地校，并发布通知招募坊员，开始组建工作坊。计划组建五个工作坊，分别为吴甡工作坊、顾兰荣工作坊、赵文红工作坊、陈大勇工作坊、边红工作坊。基地校分别设在石楼中学、西潞中心幼儿园、良乡小学、闫村成人学校，以及区教育系统党建研究室。在此过程中，各工作坊以引领和促进校长发展为目标，开展系列研修活动。

（二）开展研究行动

在方案和管理办法不断完善的基础上，工作坊陆续启动"吴甡工作坊""顾兰荣工作坊"和"边红工作坊"，分别聘请区内优秀校长、园长、书记为坊主，根据坊主的特长和优势定位工作坊的研究内容，并招募坊员。随着工作的推进，三个工作坊依次启动，并深入开展研修活动。

最先启动的是"吴甡工作坊"，这是一个面向初中校长开展的旨在促进校长能力提升的名校长工作坊，由区外知名专家吴甡校长为坊主，与初中校坊员校长共同组建而成。在工作坊启动后，坊主明确了工作坊研修的目标，以及对坊员的要求，在研修过程中关注了坊员及坊员校的个性情况，并开展针对性指导。"吴甡工作坊"以"线上研修＋线下研修"相结合的方式开展，包括下校调研、通识培训和个性化指导等形式，并结合坊员实际开展共读一本书和课题研究等活动。

"顾兰荣工作坊"是随后启动的工作坊，是定位于幼儿园阶段质量的整体提升而建立的优秀园长工作坊。工作坊建坊之初达成愿景共识，即提升专业能力和水平，提高办园质量，促进区域学前教育事业发展。工作坊以"集中学习＋微信群学习"相结合的方式进行，以课题研究、专题研讨、学术沙龙、案例撰写、教学观摩、成果交流、专家指导等形式开展了丰富的研修活动。

"边红工作坊"定位于中、小、学前各学段单位书记和副书记的能力提升。边红副书记作为工作坊的主持人，制订了工作坊研修方案和成员培养方案，包括研修目标、研修内容、研修形式、研修专题、研修考核、预期效果等。指导帮助坊员制订个人成长规划，并进行个性化指导，引领示范。工作坊内以专题报告、经验交流、下校指导等方式开展了丰富的研修活动，提升了书记们的政治素养和专业能力。

（三）进行研究反思

在工作坊研修活动开展过程中进行反思，发现导师引领、同伴互助的工作坊研修方式对校长的成长和发展有很大帮助，校长们聚焦问题、对话交流、共同成长。各工作坊在微信群中从教育的视角来讨论教育、社会、发展、科技等，突破教育看教育，引导校长从多个角度来审视学校管理和学校教育。

同时，在研究过程中也遇到两个问题，一是各工作坊的年度工作方案中除研修频次和进度外，有必要明确工作坊的内部考核标准，既能体现个体的成长，也能外显为成果性资料。二是除对坊员有明确的规定和要求外，工作坊管理部门应对各坊主有比较明确的管理规定和要求，进一步平衡对区内外坊主的管理。综合分析原因，发现两个问题都与工作坊的管理有关，需要进一步细化工作坊相关管理方案。

（四）开展新一轮研究

在前期工作坊研究的行动和反思中，为了进一步规范工作坊的研修活动、提升研修效果，在《房山区校长工作坊建设方案》的基础上，形成了《房山区校长工作坊管理方案》，对各工作坊的管理作出更细致的说明。陆续启动"陈大勇工作坊"和"赵文红工作坊"，与前三个工作坊一起进入新的研究阶段。研究着力点除引领和促进坊员校长的发展外，也有针对性地对于前期的问题进行了改进和完善。

1. 健全机制是工作坊研修实效的重要保证

工作坊是学术组织，自主性强，严格规范的管理才能确保研修目标达成。"陈大勇工作坊""赵文红工作坊"成立后，干部培训处又对工作坊建立的机制、管理的机制（包括考核办法、计划总结监督机制、工作坊经费审核机制），以及工作坊交流展示机制（微信平台、教工委领导定期听取汇报机制）进行了细化。各工作坊的方案中也进一步明确了坊主和坊员的考核机制、退出机制。坊员连续两年考核不合格者，取消其工作坊坊员资格。连续三年考核为合格及以上者自动成为下一周期的成员。因坊员个人原因不能正常参加研修活动的，由坊员本人提出申请，区委教工委批准后退出。工作坊坊主连续两年考核不合格者，取消其坊主资格，并撤销该工作坊建制。因坊主个人原因不能正常开展工作的，由坊主本人提出申请，区委教工委批准后退出。陈大勇工作坊因为坊员的身体原因和个别校长调整，工作坊原坊员退出一名，新坊员加入三名。

2. 专业发展是工作坊研修的关键指标，能否促进发展，是工作坊新一轮研修关注的重点

工作坊为校长研修搭建了平台，无论是坊主，还是坊员都经受了挑战，这是一种非常好的历练方式。陈大勇工作坊、赵文红工作坊都为坊员提供了详细的读书研修目录，内容涵盖政治理论、乡村教育、学校管理、课程构建、教师专业成长等领域。引领学员根据自身需求及专业困惑通过阅览经典教育论著的方式进行自主研修，并提出了每个学期深入阅读一本教育及管理书籍的要求，在不断积淀中逐渐提升自身的专业及管理理论水平，不断提升自身的专业素养与理论素养。

三、研究成果

（一）构建完成《房山区校长工作坊建设方案》等制度和方案

为做好校长工作坊的校长研修工作，课题组经过一年半的文献研究、调查走访、实践反思，制定了《房山区校长工作坊建设方案》《房山区校长工作坊管理方案》和《房山区校长工作坊经费管理办法》等一系列管理办法。

（二）完善、细化校长工作坊管理办法

工作坊研修作为一种校长研修方式的探索，其研究过程既是研修活动开展和不断反思改进的过程，也是逐步形成各项管理制度和方案的过程。在各项方案和制度的制订过程中，在研修活动的开展中，逐步形成了一些有效的管理办法。

1. 明确工作坊管理制度

在工作坊建立和管理过程中，无论是从工作坊项目的管理角度还是从课题组的研究角度，明确的工作坊管理制度对各工作坊来说都是很有帮助的，既能直观告诉参与者相关要求，又能进行统一管理。

在《房山区校长工作坊建设方案》中，对建坊的目标作出了明确的说明，这既是对所有工作坊提出的要求，也向坊员明示了发展前景。在"工作坊构成和职责"中，对工作坊中各角色及其相关职责作了细致说明，进一步明确了工作坊的定位和对入坊者的要求。

在《房山区校长工作坊管理方案》中明确了对工作坊、坊主、坊员及支持者的要求，以及管理和评价标准，也对各角色在工作坊中的进入和退出机制作了说明。

《房山区校长工作坊经费管理办法》对各工作坊支持资金的使用和管理进行细化并作了说明，保障资金在有效使用的基础上发挥最大的作用。

2. 细化坊内管理要求

工作坊的管理制度和相关方案为各工作坊细化内部管理提供了很好的依据，在发展目标统一的前提下，又为各工作坊的管理提供了个性化空间，便于工作坊形成更符合自

身的规定和要求。

在吴甡工作坊中，吴甡校长在工作坊的启动会上明确提出了两个要求：第一，请假只能因私请假，不能因公请假；第二，工作坊是一个学习平台，不要在这里摆校长的架子。因为每一位坊员都是校长，大家都可以以忙为借口来推掉活动，但私人因事或因病请假是可以允许的。既作出规定，又不失人文性。同时希望大家摆好心态，放下架子，积极参与。

顾兰荣工作坊中，坊主顾兰荣园长组织专题研讨活动。向大家介绍了工作坊工作的设想与组织机构，使大家明确了导师、坊主、支持者、秘书长、秘书长助理及坊员的工作任务与职责。坊员们分别发言，从时间保障、工作困惑以及工作坊建设方向、运行要求等方面进行研讨。

陈大勇工作坊进一步明确了坊主考核从示范作用、引领作用、管理水平三方面进行。侧重坊员的实际获得和工作坊的实际推进效果；通过教育工委领导评价、进校干训处及坊员评价确定等次；坊员考核从学习态度、任务完成、个人发展、办学成效四个方面进行考核。通过过程性记录，以及工作坊相关领导和坊主、坊员总评，区教育工委审核确定年度考核等次。

3. 呈现个人研修成果

工作坊研修的目的是提升校长个人素养，进而带动学校发展。这两个目标是相互联系，互为支撑的。关于校长个人素养提升一项，是难以观察、不易量化的。因此，工作坊将坊员个人研修成果进一步细化，不仅仅用个人的提升和成长来表示，更应以思想上或行动上的效果来呈现。思想上的效果以文字呈现，行动上的效果表现为学校的发展，仍可转化为文字来表达。

各工作坊为坊主和坊员建立了各自的文件夹，集体活动和微信群中交流的内容，都会以文字的方式记录并存档，供后期整理使用。这里的内容既包括作业、随笔、感想，也包括在微信群中临时感悟的智慧火花和针对个别事件的观点和意见。记录的内容可大、可小，可长、可短，体现的是真实和实时。

（三）引领和促进了校长发展

各工作坊自建立以来，坊主根据学段特点、坊员实际整合多方资源，以专家讲座、研讨交流、实践考察、网络研讨等方式开展了形式多样的研修活动，既丰富了校长的知识、拓宽了视野，也不断地改变着校长们的观念和行为。

1. 丰富了知识，拓宽了视野

在工作坊研修过程中，校长们通过学习和研讨交流，丰富了教育和管理的知识，拓宽了教育视野，也加深了对教育的认识。只举两个例子。

"吴甡工作坊"的学习委员肖雪冬在学习中思考，在思考中互动，在互动中提升。

她通过学习总结了吴校长四个方面特点。其一，吴校长倡导的"用生命影响生命、用尊重赢得尊重"的教育理念，强调我们的教育方式——谈话、态度、服务即影响。其二，"工作不过夜"的作风，吴校长对各位坊员的要求很严格，下达的任务要及时且有效地完成，稍有迟误，可是要给你脸色看的。其三，吴校长对于学校管理、课堂课程、师生成长、学校发展等都有独到的见解。他要求大家要做一名"明"校长，即明确教育以及教育的价值是什么、明确自身对教师的价值引领、在学生和课程的关系上要有明确的认识。其四，吴校长有着独特的人格魅力——亲切、严谨的话语；时刻精神矍铄；认真听取每个人的发言，并给出指导性、操作性极强的建议。时而是一个严肃、严厉的导师，时而又像是一个身边的玩伴。这就是吴甡校长，他用自己的生命影响着工作坊每一个成员的生命。这样的总结体现了学习之后的思考和反思，既加深了对教育的认识，也提升了个人的思维水平。

大安山幼儿园田芳园长在关于"幼儿园应从哪些方面践行社会主义核心价值观"的研讨中表达了自己的想法。首先，培育和践行社会主义核心价值观已经写入新党章，是国家的战略任务。为贯彻党的教育方针，学校必须全面深入贯彻和落实，因为我们的任务就是为国家培养合格的建设者和接班人。其次，社会主义核心价值观"培育"和"践行"都是关键。培育是内在的修身，践行是外在的体现。一方面既要加强对教师进行立德树人的政治思想教育，引导教师树立正确的育人观，将方向、思想转变为教育内容、教育行为，渗透在幼儿园一日生活当中。另一方面要以目标为引领，丰富教育活动内容，加强社会实践活动，让教师和幼儿共同在实践的过程中去体验和感知社会主义核心价值观的内涵。认识是行为的先导。田园长在学习和认识的基础上结合园所实际给出了个性化的思考，为进一步的交流和研讨打好了基础。

2. 提升了"文本"，升华了"人本"

吴甡校长在工作坊研修中提出了对校长的"三本"的思考，即"话本、事本、文本"，并进一步指出这三本综合在一起体现了"人本"的概念。借用吴校长的"三本"之说来看坊员的成长，发现校长们在研修中不同程度地提升了"三本"，升华了"人本"。

在吴甡校长的引领和指导下，"吴甡工作坊"的坊员分别在《北京教师》和《现代教育报》发表了工作坊的学习成果和体会。坊员梁玉财的文章《"要香蕉却给苹果"的教育必须改变》发表于《现代教育报》。边红工作坊坊员史连起的学习心得《只有奋斗的人生才称得上幸福的一生》发表在共产党员网"先锋文汇"专栏。

学习是为了将他人的知识转变成自己的智慧，工作坊研修过程中，坊员们在不断学习和反思中，学为己用，既提升了自己的"文本"，也升华了个人的"人本"。

3. 转变了观念，改进了实践

工作坊研修以提升坊员校长的素质和能力为目的，校长的提升和发展最终都会以工作的改进来体现。在工作坊研修的过程中，坊员的成长带动了学校工作的改进。

"吴甡工作坊"中的朱建云校长在吴甡校长的引领和指导下，细化了学校的各项管理制度，并在实践中不断完善，使制度在行为层面的落实能够生成学校独有的学校文化。韩锦平校长践行吴甡校长提出的"用生命影响生命"的理念，在教师管理、学生管理中，以促进人的发展为目标，转变管理观念，完善管理制度，锻炼学校管理团队。

赵文红工作坊坊主反复提醒校长们要有效地进行深度阅读，不断训练自己，让自己具备科学的思想方法。在研讨中，通过对坊员张丽的个人学情分析，引领所有坊员思考"自我分析""研修需求""研修建议"之间的逻辑关系，聚焦"专业标准""专业发展""专业表达"。坊员们的认识进一步提高了，对自己今后的工作和自身的成长又有了进一步清晰的定位。

陈大勇工作坊中的坊员体会深刻。在多次活动中，大家都谈到观念的颠覆性改变。小天地，大作为。成人学校人员少，面对的人群庞大。这就需要建强支部，统一思想；提高培训者素养，增强培训实效。成人学校培训就是要让老百姓得到实实在在的收获。

深研究　把方向　支撑区域中高考备考

中高考备考项目组

近年来，国人对于基础教育高质量发展的需求和向往，不断撬动着中高考改革步伐的持续推进。作为区域中学的教研部门，我们认识到一直以来以听评课为主的调研视导，以教材教法分析和专家讲座为主的教研内容，已经无法满足一线教师的需求。一年中高考，三年备考。我们对于中高考备考的项目研究也在不断深耕和创新，迭代发展。

从以下三个方面对中学研修处在中高考改革背景下的备考工作进行总结。

一、项目研究背景

（一）面临的挑战

1."双减"：减负提质增效的高要求，对教师专业能力提出了挑战。

2."双首届"：2022年是首届四新高考，同时是首届"双减"政策下的新中考。

3.命题改革：北京市中高考命题继续深化改革，更加体现立德树人理念、素养导向、情境创设。

4.新冠疫情：本届初高三学生基本是伴随着疫情学习的，三年备考，三年疫情，学习质量在一定程度上受到影响。

（二）已有的经验

1.联动：行政指引、项目驱动、高端引动、区校互动、典型带动、督导推动，六维联动，上下一盘棋。

2.底气：近年我区高考质量持续提高，中考质量稳中有升，鼓舞士气，激发动力。

3.实干：教研员和教师队伍肯学习、有热情、有奉献精神。

4.专业：备考研究不断向专业化迈进，无论从考试命题研究，还是课堂提质研究，都向深层推进。

二、项目研究过程

（一）更新教研理念，把握转型方向

基于改革力度和教师实际需求，中学研修处提出并真正实践六大教研转型：在指导改进方面从过去的基于经验分析到现在的基于数据分析；教研规划从过去的统一教研活

动到现在的注重差异需求；教研方式从过去的专家集中讲座到现在的众筹深度互动；教研目标从过去的学科教学能力到现在的课程育人能力；教学目标从过去的学生双基的获得到现在的学生素养的提升；教研内容从过去研究教师教的行为到现在研究学生学的行为。

（二）构建中高考备考三维立体路径

坚持"规范备考、深化备考，创新备考"的原则，着眼于学生发展，着力于教师成长，以项目研究、备考研训、多方会商、联合视导、备考交流、区域分析六项机制，考试研究、区域命题、质量分析、课堂提质、资源供给、培优补弱六项业务，思想引领、整体统筹、项目启动、资源整合、数据支撑、分层分类六项策略，作为实践驱动手段，构建了中学研修处 2021 年中高考备考三维立体的教研落地路径。

（三）扎实落实五项重要行动

中学研修处持续不断开展统一思想、整体规划；深化转型、落地课堂；深耕命题、把准方向；聚焦问题、循证视导；资源整合、培优补弱五项重要行动。

1. 统一思想、整体规划

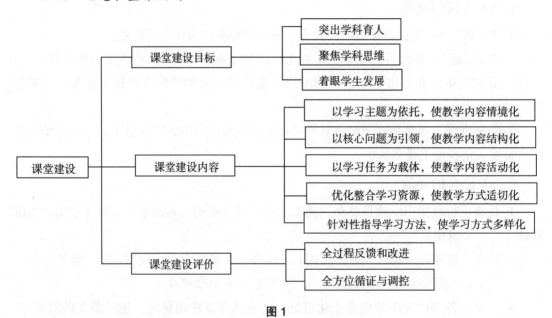

图 1

有逻辑、有梯度地科学规划备考各阶段的目标与任务。

2. 深化转型、落地课堂

3. 深耕命题、把准方向

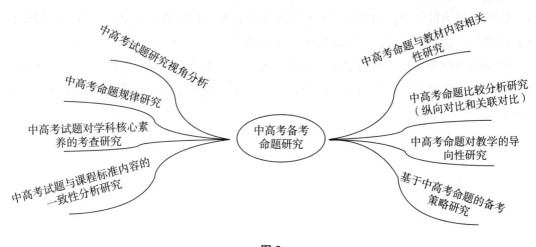

图 2

处室制定了"命、审、阅、析、评"五维一体的命题工作机制。

4. 聚焦问题、循证视导

将视导行动从过去的听取学校汇报、听课交流问题、集中反馈意见三个环节调整为现在的调研明确问题、先行深入研究、入校针对视导、协商解决策略、学校及时改进、后续过程跟踪六个环节，集中体现"聚焦问题、循证视导"的核心思想。

5. 资源整合、培优补弱

充分利用市、区、校优质资源，积极打造我区尖端生培养模式；深入加强学情分析研究，想方设法做好帮扶学困生策略并实施。

三、项目研究成果

（一）形成了区域以六项机制、六项任务、六项策略三位一体的立体中高考备考模式。

（二）形成了区域各学科中高考备考研修课程，如单元教学改进的实施路径、备考关键问题的解决、不同课型模式的探讨、基于学科关键能力的命题框架建构、资源优化设计、信息技术与备考融合的课堂教学研究等。

（三）形成了区域各学科特色的"诊断—研究—指导"中高考备考研修模式，如加强调研诊断的备考持续跟进、众筹深度研讨的问题突破、注重差异需求针对性的指导、基于关键问题专家讲座的内化等。

（四）形成了区域各学科各年级的一年四套的素养导向原创命制试题，引领了区域的备考教学方向。

四、项目研究反思

我们的中高考备考研究取得了一定效果，受到基层学校的肯定，但也存在一定问题。我们应加强政策、理论学习，在"深"和"准"方面再下功夫；还要加强整体化设计，依托区域学科建设，做好备考三年的系统化研修；同时以任务驱动、成果汇聚强化项目研究的必要性、高效性、实效性以及成果意识。

中学研修处全体教研员将秉承"道德思想至上，学术精神至高"的校训，深研备考和命题，努力做好基层学校的坚强后盾，为区域中高考质量的进一步提升作出我们应有的贡献。

重研修　强引领　促发展

北京市"紫禁杯"优秀班主任房山区工作站研修项目组

一、项目背景

2018 年，北京市教委宣布成立北京市"紫禁杯"优秀班主任工作室。2019 年，工作室在各区设立工作站，同时，要求各校成立学校班主任工作坊，北京市教育系统班主任队伍"市工作室—区工作站—校工作坊"三级联动机制日趋完善，班主任队伍培养体系初步形成。房山区"紫禁杯"优秀班主任工作站设在房山进校德育研究室，每年接受北京市紫禁杯教育奖励基金管理委员会提供的专项活动经费。

二、项目定位

在北京市"紫禁杯"优秀班主任工作室指导下，在房山区教委中小教科的行政推动下，以及在房山进校业务指导及导师、专家引领下，依据《房山区"紫禁杯"优秀班主任工作站章程》，结合区域实际，制定并组织实施《北京市"紫禁杯"优秀班主任房山区工作站研修方案》，通过组织研修、宣讲、指导、交流等活动，发挥"紫禁杯"优秀班主任的引领辐射作用，为优秀班主任搭建展示提升的平台，为全体班主任搭建学习成长的平台，促进区域班主任队伍专业化发展。

三、项目实施及成效

（一）重研修，精谋划，打造工作站研修"新样态"

1. 以任务驱动为导向，构建"双线"推进培养体系

北京市"紫禁杯"优秀班主任房山区工作站以任务驱动为导向，采用基础线、能力线"双线"推进的方式，即坚持通识性知识讲授与育人能力实践指导相结合的双线推进方式，兼顾学员理念的建构和实践操作的双重课程目标，使学员在培训过程中深化班主任育人理念和班规制订实施的基本过程，能够站在班级文化建设的视角认识班规的作用，在小课题研究及班级实践过程中有针对性地学习理论知识，在实践中加深对知识的理解，提升教育理念和实践技能。

研修过程中，通过专题讲座和对班主任全员培训工作中典型案例的分析，使学员掌握班主任案例式研究的方法，提升学员的理论水平，在典型案例研究中把握案例背后的

通识性规律，逐步形成独立开展案例式研究的能力。

2. 以课题研究为引领，打造智慧众筹式研修模式

以课题研究为引领，开展《基于班规变革的班级文化建设》课题研究，并结合班主任在实践中的困惑与问题，采用接受学习、自主学习、体验式学习和参与式学习相结合的方式，挖掘每一位学员的实践经验，使班主任在与同伴分享经验的过程中汲取营养，在智慧众筹式的互动交流中形成集体共识，提升理性思考和专业发展的自觉，凸显"工作坊"式培训的优势。

短期集中培训与后续跟踪指导相结合，在精心设计、科学安排、确保集中培训效果的同时，采取个案追踪和与学员所在学校定期联系的方式进行后续追踪指导。借助班级微信群等进行即时指导和内部交流。使学员深入领会班级教育工作的创新理念，在问题情境中学习理论、发现问题，借助集体智慧解决问题。在完成研修作业的过程中提升理念，形成实践操作技能，提升专业水平。

3. 以活动展示为载体，发挥优秀班主任辐射作用

根据北京市"紫禁杯"优秀班主任"引领、辐射、提升"的定位，通过对站内优秀班主任经验的凝练提升、宣传推广等方式，发挥优秀班主任示范引领作用，增强自主发展意识。

（1）打造名优班主任。通过开展专题学习、小课题研究提高工作站学员对班级建设和育人工作的反思意识和专业水平，探索并形成自己的育人特色，扩大房山区班主任队伍的影响力。

（2）发挥辐射带动作用。学员结合研修课程及自身班级管理特色，在学校班主任工作坊中进行分享交流；将带班育人经验进行梳理凝练，将教育智慧与区工作站活动、全区中小学班主任培训及班主任基本功交流与展示等活动有机融合，发挥区校联动机制，引领带动区域班主任专业化发展。

（二）强引领，会提炼，形成工作站项目研究"新成果"

1. 实践成果

（1）创新机制做示范。研修推进过程中，小组负责制、专题分享制对研修工作顺利进行起到保驾护航的作用。特别是工作站学员，每年期末（或期初），面向全区 2000 余名班主任开展的近 20 场具有实操性和可借鉴性的带班方法和创新策略专题培训，给基层班主任改进班级管理工作提供了更好的参照。工作站学员的育人理念明显提升，工作成效深受好评。

（2）引领辐射出效应。2021 年，工作站内孟谷岩等 4 名学员被评为第 34 届北京市"紫禁杯"优秀班主任，杜建国、许冬梅等 25 名班主任被评为第 34 届北京市"紫禁杯"优秀班主任和第九届北京市学生喜爱的班主任。

（3）影响带动促提升。2021年项目组3名管理人员以主持人身份申报的3个课题——《基于信息素养提升的郊区小学班主任研修模式构建研究》《中小学红色校园戏剧区域课程资源的开发与应用研究》《"双减"背景下区域中小学家庭教育指导服务模式的构建研究》成功立项为北京教育科学研究院"十四五"规划课题。

2. 文本成果

（1）生动实践成资源。在工作站导师——北京教育科学研究院班主任研究中心李秀萍博士带领下，学员聚焦"班规"开展小课题研究，形成小课题研究结题报告成果集。2022年8月，《用好班规带好班》正式出版，工作站学员的鲜活案例为此书提供了丰富的资源。

（2）凝练智慧出经验。工作站学员基于班主任工作实践，在深入学习、深刻反思基础上，在专家指导下，将带班育人方略进一步梳理凝练，形成具有个人特色的班级管理经验集。

（3）研修手册再完善。在原有基础上，经过专家指导和工作站学员分层研磨，进一步完善了《房山区"紫禁杯"优秀班主任工作站学员研修手册》，内容涵盖对班主任研修的认识与价值追求，呈现了自主设计的课程内容和活动安排，兼顾理论与实践，对区域后续班主任研修工作的组织具有较强的参考价值。

构建积极有效的研修模式
助推骨干教师的专业发展

——房山区中小学幼儿园课程领导力提升项目总结报告

幼儿园骨干教师个性化发展研究项目组

"幼儿园骨干教师个性化发展研究"项目是学前研修处的重点研究项目。项目组面对的是全区的市级骨干教师和区级骨干教师。这支队伍将是幼儿园未来几年教育、教学发展的主力军，并将在推进幼儿园自主发展中起着至关重要的作用。建立一支相对稳定、素质精良、具有创新精神的骨干教师队伍，迫在眉睫。为此，我们本着"充分调研、理念引领、实践行动、研究反思"四个步骤开展项目研究活动。项目组以研究的思路，关注骨干教师发展的关键点和难点，注重问题的解决、实践的反思及经验的积累。聚焦幼儿园课程实践，以课题研究为载体，以幼儿园五大领域的教学研究为重点，引领骨干教师进行理论学习和实践探索。作为学前教研和培训部门，我们要做教师背后的推动者，为骨干教师搭建个性化发展的平台和支架，促进骨干教师专业研究能力和专业领导能力的不断发展与提高。

一、构建骨干教师研修体系，助力骨干教师个性化发展

我们进行了骨干教师现状的两次调研。

首次调研。我们的骨干教师呈现出有激情、有胆识、有活力的状态，15 名市级骨干教师在教学方面已初步形成自己的教学风格，但自身的研究力和成果积累面临挑战。240 名区级骨干教师的专业成长积淀比较薄弱，自身素质上发展创新性不够，活动上研究探索性不强。

二次调研。项目组从教师的研究意识、研究能力及教研内容和模式等方面对骨干教师教研活动现状进行了深入调研和分析。我们发现，在教育研究方面，骨干教师有研究意识，但是组织教研活动的机会不多，个别担任教研组长的教师虽然具有教研经验，但是更多的教师喜欢关注教研方式，研究浮于表面，研究结果对接实践工作作用不大。

所以，当我们面对市区级骨干教师的培养时，在关注骨干教师专业教学能力提升的同时，更要关注骨干教师专业领导能力的全面发展。

为此，我们遵循"德研专领、研学共赢"的研修理念

德	为人师表树立典范，高尚师德打造根基
研	学习是一生的习惯，研究是工作的方式
专	实践是历练的过程，反思是进步的阶梯
领	典型引路争做示范，互助共研共同提高

坚持研训一体、培养与使用相结合的工作方式，尊重不同层次骨干教师的专业成长规律和需要，同时发挥市级骨干教师"传帮带"的作用，采取工作坊研修的方式不断发现和解决骨干教师成长中的共性和个性问题。

（一）市级骨干教师两人一组为坊主，形成 7 个工作坊

领雁 1 组	马　可	隗洪霞
领雁 2 组	梁海谊	陈亚丽
领雁 3 组	樊海兰	张京京
领雁 4 组	孙淑芝	王　畅
领雁 5 组	李　婧	许海英
领雁 6 组	张　瑜	李　蕾
领雁 7 组	高　立	果红梅

240 名区级骨干自选入组，每组 34 人。

（二）每个工作坊有自选和必选的研究专题，自主发展与共同研究相结合

必选：北京市教育学会立项课题《民间游戏融入幼儿园课程实施策略的研究》

1. 民间游戏中的幼儿学习、发展评估与支持策略研究

2. 不同年龄班幼儿民间游戏活动的特点、发展目标、支持策略研究

自选：以幼儿园五大领域教学研究为骨干教师个性化发展的支架

1. 五大领域教育活动实施有效途径和方法研究

2. 集体教学活动的适宜性与有效性的实践研究

幼儿园健康领域教研组——健体
幼儿园语言领域教研组——乐言
幼儿园社会领域教研组——正身
幼儿园艺术领域教研组——育美
幼儿园科学领域教研组——善思

其中自选内容是骨干教师结合自身特长，自主选择的领域教学研究，也是教师个性化发展的重要途径。自主发展与共同研究相结合，锤炼市区级骨干教师的研究能力，引领房山区骨干教师朝着基本功扎实、具备反思创新和研究能力、有一定独立风格的优秀幼儿园教师的方向努力。

二、利用课题统领项目研究，引领骨干教师理解课程育人的本质

（一）必选研究课题的来源

课题的确定经历了调研、推荐、研讨多个环节，因为面对 200 多位骨干教师，我们的必选课题应该是能够体现育人核心素养，能够助推教师专业发展，能够有利于幼儿园园本课程的开发与创新的。

依据"游戏是幼儿园的基本活动"的指导思想，我们先确立了游戏这一研究方向。传承中华优秀传统文化是教育应担负的历史使命，推进优秀传统文化融入幼儿园课程，是落实国家关于传承与发展优秀传统文化政策的一项重要内容。民间游戏是我国传统文化的一个重要组成部分，因为房山地域和民俗特点，很多幼儿园都会带幼儿进行民间游戏活动。将其引入幼儿园课程：一是可以激发幼儿的好奇心、求知欲，激发幼儿的灵感；二是可以从小培养幼儿的团队协作精神；三是可以潜移默化地传承中华优秀传统文化，体现了课程育人的深刻内涵。教师通过参与课题研究，能够研究出民间游戏融入幼儿园课程的基本模式，在区域范围内推动民间游戏融入幼儿园课程的可持续性发展，提高教师的课程领导力，最终为幼儿全面发展奠定基础。

（二）研究的关注点及主要问题

1. 骨干教师在开展民间游戏过程中存在的困惑

根据对各园民间游戏资源的初步调查发现，有的乡镇幼儿园近些年对民间游戏一直在持续开展和研究中，有着较为丰富的经验，但在关于民间游戏的开展与实施中存在一些问题，主要体现在以下几个方面：

（1）对于民间游戏的了解不足，在日常活动中有开展民间游戏，但缺乏挖掘、创新民间游戏的能力。

（2）不清楚到底什么样的民间游戏才真正适合幼儿园孩子玩。

（3）不清楚面对不同年龄段的孩子该如何有区分地开展民间游戏活动。

（4）不清楚民间游戏如何融入幼儿园课程，如何更好地开发与整合。

2. 依据困惑与需求确定研究的主要问题

（1）不同年龄段的幼儿进行民间游戏的需求、特点和发展目标。

（2）课程建设与实施中，促进幼儿主动发展的民间游戏活动内容和指导策略的研究。

（3）如何改编和创新传统民间游戏融入幼儿园课程。

（4）民间游戏融入幼儿园一日生活的方式。

对于如何将民间游戏渗透在幼儿一日生活之中，项目组结合前人大量文献研究，结合教师的研究困惑，通过行动研究，与骨干教师共同设计开展民间游戏活动，引导教师研究实施民间游戏的有效策略，如对传统的民间游戏进行再改变和创新设计，针对实施

情况进行分析、反思、调整、再实施，分析……在此过程中，提升教师挖掘实施民间游戏的实践能力，同时也希望能梳理出一点经典创新性的民间游戏案例，为广大一线教师将民间游戏融入幼儿园课程实践的研究提供实质性的参考和帮助。

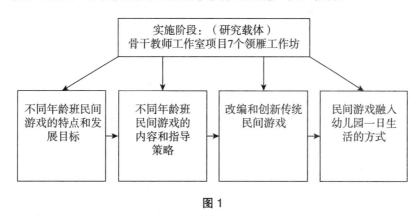

图1

（三）项目组进行课题研究的基本路径

作为区域内学前教研员，通过本课题的研究，用研究的路径引领骨干教师教育观念逐步转变，以民间游戏为一个切入点，梳理出不同年龄段的幼儿进行民间游戏的需求、特点和发展目标，梳理比较符合学前阶段的民间游戏课程内容及教育指导策略，为幼儿后续的全面发展奠定基础。

三、创新研训模式实践研训转型，做优质高效的骨干教师研修

（一）推广 ClassIn 研训方式，支持骨干教师线上研训

骨干工作室尝试进行了 ClassIn 线上教研，云对面的教研状态、分组教研的精彩瞬间和讨论成果即时呈现的方式为骨干教师的教育研究提供了有力的支持。我们会把 ClassIn 的优势效果和操作方法及时与教师分享，大家也相继进行了尝试，确实感受到 ClassIn 带来的便捷和对我们教研工作质量提升的强大助力。

（二）开展基于实证的多元化培训，拓展研训工作的深度

项目组以学期为单位每学期组织至少两次市级专家的引领性培训，同时，针对教师研究实践过程中的困惑和需求，教研员及工作坊组长会进行坊主专题系列培训。这样，培训就从经验性的培训向经验与理性相结合、基于实证的多元化培训转变。将专家集中培训与工作坊坊主专题培训相结合，拓展了培训工作的深度。

（三）创新示范递进式的动态化教研，提高研训工作的准度

在动态化教研中，我们摸索出领雁工作坊"学研创"的研究思路，"示范递进式小组教研模式"（坊主示范，坊员接棒，互助共进的递进式教研）。由一言堂的教研向内容自主、互助递进式的教研转变，更加能关注各工作坊小专题教研开展的实效性，提高

教研工作的准度。

如下表：

表1　基于《民间游戏融入幼儿园课程的实践研究》的小组民间游戏教研要素—— 领雁3

教研要素	教师的核心困惑	教研专题
（一）不同年龄班户外民间体育游戏的内容有哪些	1. 户外民间体育游戏的储备量较少。 2. 怎样根据不同的年龄选择适宜的户外民间体育游戏？ 3. 场地限制大，活动不好开展。 4 小班民间游戏材料有限，对于开展户外民间游戏有些难度。	一组： 1. 户外民间体育游戏的类型有哪些？ 2. 适合不同年龄段的户外民间体育游戏内容有哪些？ 3. 怎样根据场地开展适宜的户外民间体育游戏？ 4.……
（二）不同年龄班户外民间体育游戏指导策略	1. 幼儿兴趣不浓，怎么引导？ 2. 教师指导幼儿分组游戏不及时，如何更好指导？ 3. 怎样注意幼儿的户外游戏安全？ 4. 户外游戏材料怎样简单耐用？	二组： 1. 教师在幼儿玩户外民间体育游戏中的指导策略。 2. 户外民间体育游戏中怎样促进幼儿的主动学习？ 3. 分组游戏中的指导策略。 4. 如何一物多玩？ 5.……
（三）不同年龄班户外民间体育游戏的实施与创新玩法	1. 传统户外民间体育游戏对幼儿吸引力不够。 2. 怎样创新传统户外民间体育游戏的玩法？ 3. 怎样因地制宜创造新玩法？	三组： 1. 传统户外民间体育游戏的创新玩法有哪些？ 2. 如何激发幼儿的游戏兴趣？ 3. 不同的场地可以开展哪些创新游戏？ 4.……

针对课题的某一研究专题，我们会引领教师做好教研前期的调查工作。针对这个专题，教师的理解是什么？教师的核心困惑是什么？影响的因素是什么？从而找到基于此研究专题的教研要素都有什么，在教研员的指导下，坊主和坊员进行小教研专题的认领，形成围绕大主题的系列教研，在这里每一个教师都是研究的主人，真正发挥骨干教师的自主性，教研更有实效，研究更加深入。经过这样的实践研究与锤炼，我们的骨干教师独立设计教研、组织教研的专业领导能力也在不断提升。

对于已经有一定教研体验的骨干教师来说，这种以专题或问题为引领的教研方式，能使他们在教研过程中感受到自己的成长和集体的智慧，从而建立起学习型团队。这时，教研员的作用就是引导教师关注专题教研本身的问题，教师的真问题，通过建立问题要素库，共同诊断，明确教研重点，开展具有实效性的系列专题教研，逐步解决"教研内容的价值取向""教研方式的多元整合""教研氛围的集体营造"等问题，使教师"带着问题来，带着思考走；带着疑惑来，带着踏实走。"现在部分骨干教师在幼儿园独立组织教研活动是没有问题的，在这样的教育研究中，教研员起到的是桥梁、支架和引领的作用，为骨干教师搭建平台。

四、成果培育

（一）多元化培训：专家讲座 4 次；教研员及工作坊坊主微讲座 12 次。

（二）动态化教研：教研员及工作坊坊主示范性教研 9 次；市区级骨干教师递进式教研 21 次。

（三）骨干教师五大领域评优展示课 14 节，工作坊坊主组织观摩教研 14 次。

（四）房山区幼儿园骨干教师个性化发展研究与实践探索——民间游戏案例集一册。

（五）房山区幼儿园骨干教师个性化发展研究与实践探索——民间游戏专业书籍阅读心得一册。

（六）房山区幼儿园骨干教师个性化发展研究与实践探索——民间游戏集锦一册。

做优质高效的教师研修，是新时代对教研员的基本要求。"以解决问题为引领的研究探索和以教师需求为导向的培训指导"能够促使教师专业化成长、促进课程改革持续发展和教学质量的不断提高。在研究实践中，项目组开展多元化培训和动态化教研，以创新的研训模式来实践研训转型，提高研训工作的深度和准度。通过专题研修、课题引领、成果培育等方式促进骨干教师专业研究能力和专业领导能力的不断发展与提高。

创新模式　优化课程
提升区域英语教师专业素养

初中英语教师听说能力及综合素养提升项目组

随着教育领域综合改革的不断深化，尤其是《北京市关于深化考试招生制度改革的实施方案》和《北京市中小学英语学科教学改进意见》文件颁布之后，北京新中、高考政策对英语考试的调整突出表明，英语学科的教学和考试要回归英语的工具性作用的方向。这对远郊区县农村地区英语教师的专业素养提出了更高要求，将英语教师的专业发展要求提至前所未有的高度。

为全面深化房山区教育教学改革，切合教育创新发展要求，进一步适应新课程改革和中高考英语学科改革的需要，房山区教委在"十二五"时期英语教师培训基础上，进行顶层设计，引进优质教师培训资源，创新培训模式，优化培训课程，实现区域英语教师的专业内涵不断丰富、专业结构不断改善、专业能力和专业水平不断提升，促进区域英语教师专业化发展。

一、培训需求分析与设计

（一）行政推动，实行"项目化"运作

任何一个大规模培训项目，在实施过程中，都会涉及人员配置、资金保障、关系协调等一系列现实问题，如果没有相关政策的支持和领导的顶层设计，项目很难持续高效运转。房山区教委高度重视英语教师的专业发展，行政领导亲自挂帅，参与项目洽谈、规划与研讨，使得后续项目的顺利、高效运转成为可能。

（二）调研先行，解读培训需求

为了增强培训针对性与实效性，掌握区域内英语教师全面信息，了解教师知识与能力自我提升需求以及对培训的态度，项目组精心设计调研问卷，召开一线教师及教研员座谈会，深入一线听课调研，组织专家客观分析调研结果，为培训目标确定、课程设置、组织形式、制度保障做好前期充分准备工作。

（三）明确方向，确定培训目标

在培训需求调研的基础上，项目组制定了"十三五"房山区英语教师培训目标。一

是发展教师听说读写四种语言技能，重点提升听说能力；二是提升教师听力及口语教学能力，发展学生综合语言运用能力；三是开发精品培训课程、典型课例、教师口语视频集等物化培训资源及成果。

二、创新模式，提高培训实效

项目基于国际混合式学习（Blended-Learning）理论，采用混合式培训（Blended-Training）模式，将传统面授（face-to-face）学习和在线（on-line）学习有机结合，将单一施训与测试相结合，将单方管理与协同管理相结合。具体做法：

（一）线上线下，双轨并行

项目采用线上、线下双轨并行机制，即每位教师寒暑假参加 18 天集中面授课程学习，同时参加一年期在线自主学习。学习过程中，通过人机互动方式，体验英语数字化学习，达到从知识的输入到能力的输出的在线循环；利用 40 多种不同的练习方式帮助大家从听、说、读、写，以及词汇、语法等各个方面综合提升语言水平。

（二）前测后测，多元考评

为增强培训的针对性、实效性，真正做到分层施训，培训实行前后测机制，即每位老师在参加培训前和完成培训任务后，要进行朗读、口试、听力三个不同维度的英语语言能力评测。前测成绩作为学员分班分组、确定在线学习内容级别（10 个等级）的依据，后测成绩作为衡量学习效果的重要指标。

（三）大课小课，各有侧重

根据老师前测成绩，把参训教师分成不同层次的班级和学习小组。每天集中大课学习后，分小组开展学习活动。集中大课内容以专家讲座为主，外教课程以班级形式开展，语言巩固练习则以小组活动形式进行，大小课、长短课的结合设置，既减缓了教师疲劳，保持了教师长时间学习的积极性，又有效提高了学习效果。

（四）电话追踪，反馈辅导

在一年在线学习期间，学员每两周自学完成一个话题后，在线平台辅导教师进行一次一对一电话辅导，每次辅导时长 10 ~ 15 分钟，全英文沟通，针对线上学习内容进行回顾、答疑与阶段性评测。旨在通过电话聊天的方式，督促教师学习，引导教师反馈学习情况，巩固学习内容，提升英语听说能力。

（五）实践总结，反思提升

在每天课程结束前小组活动的最后 10 分钟，参训教师们用英文撰写研修日志，并在微信群进行分享。在完成面授和在线学习前，教师需要提交个人研修成果，包括文本类（教学论文、教学设计、教学案例等）和视频类（主题演讲、课堂实录、英语微课、指导的学生英文校园戏剧等），旨在督促教师把所学知识与技能及时应用于自己的课堂实践，通过实践，不断反思，进一步提升自己专业素养及学生的英语语言应用能力。

（六）师资合理，提质增效

面授课程师资配备比例为：教授 10%，副教授 30%，外教 30%，讲师和培训师各 15%（含一线特级教师、骨干教师及教研员）。所聘请的每一名授课教师都是基于项目整体课程内容框架之下的相关领域专家。在培训过程中，项目主要负责人员全程听课，对于个别现场培训效果不好、满意度测评相对不高的课，项目组负责人员会及时与授课教师沟通改进，或者及时予以更替。合理的师资队伍比例，雄厚的专家团队，保障了面授课程研修质量。

三、成果转化，提升区域教育教学能力

项目组通过对参加培训的初中教师问卷调查的统计结果、个性化访谈及深入一线追踪等形式反馈的信息的梳理，总结了培训对初中英语教师的作用：

（一）提升了教师英语听说能力

通过培训，教师听说能力大面积提升。参加培训教师在线机考成绩满分 10 分，前测平均分为 6.35 分，后测平均分为 7.16 分，平均分提高 0.81 分，80.6% 的教师后测成绩相比前测有明显提升；从口试前后测成绩对比来看，100% 教师口语后测成绩超过前测成绩；朗读成绩后测比前测也有一定提升。

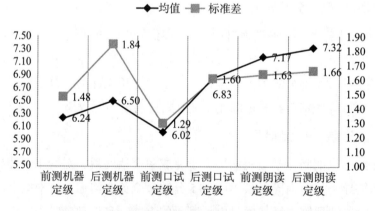

图 1　教师前后测成绩均值及标准差一览表

由上图可知，除"朗读定级"项标准差增量较小（0.03）外，其余两项标准差均显著增加（分别为 0.36、0.31），相较"朗读定级"项标准差增量近 11 倍，说明老师们后测机器定级、口试定级均值具有显著提升（分别为 0.26、0.81）。

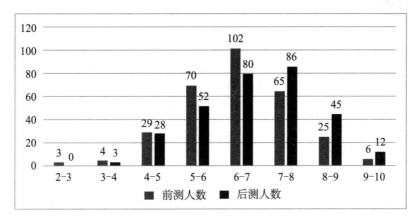

图2　教师前后测机器定级各级别人数对比一览表

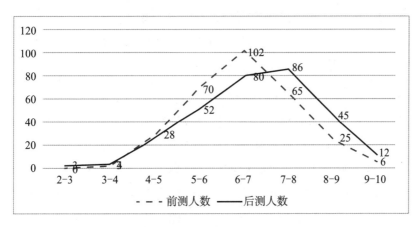

图3　教师前后测机器定级各级别人数对比一览表

以上柱状图显示，在后测中，较高级别（6～10级）人数明显高于前测。折线图中，显示后测人数的折线图明显后移，同样说明教师培训后机考成绩明显提高。

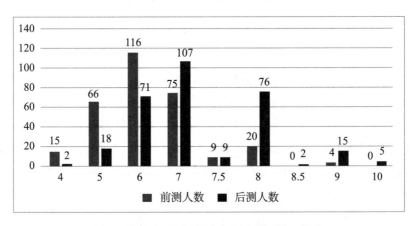

图4　教师前后测口语各级别人数对比一览表

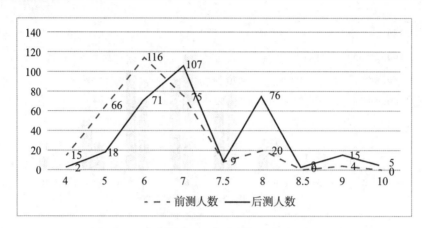

图5　教师前后测口语各级别人数对比一览表

以上柱状图显示，在教师口语测试中，后测高级别人数明显高于前测；折线图中，显示后测成绩的折线图整体右移，同样显示后测高级别人数明显增加，低级别人数减少，两图均说明，经过培训，教师的口语能力得到大面积提升。

（二）提升了促进学生发展的教育教学能力

培训的最高境界是培训前后，教师的教育教学行为发生了转变，教师的专业成长带动了学生学习能力的提高与全面发展。

为提高学生英语听说能力，老师们按照自己参加培训测试的模式，回校组织学生英语口语考试，规范了口语考试形式，为学生听说能力提升奠定了基础。良乡二中、房山四中等多所学校开展了学生课本剧表演、演讲、朗诵等活动，既激发了学生英语学习兴趣，又极大提升了学生英语听说实践能力。以教师培训撬动中考英语改革，以教师的专业成长带动学生能力提高的目标初步显现。

（三）提升了教学反思、实践研究能力及成果提炼能力

面授课程培训期间，每位参训教师撰写了18篇英文反思日志，共计150多万字。教师们在日志中记录自己的学习收获与感悟，反思自己的教学行为，规划调整自己的教学实践。教师做微课展示36节，36名教师进行了现场英文演讲，18名教师进行现场诗歌朗诵和绕口令展示。

为培养教师英语教学理论与英语课堂教学实践相结合的能力，更好地积淀培训成果，项目组要求教师立足自己的课堂，运用培训所学教学理念与策略，吸纳多样培训方式，边学习边实践，以学校英语教研组为单位开展丰富多彩的英语教学实践与研究活动。项目结束时，参训教师共撰写教学论文185篇，提交教学设计83份，录像课、演讲、学生课本剧展示等视频74个。这些成果的呈现，有效说明了，通过培训，教师无论是在日常教学反思与行动方面的能力，还是在研究成果提炼方面的能力都有显著提升。

（四）产生了良好的社会效益

项目受到了广泛关注，无论是参与培训教师还是一线学校领导，乃至参与项目的领导、管理人员及授课专家，在不同场合，以不同的方式，对项目的设计、实施过程及培训效果均有较高的评价。我区初中教师分三期完成了全员培训，每一期的参训教师对在线及面授课程内容的实用性、难易度、培训组织管理的满意度均达到98%以上。"房山进校"微信平台共发布该项目信息10条，共计8992字，"学通房山"微信平台发布信息3条，"北外国际"微信平台发布新闻稿共计16343字。项目赢得了较好的口碑与认可度，产生了良好的社会效益，为如何有效开展区域学科教师培训项目提供了典型案例。

区域高中历史学科建设的实践与思考

苏万青　张付文

　　北京市房山区中学历史学科苏万青工作室是主持人与工作室成员的专业实践研修共同体。工作室成立六年来，聚焦房山区高中历史学科育人的实践问题，坚持立德树人，政治为首，专业为基，师生发展为本的团队价值认同。工作室成员以《普通高中历史课程标准》为统领，以科研课题与项目研究为载体，以研究高中历史课程内容为焦点，以改进高中历史教学方式为重点，开展了高中历史课程教学、学习、评价、资源与专业成长的一体化协同研修。

　　工作室以专家学科学术引领、成员自主实践研究、同伴专业智慧众筹的方式实施合作共研，坚持问题研究与实践改进相结合的实证研修特点，形成学科研修课程。研修一定程度增强了成员的职业认同感，提升了团队的专业素养，逐渐积淀了"价值认同，合作共研，协同成长"的工作室研修文化。工作室在研修实践中开始探索区域高中历史学科建设问题。现简单总结如下：

一、建设学科团队

（一）学科教育价值认同

　　历史工作室有来自本区 10 所学校的 16 名成员，大部分为中青年骨干教师。工作室始终强调成员要坚定政治信念，坚持马克思主义唯物史观，坚守学科立德树人宗旨，牢记高中历史学科育人的价值追求，忠诚教育，关爱学生，热爱学科。尤其重视成员应具有历史使命意识，作为教育者要通过中学历史教育，引导学生树立对伟大祖国、中华民族、中华文化、中国共产党、中国特色社会主义的认同。工作室开展了学科育人的系列研修活动，如举办"高中历史教学中党史内容研讨会"，先后组织成员参观"伟大的变革——庆祝改革开放 40 周年大型展览"和"伟大历程，辉煌成就——庆祝中华人民共和国成立 70 周年大型成就展"，2019 年 10 月开展了"献礼祖国七十华诞，领航房山教育发展"的高中历史教学研讨，彰显高中历史课堂教学的育人价值。

（二）团队成员研修规划

　　工作室基于对区域部分高中历史教师抽样调研的数据分析，结合工作室教师发展需求，制订工作室三年团队研修规划。同时，重视成员个体专业成长设计。一是驱动性成长计划。工作室依据成员的专业需求及个人发展意愿，为每位成员量身定制个人发展计划，并将研修任务分解到每学年，保证每年实现一个小目标，步步提高。二是持续性专业阅读。工作室为成员创造学习的条件，让阅读成为一种习惯。依据个人意愿统筹设计，每学年定时为工作室成员购买与专业发展相关的学术书籍，并要求提交阅读体会，以此激发工作室成员持续的专业学习力。三是实践性学科研究。在实践研究中落实计划。例如在 2020 年新冠疫情防控期间，为指导本区高中学生居家学习，提升中学历史工作室成员的课程开发能力，工作室组织全体成员完成"高三学生历史学习方法指导系列课程"的研制，充分发挥了工作室在区域高中历史教育教学中的应有作用，为区域学生历史备考提供了一定的资源支持。实践性学科研究锤炼了区域优秀的学科教师队伍。

（三）建立研修共享机制

工作室借助市级教研部门与市级历史卓越工作室的指导，依托区级教研的统筹设计，带动学校教研组的建设，以此构建市区校三级的研修共享机制，搭建教师专业成长的平台。成员参加国家级、市级历史学科公开课及学科教育教学研讨活动，参与教师专业发展论坛，进行研究成果分享等，展示研修成果。如工作室成员做国家级、市级公开课、研究课、展示课累计 30 余节，区级研究课 50 余节，对全区高中历史教学改革起到了一定的推动作用。韩雪老师的《家国情怀与统一多民族国家的演进》课例在"2019年统编教材国家级示范培训"活动中做展示。

二、优化历史学科课程

2015—2016 年，工作室团队在忠于国家高中历史学科课程设计的前提下，立足国家课程的区本化研究与校本化实施，探索学生对中外混编专题性高中历史课程的适应性，结合区域学生实际，调整课程内容，按照时序构建通史结构，实施内容整合，正式出版了《高中历史读本》（两本），在区内外多所高中使用。此项研究成果获得了2016—2017 学年度北京市基础教育课程建设优秀成果评选优秀成果一等奖，2018 年北京市人民政府颁发的北京市基础教育教学成果奖二等奖。2019 年统编高中历史教材开始使用，为落实中学历史学科核心素养课程目标，有效使用统编教材，工作室与人民教育出版社资源室合作，研制统编初、高中历史教材单元主题教学设计，主编"新课程同步教学设计"系列书籍，目前《新课程同步教学设计·中国历史·七年级》（上、下册）已出版，《新课程同步教学设计》（高中历史）正在出版。

表1　《新课程同步教学设计》（高中历史）体例结构

栏目名称		功能定位
前言		整体设计说明
单元教学设计	单元主题简介	单元教学设计依据《普通高中历史课程标准》的要求，从整体上把握单元主题学习。单元主题简介包括单元主题名称、单元历史时空定位、单元课标内容要求及分析、单元学科大概念及其说明。
	单元学习目标	结合高中学生历史学习实际，指向历史学科核心内容要求及历史学科核心素养的落实及单元学生学习效果评价，设计单元学习目标。
	单元内容分析	按教材内容组织，也可以按历史学科学业质量水平和历史学科核心素养发展的进阶来组织，还可以按真实情境下的历史学习任务组织；单元教材内容要点、单元历史发展基本线索、历史阶段特征；学生单元学习重点难点与教师指导学生历史学习的方法策略。
	单元内容结构	单元内各课与单元主题的联系，各课之间的关系，可以用历史图示呈现。
	单元拓展资源	与单元主题学习相关的史学动态及研究成果（著作或文章中的相关表述）、文献推荐、现实社会热点资源等。
	实践活动建议	根据单元主题学习目标，结合各地实际（如现实社会生活资源、乡土课程资源等），设计操作性强的历史学科实践活动；学生通过活动进行体验学习，增强历史学习的实践性与创新性。

　　工作室成员2015—2021年参与编写、修订已出版的北京市中小学地方教材《房山文化》（覃遵君主编，两册）及《〈房山文化〉教学参考》（覃遵君、苏万青主编，两册）；2019—2021年参加了北京市教育科学规划课题《房山区乡土课程开发与实施的研究》，参与乡土课程研究成果《普通高中学科课程乡土资源的开发与利用》（郭冬红主编）编写，已正式出版。同时，该项目研究团队为增强学生学习的综合性与实践性，进行跨学科综合性课程研发，如开发项目主题学习课程《龙乡"源文化"遗址调研项目式学习》，涵养学生家国情怀，厚植中华文化底蕴。

　　基于学生发展，工作室与学校教研组合作，开发学科校本课程，拓展国家课程，适应并满足学生个体成长需求。如良乡附中以工作室成员为核心，开发《社会热点历史追踪》校本课程，并持续优化。

　　工作室成员以促进区域高中学生历史学习轻负高效为中心，研究高中历史学科课程内容，形成区域高中历史学科课程群。课程群体现了课程功能的教育性与基础性，呈现课程结构的整体性与科学性，确保了课程供给的多样性与选择性，突出学生课程学习的活动性与实践性，不断提升区域高中历史课程的品质。

三、改进教学实践

（一）聚焦课堂教学

1.强调系统设计

工作室教师基于学科大概念与历史学习主题，对学习目标、情境、问题、活动、任务及过程评价进行结构性单元教学系统设计。例如良乡附中周美闪老师在讲授"从明朝建立到清军入关"时，以单元大概念为统领，设置问题情境，以问题链为抓手，在探究问题中提升历史认识。教学设计有助于学生抓住历史学科主干知识，深入探究疑难问题，涵养学科素养。

2.改善教与学方式

教学方式选择与学习目标、学习内容、具体课型相匹配，将启发式教学与探究式学习相结合。例如实验中学王恕老师在讲授第20课"五四运动与中国共产党的诞生"时，一方面抓住"五四运动、中国共产党的成立、国民大革命"等重大历史事件的明线、主线；另一方面，结合学生感兴趣的人物故事，充分利用陈独秀这个重要人物来串"暗"线、辅线，结合其生平简介"突破重点内容，带动整体教学"，并且结合正热播的红色影片《觉醒年代》片段，丰富师生们对陈独秀、李大钊等革命先烈的认知；课后作业以"学党史、传党魂"为主题编写历史人物年表或手抄报等进行学习的拓展。

3.关注学习过程

教学要精准分析学情，重视学生对历史知识的理解与整合运用，科学学习方法的掌握，以及新情景下发现问题、提出问题、解决问题能力的培养，关注学生思维进阶与思维过程外显，推进学生深度学习。例如良乡中学毕玉娇老师在讲授"世界多极化与经济全球化"时，课前调研中90%以上的学生分析问题角度单一，且缺乏在大时空下对历史知识的建构能力，因此课中设计注重引导学生用时间轴与地图建构历史知识，学会辩证地分析历史问题，从而形成全面丰富的历史解释。

4.促进素养提升

教学促进学生逐渐形成个体知识结构、思维能力、良好品格及探究精神。例如良乡附中吴金香老师在讲授"挽救民族危亡的斗争"时，利用茅海建的研究成果与康有为回忆录相互印证，依托史学研究成果，培育史料实证素养；精选推送网络资源，拓宽学生的历史视野。

（二）创新学科活动

1.主题统领

历史学科活动从学生真实生活出发，结合学习问题，确定主题。围绕主题，引导学生综合运用学科知识、方法，解决问题，开展跨学科的综合性学习。例如围绕红色教育主题，依托房山区的红色资源，开发具有地域特色的研学课程，学生讲好家乡的红色故事，传承红色基因。

2. 方式多样

工作室通过主题研修、专家引领、课例研磨及智慧众筹等研修方式，推动区域历史教学改革深化。同时，借助房山区国家级优秀教学成果"基于核心素养的学科能力诊断评价和教学改进系统——九学科协同研究与实践"推广应用项目，开展基于历史学科能力的实践教学研究；依托教学改革融合信息技术的研究，探索新型教与学模式，如张付文老师在讲授"洋务运动与甲午中日战争"时采用 VR 教学，让学生实现沉浸式学习，提交的成果《基于 VR 技术应用的"洋务运动与甲午中日战争"》被评为北京市教学评比一等奖。

3. 学生指导

工作室成员在设计学科活动中重视学生学习指导。根据主题学习、项目式学习等不同类型的活动，研制了学生历史学习活动的过程性与成果评价量表，引导学生认识活动价值，指导学生方法策略，辅导学生解决疑难问题。同时，注重评价反思。例如实验中学韩雪老师的活动课程"家国情怀与统一多民族国家的演进"，学生以"古代疆域演进组""近代民族抗争组""现代繁荣发展组""典型历史人物组"等四个实践小组，通过收集史料、整理和辨析史料，增强实证意识，同时通过体验、探究、参与活动而获得"直接经验""个人知识""构建知识体系的能力"。

（三）服务学业质量

工作室研修最终是要促进学生学业质量的提升。例如，我们强调了区域高三历史课程实施的计划性与科学性，正确处理课堂教学、复习与备考的关系，聚焦关键环节，使学生巩固基础知识，掌握基本方法，提升学科能力。工作室成员与高三教师进行高三历史一轮复习课、专题复习课、试卷讲评课等不同课型课堂基本流程的研究；通过历史高考研究专家指导、区域学科考试研究、学校备考研究等途径，发现并研究解决问题，提升区域高中历史学科备考的实效性，破解关键难点问题；复习备考过程中时刻关注学生落实，强化分类、分层与学生个体备考跟踪指导。

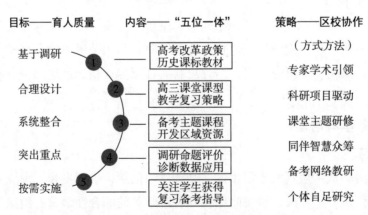

图1　2019年房山区高三历史学科教师研修课程框架设计（初稿）

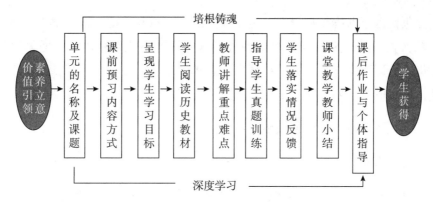

图2　2020年房山区高三历史复习课课堂教学结构（初稿）

四、优化学科评价

（一）有效实施课堂评价

工作室成员依据《房山区中学历史课堂教学评价量表》开展课堂教学，重视以评促育，突出方向性。高中历史课堂教学重视课堂教学中过程性和终结性评价，评价设计先于教学实施，评价目标与学习目标相一致，教学评一体。评价关注学科必备基础知识、关键能力与核心价值。为落实"双减"政策，优化学科作业设计。

（二）科学命制统考试题

工作室成员全部参加了区域学科命题工作，充分发挥区域学科考试命题引导教学的功能。特别是高淑琴、吴金香、周美闪、刘晓慧、张付文、毕玉娇等工作室成员多次承担区域高三历史学科的命题工作。命题体现基础性、综合性、应用性及创新性的特点。他们在精心命制试题过程中注重反思。例如，刘晓慧老师的《区域高中历史学科学业水平等级性考试命题的途径与方法》、程桂娟老师的《历史学科学业水平等级性考试导向下核心素养目标的达成》、张付文老师的《基于高中历史课程标准的考试命题初探》展现了区域统考命题的初步经验与理性思考。

五、开发课程资源

（一）开发国家课程拓展资源

工作室依托北京市房山区教育科学"十三五"规划课题《基于高中新课标的课程资源开发与利用研究》，对国家课程资源进行拓展并有效利用。例如，为提高高三复习的针对性，每年工作室组织成员与区域高三历史教师一起完成《房山区高三历史教学资料选编》，目前已连续编辑四年，累计编辑12本，为区域历史学科备考提供了一定的资源支持。

（二）建设学科课程资源库

工作室从师生需要出发，通过开发、整合、筛选优质资源，形成学科课程资源库。

资源库主要包括国家课程拓展资源、地域乡土资源、教师生成资源、学生生成资源、专家资源、社区资源及区校共建共享资源等。这些资源活化课程内容，增强课程的开放性，促进跨学科课程实施。例如，按国家课程单元结构，每个单元都补充了相关的地域乡土资源，使之形成系列化的乡土课程资源，以更好地落实国家学科课程。

六、工作室成员的专业成长

（一）成员专业成长

工作室成立以来，成员先后被评为北京市历史特级教师、市历史学科带头人、市学科骨干教师的有5人次（如2020年北京市特级教师高淑琴老师、市级学科带头人吴金香老师、市级骨干教师周美闪老师等），区级骨干教师20余人次（如2020年房山区骨干教师王恕、张立敏、韩雪、刘晓慧、曹海珍、冯连军、张付文、程桂娟、孟令垚等），他们在区域高中历史教育改革中发挥了很好的带动作用。

（二）团队研究成果

工作室成员主编、参编正式出版的著作10余部，公开发表研究论文20余篇。如工作室全体成员与人民教育出版社教学资源编辑室合作，主编了"新课程同步教学设计"系列书籍，目前《新课程同步教学设计·中国历史·七年级》（上下册）已出版，《新课程同步教学设计·中外历史纲要（上下）》《新课程同步教学设计·历史选择性必修》3本正在出版中；与北京教育学院方美玲教授负责的"北京市历史卓越工作室"、中国地图出版社密切协作，2019—2020年共同研制开发了统编高中历史必修教材《中外历史纲要（上下）》和选择性必修教材的历史地图册、填充图册（其中工作室成员14人参与了共计28节课的研发工作），目前已由人民教育出版社、中国地图出版社正式出版发行，在使用全国统编高中历史新教科书的高中学生与教师教学中使用，效果良好；2021年参与编写《普通高中学科课程乡土资源的开发与利用》，已正式出版。

（三）发挥带动作用

工作室成员高淑琴、吴金香、周美闪、张付文、张立敏、曹海珍、刘晓慧、王恕、韩雪、程桂娟、冯连军、毕玉娇、孟令垚、李小琴等相继在全区高中历史教学研讨中，分享立足核心素养落地课堂的课例，探讨学生的实际获得。工作室成员发表了相关教研论文。例如，吴金香老师撰写的《精心选择课程资源发展学生核心素养》公开发表于《中学历史教学参考》2020年第8期；苏万青、张付文老师撰写的《高中历史教学中乡土课程资源开发与利用研究》公开发表于《北京教育》2021年第8期。这些研究对区域高中历史教师的教学改革起到了一定的带动作用。

作者单位：房山区教师进修学校

"双减"背景下　让语文作业成为教学的需要

田小将

2021 年 7 月，中共中央办公厅、国务院办公厅印发了《关于进一步减轻义务教育阶段学生作业负担和校外培训负担的意见》，文件明确提出，要有效减轻义务教育阶段学生过重作业负担和校外培训负担，简称"双减"。面对"双减"，作为义务教育阶段的语文教师，要提高认识，加强研究，稳步落实，让语文作业成为落实国家教育政策的需要，成为提高学生语文学科核心素养的需要，成为诊断改进语文教学的需要。在"双减"背景下，通过研究和实践，让语文作业真正成为教学的需要。

一、落实国家教育政策的需要

作业作为教学的重要组成部分，其数量、质量直接影响学生的身心健康和全面发展。为此，国家多次针对作业提出相关要求。

2019 年 6 月 23 日，中共中央、国务院《关于深化教育教学改革全面提高义务教育质量的意见》对作业提出具体要求。要完善作业考试辅导，统筹调控不同年级、不同学科作业数量和作业时间，促进学生完成好基础性作业，强化实践性作业，探索弹性作业和跨学科作业，不断提高作业设计质量。教师要认真批改作业，强化面批讲解，及时做好反馈。该文件对义务教育阶段作业的数量、作业的形式、作业的批改等方面提出指导意见和具体要求。

2021 年 4 月 28 日，教育部办公厅发布针对义务教育阶段作业管理的专项文件《关于加强义务教育学校作业管理的通知》，从把握作业育人功能，严控书面作业总量，创新作业类型方式，提高作业设计质量，加强作业完成指导，认真批改反馈作业，不给家长布置作业，严禁校外培训作业等方面，全面系统地对作业的各个环节提出了具体意见和要求，该文件不仅是减负提质的政策要求，更是科学设计和实施作业的专业依据，要求我们在教学中，对作业要有严肃性、科学性、综合性和发展性。

2021 年 7 月，中共中央办公厅、国务院办公厅印发了《关于进一步减轻义务教育阶段学生作业负担和校外培训负担的意见》，文件强调，全面压减作业总量和时长，减轻学生过重作业负担。具体包括：健全作业管理机制，分类明确作业总量，要求初中书面作业平均完成时间不超过 90 分钟；提高作业设计质量，发挥作业诊断、巩固、学情分析等功能，要求系统设计符合年龄特点和学习规律、体现素质教育导向的基础性作业；鼓励布置分层、弹性和个性化作业，坚决克服机械、无效作业，杜绝重复性、惩罚性作业。

综上所述，国家教育政策文件对作业内容、作业难度、作业类型、作业时间等方面作了具体的规定，因此，科学有效落实语文作业，不仅是语文教学的有机组成部分，也是落实国家教育政策的需要。

二、提高学生核心素养的需要

《义务教育语文课程标准》（2022 版）中指出，义务教育语文课程培训的核心素养，是学生在积极的语文实践活动中积累、建构并在真实的语言运用情境中表现出来的，是文化自信、语言运用、思维能力和审美创造的综合体现。简单概括就是语言、思维、审美和文化，而这四方面素养的提升，不仅依靠课内，也要依靠课外，而落实语文作业，就是满足学生提高语文学科核心素养的需要。

（一）落实语文作业，促进语言的建构和运用

听说读写是语文教学的主要内容，而这些内容都离不开语言，语言的建构和运用是语文学科核心素养的基础，义务教育阶段语文教学包括识字教学、阅读教学、写作教学、口语交际和综合性学习五个领域，虽然每个领域的教学都有不同的目标和方式，但其基础都是语言的建构运用，识字写字是积累语言和建构语言，阅读是感知语言和提炼语言，写作是创造语言和运用语言，口语交际更是直接运用语言，因此，不论哪个领域的语文作业，不论是识字作业、阅读作业还是写作作业，都是建构、练习和运用语言的过程，学生在落实语文作业的过程中促进了语言建构和运用素养的提升。

为了加强语言的建构和运用，为了促进学生广泛阅读，开阔眼界，我在班内成立了"小小图书馆"，发动学生用自己的报纸、杂志充实图书馆，和其他同学交换阅读，互通有无，学生拿来了很多报纸、杂志，如《语文报》《语文周报》《读者》《青年文摘》等，让学生利用课余时间阅读。这类文摘性报纸杂志，已经由编辑精选过了，可以花较少的时间和精力，获得比较多的信息，适合学生在课余时间积累知识，建构语言。

（二）落实语文作业，促进思维的发展

孔子提出，"学而不思则罔，思而不学则殆"，强调思考的重要性，语文教学就是在引发学生思考的情境中，促进学生的思维发展。语文学科核心素养四个方面不是割裂独立存在，而是相辅相成的，其中，思维的发展和提升尤为关键，也就是通过语文学习，学生在发展语言文字运用能力的同时促进思维机制的发展，提高思辨能力，增强思维的严密性、深刻性和批判性。笔者在教学实践中，以问题为引领，不断促进学生思维的发展，在"老王"第一课时教学后，我给学生设计和布置的作业是这样的，"请有感

情地朗读课文，思考怎样理解'那是一个幸运的人对一个不幸者的愧怍'这句话？"以问题为导向，在引导学生探究和解决问题的过程中，提高学生的分析和表达能力，促进学生的思维发展。

在学习"奥斯维辛没有什么新闻"一课后，我给学生留了这样一个作业：罗森塔尔的报道《奥斯维辛没有什么新闻》获得了普利策新闻奖，普利策的颁奖词是"倘若一个国家是一条航行在大海上的船，新闻记者就是船头的守望者，他要在一望无际的海面上观察一切，审视海上的不测风云和浅滩暗礁，并及时发出警报。"奥斯维辛集中营已经解放 62 年了，罗森塔尔在生活中发现了哪些"不测风云和浅滩暗礁"，他想给我们的"警报"是什么？你能用例子来说明吗？

学生完成的作业非常精彩。有人拿出了 2005 年奥斯维辛集中营解放 60 周年之际，《新京报》的"奥斯维辛委员会集会，施罗德强调德国应负责"和《新民晚报》的"日本政界媒体避讳奥斯维辛，集体遗忘丑恶历史"两篇文章，对比了德日对于二战的不同态度，意在说明铭记历史的重要性。

很明显，学生在解答问题的过程中，促进了思维的发展。

（三）落实语文作业，促进审美创造

《义务教育语文课程标准》提出"培养学生高尚的道德情操和健康的审美情趣，形成正确的价值观和积极的人生态度"。审美创造作为学生必备的核心素养，强调语文教学要培养学生的审美能力，陶冶学生情感、净化学生心灵，促进学生完美人格的形成，促使学生全面健康地发展。语文作业的落实，就能很好地促进学生审美创造素养的提升。

"生活中不是缺少美，而是缺少发现美的眼睛。"语文是一门具有浓郁人文色彩的课程，优秀的作品包含深挚的情感色彩、丰富的思想内涵、广博的文史知识、深奥的人生哲理，语文不仅是求知的海洋，还是审美的世界。学生可以在完成语文作业的过程中，发现和欣赏语文所蕴含的各种美，提高艺术审美能力。

在学习"白杨礼赞"后，我给学生布置这样的作业，"请你找出你喜欢的描写白杨树的句子，并阐明理由"。学生通过作业，找出了描写白杨树外形的精美句子，并分析出了赞美白杨树挺拔向上的精神，"那是力争上游的一种树，笔直的干，笔直的枝""一丈以内绝无旁枝""丫枝一律向上""绝不旁逸斜出""参天耸立，不折不挠""白杨树，实在是不平凡的，我赞美白杨树"，进而产生对白杨树所象征的抗日战争时期中国共产党领导下的北方抗日军民的英雄气概和团结向上的崇高精神的敬仰。这样的作业，达到了鼓舞精神和陶冶情操的目标，也促进了审美鉴赏和创造素养的提升。

（四）落实语文作业，增进文化自信

《义务教育语文课程标准》（2022 版）指出，文化自信是指学生认同中华文化，对

中华文化的生命力有坚定的信心。通过语文学习，热爱国家通用语言文字，热爱中华文化，继承和弘扬中华优秀传统文化、革命文化、社会主义先进文化。不管是中华优秀传统文化，还是革命传统文化，都需要大量的积累，需要有广泛的阅读做支撑，正如"熟读唐诗三百首，不会作诗也会吟"。而这些，如果只依靠课堂教学完成是不现实的，因此，语文作业的落实，也能很好地帮助学生增进文化自信。

在阅读教学中，《义务教育语文课程标准》要求，欣赏文学作品，有自己的情感体验，初步领会作品的内涵。在名著阅读教学中，我们要求学生既要读进去、悟出来，还要写出来，只有把三者有机结合起来才是真正读懂、学懂名著，才能很好地理解和传承优秀文化。在指导学生学习《红岩》后，我给学生布置的作业是微写作，让学生试着去写一写，写出自己的认识和体会。"请写出你对江姐在受刑时说的话'竹签子是竹子做的，但是共产党员的意志是钢铁铸成的'的理解。""比较许云峰和华子良对敌人的斗争特点，分析他们采取不同斗争方式的原因，并写出你的启发。"通过微写作这样的作业，既可以使学生在思考问题时认真严谨，又训练了他们准确的表达能力，更提高了学生的文化理解能力，促进学生用自己的笔传承中华优秀传统文化，增进了文化自信。

三、诊断改进语文教学的需要

语文作业是语文教师依据教学整体设计布置给学生的课外学习任务，是课堂教学的延续。语文教师依据一定的目标，设计和布置形式多样的作业，而语文作业的完成情况，对诊断和改进语文教学意义重大，教师通过批改作业、统计分析和讲评辅导等活动，进而诊断和发现问题，促进教学改进。

（一）以基础性作业巩固教学目标的达成

基础性作业是指为了巩固教学效果，促进教学目标达成而布置的作业，其"基础性"主要表现在帮助学生掌握基础知识，提高基本技能，获得基本方法，体验基本情感等方面。基础性作业是语文课堂学习的延续，科学合理地设计和落实基础性作业，能很好促进教学目标的达成。

每一节语文课后，老师们总要布置和教学有关的作业，而这些作业，主要是基础性作业，包括识字写字练习、重点词语理解和应用、精彩文段的赏析、优美诗文的诵读和默写、练笔及作文等，我们通过基础性作业的落实来夯实学生的基础知识，提高学生听说读写的能力，进而巩固教学目标的达成。

（二）以实践性作业促进教学成果的转化

"学而时习之，不亦说乎"，其意是学习并且不断地实践，这是很高兴的事情，也就是强调学以致用，学生通过课堂教学和基础性作业的巩固，积累了知识和经验，而要把这些知识和经验转化成基本技能，达到熟练运用，就需要实践性作业来支撑。"纸上得来终觉浅，绝知此事要躬行"强调的就是实践的重要性，通过实践性作业，可以促进知识的转化和应用，把教学成果转化为学生的素养和能力。为了促进学生语文知识和技能的转化和应用，我坚持给学生布置实践性作业。每到节日，我会让学生搜集、整理或撰写对联；有重要活动，我会让学生观察、记录、撰写体会；学习诗词，我会让学生自选主题，仿写诗词，要求真情实感，达到学以致用的目的。

通过这样的训练与实践，学生的语言运用能力提高了。作为语文教师，我们布置作业要注意引导学生开阔视野，拓展应用范围，提高综合应用语文的能力。

（三）弹性作业解决教学中存在的差异性问题

弹性作业主要是指教师布置作业具有一定的灵活性，作业内容的确定、作业方式的选择、作业难度的把握都具有层次性和选择性，能够为不同层次的学生提供适合的作业。比如对于那些难度较大或在规定时间内确实难以完成的作业，可以允许基础较差的学生不必完成。弹性作业的落实，体现了以人为本的思想和现代教育"差异教育"的理念。

在识字教学中，我不以学生抄写多少字、抄写多少遍为要求，而是以会写多少字为要求，只要会写，学生可以抄一遍，抄两遍，也可以不抄写。古诗文背诵默写方面，我分层布置作业。第一层，全文背诵默写，并能概括文章主要内容和主题思想；第二层，背诵默写关键语段，能理解语段含义；第三层，背诵默写关键句子，主要是经典名句，并能理解意思。让学生根据自己的实际选择适合自己的作业，并鼓励学生尽可能选择高一层次的作业，达到"跳一跳，摘桃子"的目标。在写作教学中，要求写作能力强的学生必须达到符合题意、内容具体、中心明确、结构合理以及语言生动。而对写作能力较弱的学生，特别是惧怕写作文的学生，我只要求他们能合乎其中 2～3 项就行，循序渐进，逐步加强。

弹性作业的实施，落实了"因材施教"的原则，很好地解决了教学中存在的差异性问题。

作者单位：北京市房山区教师进修学校

注：本文系北京市教育科学"十四五"规划 2021 年度"双减"专项课题《"双减"背景下初中语文作业设计和实施研究》研究成果。课题编号：CDGB21505

发掘区域资源优势
开发党员教育现场教学课程的实践研究

秦海芸

党员教育培训是党的建设基础性经常性工作。加强党员教育，提升管党治党水平，是时代赋予基层党组织的新命题。面对教育系统党员教育内容单一、方式方法简单、教育效果不理想的现状，课题组通过文献研究、调查研究、行动研究，对教育系统党员教育现状、区域内教育资源现状、利用资源开发党员教育现场教学课程进行了深入研究，形成了党员教育现场教学课程资源选择的基本原则、利用区域资源进行现场教学课程开发的有效机制、利用区域资源进行现场教学的流程，开发了本区三个教学基地的现场教学课程。为教育党校发挥自身优势，加强党员教育的专业引领，提供了理论和实践的有益借鉴。

一、问题的提出

（一）开发现场教学课程是提升党员教育实效性的需要

党的十九大报告指出，"我们党面临的执政环境是复杂的，影响党的先进性、弱化党的纯洁性的因素也是复杂的，党内存在的思想不纯、组织不纯、作风不纯等突出问题尚未得到根本解决。"加强党员教育，提升管党治党水平，是时代对基层党组织提出的新命题，要求基层党组织必须肩负起直接教育党员、管理党员、监督党员的责任。但是，教育系统部分党务干部专业性不强，缺乏设计党员教育活动、开发党员教育课程的能力，造成党员教育思路不宽、方式单一、内容枯燥，缺乏针对性与吸引力。一些党组织对党员的教育管理不够严格和规范，造成部分党员学习意识不强、党员意识弱化、工作动力不足、发挥党员的先锋模范作用不够，影响着教育事业的发展。从实际出发，以现场教学课程开发有效促进教育系统党员教育工作，提升教育系统党员教育培训的水平，是当前教育党校要承担的历史责任。

（二）开发现场教学课程是破解党员教育现实问题的需要

区外的党员教育基地相对较远，一些党组织带领党员匆匆赶到教育基地，参观一下就草草收场，"流于形式""走马观花"的教育活动让效果大打折扣。利用区域资源，开展有深度的党员教育活动势在必行。房山区教育资源比较丰富，但很多红色教育基地缺少对资源的系统梳理、专业思考与构建，内涵挖掘不够，对党员教育培训未能发挥应有作用。借助教育党校专业优势，发掘本区教育资源，为教育系统更好开展党员教育培训提供支持势在必行。

（三）开发现场教学课程是落实党员轮训工作要求的需要

中共中央办公厅印发《2014—2018年全国党员教育培训工作规划》《2019—2023年全国党员教育培训工作规划》《中共中央关于加强和改进新形势下党校工作的意见》以及房山区委《关于进一步深入学习贯彻党的十九大精神，进一步加强和改进党员教育培训工作的通知》都要求深入开展党员进党校轮训，要创新优化党的理论教育和党性教育方式。我区教育系统有4000余名党员，分布在中、小、幼、职成和教辅单位的208个党组织中，而教育党校仅有5名干部、教师，面对全体党员开展轮训力量薄弱。开发现场教学基地的现场教学课程，可以为全系统党员教育提供场地和内容，为党员集中轮训创造条件，同时，培养壮大现场教学教师队伍，为党员大规模集中培训提供专业支持。因此，现场教学课程开发是现阶段解决党员集中轮训师资不足和课程不足的有效途径，是教育党校义不容辞的职责。

二、研究的过程与结果

（一）研究分析房山区党员教育资源的现状

1.区域内教育资源比较丰富

一是爱国主义教育资源比较丰富。2016年，房山区12家单位被确定为北京市"爱国主义教育基地"。二是革命传统教育资源丰富。有以平西抗日战争遗址为代表的平西抗日战争纪念馆、平西无名烈士陵园等。三是党性教育资源丰富。房山区是歌曲《没有共产党就没有新中国》的诞生地。四是经济建设中的典型示范基地比较丰富，以"红色背篓精神"为代表的各个时期劳模较多。课题组对爱国主义教育资源、革命传统教育资源、党性教育资源、经济建设和改革开放成就资源进行了分类整理，深入了解各资源单位的历史沿革、资源内容和现场教学开展的可行性，制作了《房山区教育资源统计表》，为开发现场教学课程、丰富党员教育课程资源奠定了基础。

2.区域内教育资源作用发挥不够

目前，教育基地的资源运用总体发展形势较好，但是，对标新时代党员教育培训的要求和党员、基层党组织的需求来看，教育基地还存在三点不足：一是管理维护不够，教学设备设施不完善；二是广泛宣传不够，用于党员教育和学生社会实践的较少；三是教育深度不够，绝大多数教育基地以参观讲解为主，靠一套讲解词来进行教学缺乏针对性，给人以启示与思考不够，导致一些教育基地对基层党组织的吸引力不够。课题组深感现场教学课程开发的紧迫性和必要性。

（二）确定党员教育现场教学课程开发的主题

1. 爱国爱党、不怕牺牲的抗战精神教育

课题组通过对教育系统党员队伍的调研，发现很多党员在中国革命史、党史知识上是缺失的，尤其是90后的年轻党员，对于革命先烈前仆后继、不怕牺牲的精神缺少真实的体验。他们对学生进行爱国主义教育、理想信念教育中引用的故事都来自教科书，身边的资源了解得很少，很难打动自己，教育学生时也缺乏底气和感染力。因此，爱党爱国、不怕牺牲的抗战精神教育刻不容缓。

2. 坚定理想信念、坚定"四个自信"的党性修养教育

坚定理想信念，对党员进行党性修养教育是时代的主题。调研中，课题组了解到很多基层党组织对党员有这方面的教育意识，但缺少有效的教育方法和生动的教育内容，致使教育未能真正入脑入心。党员教师不能深入理解，就达不到真懂、真信、真用，不能很好运用到课堂教学和教育活动之中。因此，坚定理想信念、坚定"四个自信"为主的党性教育必须加强。

3. 不忘初心、主动作为、开拓创新的时代精神教育

当前，全面深化教育领域综合改革正走向深水区和攻坚期，党员教师更需要攻坚克难、改革创新、一往无前取得胜利的精神，"不忘初心、牢记使命"主题教育也要求党员要学在深处，干在实处，走在前列。调研中，课题组了解到部分干部和党员教师缺少改革的魄力和动力，满足于按部就班，工作不能让学生和家长满意。因此，主动作为、开拓创新的时代精神教育是课程开发的重点。

（三）确定三个课程开发的现场教学基地

基于以上主题，确定了三个现场教学基地。以"爱党爱国、不怕牺牲"的抗战精神为教育主题的十渡平西抗日战争纪念馆。以"坚定理想信念、坚持'四个自信'"党性修养为教育主题的《没有共产党就没有新中国》词曲诞生地。以"不忘初心、主动作为、改革创新"时代精神为教育主题的阎村镇社区成人职业学校。

（四）聚焦主题进行现场教学课程开发的实践

课题组聚焦课程开发的主题，把着力点放在怎样提高党员教育实效性上，在课程开发中深入思考教学基地"选取什么资源教育""谁来教育""用什么形式进行教育""怎样有效实施"等问题，紧密结合教育系统党员的特点和教育重点开发现场教学课程，逐步厘清不同现场教学基地的"课程目标""课程内容""课程实施"。如课题组在对十渡平西抗日战争纪念馆进行现场教学课程开发中，重点思考的是怎样让党员体会到革命先烈为新中国成立作出的巨大牺牲，激发党员教师的责任感。在内容选取上，设立了陵园教学、展馆教学两个部分。在烈士陵园庄严肃穆的氛围中，由现场教学教师讲述革命先

烈视死如归、英勇斗争的故事，引领党员瞻仰烈士墓，给予他们心灵的洗礼和震撼。场馆教学让党员比较系统地了解中国共产党领导的平西抗日战争的斗争历史，加深对陵园教学的印象，体会房山红色革命根据地的光荣传统。

（五）现场教学取得了较好效果

1. 形成了党员教育现场教学课程群

通过课题组多次到场馆调研，挖掘一个个展品背后的故事，从中找到聚焦主题的教育元素，让课程立体多元起来。课题组开发出的三个教学基地的课程，包含了展馆教学、陵园教学、专题教学、旧址教学、红歌教学、观摩教学、视频教学、宣讲教学8种课程形式的10节课程，极大地丰富了党员教育的课程资源，扩大了房山红色资源与房山教育党校的影响力。

2. 培训了市区内一批党员、干部

从2018年5月至2019年底，课题组为北京市基教研中心党员、干部，石景山区教育工委书记班学员，海淀区教育党校的学员和系统内多家党组织进行了现场教学，600余名党员现场受到教育，辐射到80多个基层党组织。现场教学触及了他们的思想，强化了他们的党员意识，他们在各自的岗位上更好地发挥了先锋模范作用。

3. 锤炼了比较过硬的党校干部教师队伍

一是培养了课程开发能力。党校教师在课程开发过程中，深化了党建理论的学习，通过现场教学，他们的党性修养不断得到提升。二是锻炼了课程实施能力。党校教师在现场教学过程中，他们的表达能力、组织管理能力、课程推进的驾驭能力和掌控能力得到了极大提升，党校教师进行的各场教学均得到了党员、干部的高度评价。

三、研究的结论与反思

（一）研究的结论

1. 利用区域资源进行现场教学课程开发的理解

利用区域资源开发党员教育现场教学课程，是基于党员教育的需要，对区域资源进行系统设计、深入挖掘、整合利用的过程。要以"有固定的教学基地、有专业水准的师资群体、有丰富的教学课程、有完善科学的教学方案、有触动心灵的教育效果"作为开发目标。现场教学课程开发的工作主要包括课程主题和目标的确定、课程资源的选择与挖掘、现场教学的设计与实施、课程效果的评价与保障几个方面。选择资源单位是基础，党员的现场感受、实际体验是课程开发有效性的核心，现场教学基地的条件、授课教师的水平是现场教学效果的重要制约因素，良好的党建环境、适度的资金支持是现场教学课程实施的有力保障。

2. 党员教育现场教学课程资源选择的基本原则

包括政治性原则、针对性原则、实效性原则、辐射性原则和系统性原则。

3. 利用区域资源进行现场教学课程开发的有效机制

在开发层面，建立了行政推进机制、课程审核机制。课程开发由区委教育工委出面，与资源单位达成合作意向，赢得资源单位的大力支持，为课程深度开发创造条件。聘请党建专家、史学专家对课程进行审核，确保课程的科学性。

在课程实施层面，建立了党校教师和资源单位联动机制、监控矫正机制。根据课程实施的需要，选择党校教师、志愿者或资源单位讲解人员担任授课教师，发挥各自优势，谋求最好效果。课程实施中，党校教师对全过程进行观察和体验，及时补充完善和调整课程内容。

在课程总结和评价层面，建立了延伸活动机制、集体备课机制和评价反馈机制。现场教学活动后，指导各基层党组织开展后续的深化教育活动，让教育内容和效果得到固化。课程实施后，党校教师对课程开发和实施进行反思总结，集体教研，完善课程内容和流程。对党校教师组织学习活动情况和学员的参与情况进行评价，提高课程实施的效果。

4. 利用区域资源进行现场教学的流程

课题组总结归纳了利用区域资源进行现场教学课程开发的流程。（如下图所示）

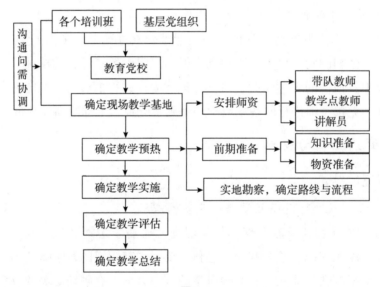

图1

（二）研究的反思

1. 选择与教学主题相呼应的教学资源

现场教学课程开发要围绕主题来实施，教学主题明确是课程开发的前提。教学主题不仅要结合时代对党员教育的要求、党员的现实问题来确定，还要使教学主题有足够的思考空间和讨论空间，具有理论价值和现实意义。之后是教学基地的选择，现场教学基地资源呈现的内容要有强烈的现场感，要具有显现的物质资源或者潜在的精神资源，有着独特的教育价值，有可看性和可学性。

2.把教学资源转化成教学课程

教学资源的精神层面表现出较强的抽象性，物质层面表现出较强的平面性和历史性，决定了教学资源本身不会自发地发挥教育作用。把教学资源转化成教学课程，需要理性开发，转型成为教学内容之后，教育的作用才会发生。一是对教学资源进行有效选取与提炼。针对教学基地的课程教学目标，选取可以转化的点状资源。二是把教学资源加工成讲解词、点评词等课程资源。一方面与现实结合，赋予新的时代内容，另一方面，在尊重历史的前提下，转换语言表达方式，使讲解生动化，寓理于史、寓理于情，能够用故事讲道理，用学术讲政治。

3.影响教学实施效果的三个要素

一是适宜的教学流程。包括沟通准备阶段、实施阶段和课后阶段，适宜的流程一定是教学效果的最佳、最安全的流程。二是良好的教学氛围。包括教学前的预热，情景的打造，严格的纪律以及教学中设计的互动交流，能够激发党员的学习兴趣，启迪党员的深刻思考。三是发挥主导作用的授课教师。教师要能够管理好党员，引导党员学习与思考，解答党员提出的问题，灵活机动地处理突发情况。

本课题实施两年来，取得了一些理论和实践效果，开发的现场教学课程越来越成熟，组织实施效果显著，得到了越来越多党员、干部的认可。后续，我们将继续深化课程开发，持续做好党员、干部的教育培训。

作者单位：北京市房山区教师进修学校

注：本文系北京市教育学会普教系统党建研究会党建课题成果。课题编号：18PJDJ0026

131

以"教研课程化"促历史学科建设

王　绯

2023 年区域学科建设进入攻坚年，研修课程建设作为学科建设中的重要一环，直接关系到学科建设的理念与目标能否在教学实践中精准落地。初中历史学科以课程的视角设计区域教研，问题导向，整体思考，系统构建，实践研究，建设素养导向下的历史研修课程体系，将研修活动课程化，实现研训一体，助力教师专业成长，提升学科育人质量，推进区域学科建设。

一、"教研课程化"的基本理解

"教研课程化"是指学科教研员基于教师发展需求，与教师合作开发的具有明确目标、适切内容、有序实施和恰当评价的教研活动课程行动，建立融"教、研、训"为一体的教研活动运行新机制。主要有四个基本要素：课程目标、课程内容、课程实施方式、课程评价。它的突出特点在于教研员与教师共同以学习者的身份出现，强调教研员与教师思想的不断"重构"，强调彼此间对课程各要素的协商，强调课程内容在研究过程中的建构性，强调课程的可选择性和实践性等。

显然"教研课程化"解决了传统教研中活动随意性大，内容缺乏系统性，教研员全程把控等问题。"教研课程化"帮助广大一线教师通过理论学习、案例研究、实践反思为一体的学习与实践过程，解决教学中存在的真问题，调动了学习内驱力，成为教研课程的建设者。对于教研员而言，需要在理论学习上先行一步，把深刻的教育理论内化到自己的学科知识和能力中，再简洁明了地应用到实践中，有助于促进教研员对问题进行系统的思考，在整体的视野中思考课程框架，规划教研活动。

二、"教研课程化"的体系构建

2022 年 4 月 21 日《义务教育课程方案和课程标准》颁布，明确指出，学科核心素养是学科育人价值的集中体现。核心素养连接了宏观的育人目标与微观的教学目标。因此，研修课程要深入学科的内核，挖掘学科的独特育人价值，在培育学生核心素养上聚力发力，房山区初中历史学科，以课程化的研究路径，建设素养导向下的研修课程。研发路径如图所示：

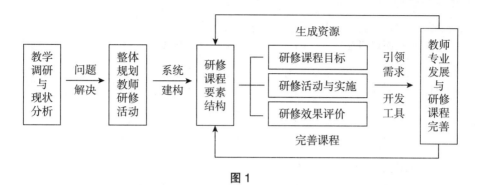

图1

从调研一线教学问题出发，通过对一线教师问卷调研及访谈，考试数据分析，视导听课，结合教研员的教研经验等途径，完成现状分析，聚焦问题本质，确定研修专题。之后依据每个研修专题系统设计课程目标、课程内容、活动方式、课程评价，形成中学历史学科研修课程。概括来说教研课程化的路径就是"需求问题化""问题专题化""专题课程化"。

下面以初中历史学科2022版新课标培训课程建设为例，呈现研修课程化的实践过程。

（一）需求问题化

2022年4月21日新课标颁布后，国家和市级层面开展系列培训，针对下一步的实施，区域教研部门在暑期展开调研，收集了教师在理解与实践新课标过程中的具体问题。集中在：如何提出学科大概念？如何确定"单元"？如何开展有效的学生活动？如何进行跨学科主题学习？如何调动学生学习的主动性？如何开展学业评价？如何设计学生作业？如何备考？如何落实核心素养……

这些问题看似庞杂分散，实则聚焦在"教—学—评"三个领域，分析原因，形成基于问题解决的新课标培训的相关研究问题。

表1　基于问题解决的相关研究问题

领域	教师提出问题	原因分析	问题提炼
教	★如何提出学科大概念？ ★如何确定"单元"？	教师在教学中只关注有哪些知识点、各知识点的具体内容是什么，而没有从知识的内在联系出发去思考为什么要融入这些知识点，没有理解教材编写意图，更没有从教材编写意图出发来确立教学立意，把握教学主题。	1.如何开展大概念主题下的单元教学？
学	★如何开展有效的学生活动？ ★如何进行跨学科主题学习？ ★如何调动学生学习的主动性？	把掌握知识作为衡量教学效果的唯一标准，以"历史线索和历史知识只有通过教师的讲授学生才能学会"这种传统观念下的自我认知作为教学指导。以学生为中心的课堂教学还有待建设。	2.如何开展跨学科主题学习？ 3.如何改进学习方式？

133

续表

领域	教师提出问题	原因分析	问题提炼
评	★如何开展学业评价？ ★如何设计学生作业？ ★如何备考？	对课标中"学业质量标准"理解不到位，缺少过程性评价的理念和方法，即时性评价的实践，利用信息技术手段进行评价的能力。	4.如何使用学业质量标准？

基于以上的调研分析，初步确定新课标培训研修课程围绕以下四个问题展开：

1. 大概念统摄下单元主题教学

在新课标理念的指导下，理解教材编写意图，重新认识"单元"。统编教材在编写的过程中，会根据学生学习的特点和知识之间的内在联系设置一些学习内容，这些内容往往与课程标准规定的学习内容不完全对应。同时在课堂教学中，还会遇到知识要点多、头绪较为繁杂、结构较为散乱的章节。如何有效地、恰当地处理这些内容？教师要在理解教材编写意图的基础上，凝练出单元大概念。

2. 跨学科主题学习

通过认真学习课标精神及相关理念，结合之前开展综合实践活动的经验，探索开展跨学科主题学习的路径，依据六大学习板块内容，从大概念的问题意识出发，提炼跨学科学习的主题，指导教师学会做跨学科学习的教学设计，并进行科学评价。

3. 探究性学习课堂

大概念单元主题教学是以主题为线索，主题亦可理解为一个需要探究的话题，因此整个教学是置于具体的情境之中，引领学生对知识技能的意义建构，以及技能的综合运用的实践体验，提高学生理解和运用知识和技能的能力和意识，在这样的探究过程中，打造以学生为中心的课堂，逐步培养学生的学科核心素养。

4. 学业标准评价

通过开展课堂教学实践，理解课程标准中的评价体系，解读内容要求、学业要求、教学提示，落实"学业标准"要求，明确规定学生达成"内容标准"时应具有的水平和程度，为备考指明方向。

以上问题均是从教学实际问题中筛选出来的，也是新课标中的关键问题，主导着教研的方向、价值、深度和效度。

（二）问题专题化

将调研问题设计成研修专题，从制订课程目标开始，然后筛选、整理和论证课程内容，最后编制理论和实践相衔接的课程方案，完成对新课标培训的系列设计。设计研修课程时，都要围绕课程目标、课程内容、课程实施、课程评价四个要素，科学规范设计研修课程方案。

表2　2022新课标培训研修课程方案

【课程目标】	1. 识新课标：明确课标功能，清晰课标结构，领会课标变化。 2. 解新课标：理解课程理念与设计思路，能够以核心素养为导向设计课程规划，展开学科教学。 3. 用好新课标： （1）新课标理念下统编教材重点问题分析。 （2）开展"大概念""大主题"的教学活动，打造"以学生为中心"的历史课堂。 （3）设计实施"跨学科主题"学习活动，培养学生跨学科思维和问题解决能力。 （4）以"学业质量标准"科学评定学生的学习效果，并以此调整和改进教学。				
【课程内容】	阶段	时间	主题	内容	所学课时
	第一阶段	2022年8月	理论指导	专题一：新课标解读	4课时
	第二阶段	2022年9月–11月	策略提炼	专题二：如何做课程规划？ 主题二：如何撰写教学目标？ 专题三：如何开展跨学科主题学习？ 专题四：如何开展"大概念"主题学习？ 专题五：如何用好学业质量评价标准？ 专题六：如何落实学科核心素养？	24课时
	第三阶段	2022年12月–2023年5月	实践研究	专题七：新课标理念下统编教材重难点问题教学实践 专题八：大概念主题教学课例展示 专题九：跨学科主题学习课例展示	16课时
	第四阶段	2023年6月–7月	成果转化	专题十：新课标学习成果展示交流（"文靖杯"教师基本功大赛）	12课时
【课程实施】	第一阶段	理论指导——专家引领式			
	第二阶段	策略提炼——主题研修式、混合研修式			
	第三阶段	实践研究——项目研究式、课例研磨式			
	第四阶段	成果转化——智慧众筹式			
【课程评价】	通过开展"文靖杯"教师基本功大赛检验教师运用新课标实施课程教学的能力。				

以解决教师实际问题为研修目标，将调研确定的四个问题作为新课标系列培训课程中的重要专题，通过"六式并举"的研修方式，结合教师参与的基本功大赛开展课程评价，形成新课标培训研修课程方案。

（三）专题课程化

"专题课程化"不仅是一种结果，更是一种动态过程。是教研员和教师共同建构研修课程的过程，也是双方在活动过程中共同创设的、鲜活的、过程性的、发展着的活动形态。

课程的实施效果与教师的参与程度密切相关，因此应加强课程实施质量的监控，及时了解学习进程中教师的收获与感受，对课程进行必要的调整，最终走向课程化。通过对教师的背景情况进行分析，可以看出教师们围绕新课标的培训既有共性研修需求，也存在个性需求。

表3　各类教师的研修需求

教师类别	优势	不足	待提升能力
青年教师	学历高，专业扎实，有学习力。热爱历史教师岗位，肯钻研，有奉献精神。精力充沛，全身心投身教学工作，没有家庭负担。	在本校没有同学科伙伴，缺少交流研讨氛围。对教材把握不够精准，缺少实践经验。组织教学能力欠缺，对学生的管理能力普遍较弱。	课堂教学实践能力
成熟教师	教学基本规范，对学科教学有自己初步的思考和想法。	教学风格和特色不突出。	学生发展指导能力
骨干教师	有一定的理论指导，有自己的教学风格和特色。	教育科研意识不够，辐射引领作用发挥不足。	教育科研能力

不断丰富、调整、改进新课标培训课程，除全体教师必须参与的必修课程外，生成青年教师、骨干教师、成熟教师、毕业年级教师等不同团体的选修课程。

表4　不同教师团体的选修课程

	研修内容	研修目标	参训人员
课堂教学研修课程	1.新课标关键问题解读	通过专题解读新课标中"大概念""跨学科主题学习""核心素养""学业质量评价"等关键问题，实践课堂教学，形成区域研修成果。	全体初高中历史教师必修
	2.新课标理念下统编教材关键问题研究	通过精细解读统编教材重难点问题，清晰教材编写意图，提升课堂教学有效性。	全体初高中历史教师必修
	3.中学历史课堂教与学方式研究	通过课例研究，探究历史课堂教学流程，梳理课堂教学结构，打造素养导向的课堂范例。	初高中青年历史教师选修

续表

初高中衔接研修课程	1. 初高中历史课程内容衔接研究	通过典型课例呈现初高中课程内容和学习方式衔接的研究成果，体现连续性和进阶性，形成可推广的初高中历史课堂教学结构。	苏万青工作室全体成员 初中基地校教师 初高中骨干教师选修
	2. 初高中历史课堂教学方式衔接研究		
中高考备考研修课程	1. 教学评一致性研究	通过教学评一致性研究，学会用评价结果发现教学中的问题，不断调整改进教学。	初高三毕业年级历史教师选修
	2. 基于数据的学习质量分析与对策		

在这套研修体系中，以解决教师实际问题为出发点，素养导向，包含课堂教学研究、学业评价研究、跨学科实践活动，以"研究＋实践＋反思"为路径，从课内到课外，从教师教学到学生学习再到学段的学业评价，完整构建起"教—学—评"一体的研修课程体系。既有全体教师参加的必修课程，也有针对个别群体的选修课程，呈现菜单式、可选择的特点，缩短了教师的成长周期。由此可见，教研课程化的体系构建是一个不断更新完善的动态过程，具有鲜明的建构性，课程内容是在研究的过程中逐步生成、丰富和完善起来的。

不同发展阶段的教师对教研活动有不同需求，如果一味不加选择，整齐划一地将教师集中起来进行培训，不易达到预期效果，教研课程化避免"一刀切"和"齐步走"，使起点、能力、需要各方面不同的教师有机会获得有针对性的提高，实现多元发展。实践证明，教研课程化的实施过程，也是不断完善课程建设，提高教师课程建设能力的过程。

三、"教研课程化"的价值意义

通过课程化的思路构建了科学完备的教研体系。如新课标培训课程体系中不仅包含了新课标理念下的课堂教学研究，还有初高中课程衔接的研究、中高考备考策略的研究。形成了涵盖学科内容培训、课堂教学研究、复习备考研究、学科资源建设、评价结果运用、学习策略指导的全方位立体化的课程体系，"教研课程化"为学科研修课程建设提供了方法与路径。

教研活动的价值在于成果的应用，要将成熟的、优秀的成果在区域内推广，扩大应用。"教研课程化"通过边实践、边研究、边应用、边改进的方式，丰富资源类别，将教研过程中以智慧众筹的方式生成的教学成果进行共享，使用过程中指导教师结合学情，精心筛选，适时运用，分类分层，持续优化。将其应用于教学实践当中，将教研实效最大化，丰富学科资源建设。

　　教研课程化实施过程中，立足教师发展，提升教师历史学科专业素养，推动历史教师高标准的专业追求。为每位中学历史教师搭建研讨、交流、实践、展示的平台，关注每位教师的个人发展，达到"激活个体，优化群体"的目的。同时加强教师间的切磋、互助、合作、分享，达到互相学习、彼此支持、共同成长的目的，促进教师专业成长，也形成奋发有为、研究创新的研修环境，建设了学科队伍与文化。

　　总之，"教研课程化"是课程改革的需要，是实现研训一体、教研转型的有效途径，更是推进学科建设的有力抓手。它提升了教研品质，进一步激发了广大教师主动参与课程改革和投身教研教学活动的热情，并有效指导我们进行实践研究，为教育质量的全面提升奠定了坚实的基础。

作者单位：北京市房山区教师进修学校

　　注：本文是北京市教育学会"十四五"教育科研课题《初中历史学科"区域教研课程化"的实践研究》研究成果。课题编号：FSYB2021-049

解决中学生阅读困难的策略研究

李永清

到中学语文课堂听课，经常发现有一部分学生在阅读文章时会比较吃力，很难流利地朗读文章或理解文章的大意，阅读能力明显落后于其他学生，这种情况称为阅读困难，它是一种最常见的学习困难。阅读困难，不仅使学生的语文学习成绩落后，而且严重影响其他学科的学习和终身学习能力的形成。为了解决中学生阅读困难，教师可以尝试采取如下三种策略。

一、概念图策略

概念图策略是将某一主题的有关概念置于圆圈或方框之中，用连线将相关概念和命题连接，连线上标明两个概念间的意义关系。概念图也叫结构图，是利用概念的上、下位关系和组合关系的层级排列帮助学生形成认知结构。结构图，能够直观地呈现概念与概念间的关系，帮助学生将读取的信息排列、组合到自己的结构框架中。这种排列组合的过程，就是阅读理解的过程，也是与原有的知识结构紧密联系，并将阅读材料所呈现的知识融会贯通，形成新的知识结构的过程。

概念图作为一种学习策略，用于文章阅读基本过程包括：写出文章主题；阅读文章，找出重点词、词组或中心句；解读文章，将核心概念、重点词或中心句、表示内容细节的词或词组分别列出，并根据自己的理解，以线连接，构建概念图。在学习一篇文章后所得到的方法，运用到另一篇文章或同类文章的阅读中去，探索出规律，就会解决学生对各类不同文体文章的阅读困难问题。

中学教师在运用此策略时，第一步，把所学课文或文章进行归类，同类的文章为一个单元，比如议论文单元，可以利用其中一篇文章内容，帮助学生绘制好概念图，并填写部分内容，留出空白，让学生边读文章边完成剩余部分的填写。第二步，只给学生一个空白的图示，让学生边阅读边填写。这个空白的结构图，是根据文章的结构层次绘制的，空白处要与文章信息能够一一对应，便于学生阅读时使用。第三步，完全放手，让学生自己阅读文章，制作结构图。学生绘制结构图、梳理文章核心概念和关键信息的过程，就是阅读学习的过程。

另外，教师要注意引导学生以阅读议论文单元为例，把阅读方法拓展到其他文体的阅读中去，举一反三，触类旁通，掌握阅读方法，形成阅读学习能力。

对学生来说，概念图能帮助他们整合新旧知识，建构知识网络，便于从整体上把握知识。同时，还可以根据不同文体的结构特点，通过构建文章的结构图式，获得一系列的认知技能，区分必要与多余的信息，找出主要概念，厘清观点间的逻辑关系。概念图策略能够提高学生的信息获取能力和阅读理解能力，从而达成学生有意义的学习。

二、阅读理解策略

阅读理解是学生学习知识、发展智力的基础和前提，同时也是信息传递的主要途径。中学语文阅读教学中，教师从识记和联想两方面入手，比较容易掌握阅读理解策略。

（一）识记

识记是记住阅读材料的有效方法。学生学习课文时，识记是基础，怎么在教学中培养学生的识记能力呢？比如，在语文课堂教学中，教师可以这样导入新课："今天我们学习毛泽东的《沁园春·长沙》，请同学们先听我把这首诗朗诵一遍，听的时候注意体会诗歌的内容及诗人的伟大情怀。""上课之前，先请大家欣赏一首委婉动听的歌曲，注意听它的歌词。"……这样导入新课，正是为了让学生明确课文的主要内容或感情基调，以引起学生的注意，而自然形成有目的的识记。这种识记有目的、有要求，可以促使学生大脑全力以赴地工作，脑细胞积极活跃起来。一般地说，目的越明确，要求越具体，记忆就越见效，识记就越成功。

（二）联想

学习的过程是一个不断获取新知识、发展强化能力的过程，而已有的旧知识和能力可以帮助和加速对新知识的获取以及更高级能力的形成。通过联想就可以架起头脑中原有信息库与新信息源之间的桥梁。语文是一门基础性和工具性很强的学科，这就决定了语文知识不仅相互间具有联系，而且与其他学科之间也有广泛的联系。因此在学习新知识、复习巩固旧知识的教学过程中，既要调动学生的学习积极性，又要拓宽知识面，以加深对知识的分析理解和总结掌握。如学习陆游"死去元知万事空，但悲不见九州同"的悲怆，联想到岳飞"踏破贺兰山缺"的豪气、文天祥"人生自古谁无死，留取丹心照汗青"的壮怀、屈原"余将董道而不豫兮"的人格。联想，既加深了对课文的认识和理解，又开阔了视野。学习韩愈的《师说》，由作者可以联想到唐宋八大家及他们的文风，联想到古文运动，进而联想到先秦散文的特点，帮助学生全面理解《师说》。这样以联想为纽带，记忆和学习相关知识，能够达到事半功倍的效果。

教师应用阅读理解策略时，需要注意根据学生实际情况，做好针对性指导。

1.指导学生进行阅读准备，包括选择适当文本、激发阅读动机和扫除阅读困难。扫除阅读困难主要是向学生提供相应的知识背景，帮助学生掌握生字的意义。

2. 对不同年龄和不同层次的学生进行不同的阅读策略指导，既要考虑其接受能力，又要考虑其不同阶段、不同层次的学习特点。如，对初中生可加强阅读学习需要、动机、兴趣、毅力、情绪的指导；对高中生则可侧重进行认知策略的指导。

3. 阅读困难学生的阅读策略与知识基础均明显低于优等生，而中等生主要是认知策略的掌握明显弱于优等生。因此，对阅读困难学生的策略指导应与知识的查漏补缺相结合，对中等生应着重加强认知策略的指导。

另外，运用该策略还要注意：所选文本的难度要根据学生阅读能力水平而定；问题设计也要注意适合不同层次学生阅读学习需要；关注师生、生生间的互动，注意激发学生的阅读兴趣与求知欲，促使他们积极思考，自主探究，亲身体验与感悟。长此以往，学生在阅读学习中学会了学习，在探索中学会了探索，在问题解决的实践中培养创新意识与实践能力。

三、分层评价策略

分层评价是在坚持承认阅读学习差异性的原则下，对不同阅读水平的学生进行不同层次的评价。分层评价策略真正关注了学生的个性化阅读及其阅读困难，这种评价多采取动态评价方式，更关注过程，强调形成性评价。其评价方式主要有：

（一）形成性评价

是对学生的学习过程进行的评价，旨在确认学生的潜力，改进和发展学生的学习。主要任务是对学生日常学习过程中的表现、所取得的成绩以及所反映出的情感、态度、策略、方法等方面的发展作出评价。中学语文教师要善于利用评价的激励功能，结合评价结果跟学生加强沟通与交流，肯定学生的成绩并帮助学生总结与提高。此外，教师要打破单一的评价方式，实施多元化评价，让学生都参与到教学评价中，把自评、互评、组评与教师评价相结合。这种评价过程能够激励学生进步，帮助学生有效调控自己的学习过程，使学生获得成就感，增强自信心，培养合作精神。

（二）分层次评价

是建立在尊重学生发展差异性基础上的，使学生获得不同层次发展的个性评价方法，这种评价方法更注重学生阅读能力发展的过程，更关注学生的发展状况，更加关注每一个学生，尤其是阅读困难学生。如，针对中学生阅读能力的差异，可以采取分层教学，这是分层评价的基础。对不同层次的学生分别提出不同的阅读目标要求。对阅读困难的学生，主要培养他们的意志和自信，使他们逐渐养成主动阅读的习惯，以达到爱阅读的目的。对中等阅读能力的学生主要是培养他们质疑、讨论的习惯，促进这部分学生的阅读能力向更高目标迈进。对阅读能力较高的学生，主要是要求他们严谨治学的态度，要求他们善于自学，不断拓宽学习思路。

　　分层评价的目的是将学生阅读学习的目标定在他的"最近发展区"，促使学生阅读能力不断在原有水平上逐步提高。阅读学习效果的评价主体首先是学生自己。教师在使用分层评价策略时，需要注意：第一，评价是一种手段而非目的，是一种个人阅读学习的自我检测、自我激励的过程，老师、同学的评价也是为了帮助学生认识现实的自我，解决阅读困难，明确努力的方向；第二，分层评价，以学生现实阅读水平为依据，不以学业成绩为唯一的评价尺度，注重开发学生情感、态度、价值观等多方面的潜能，关注学生在阅读学习上的个体差异与发展需求，因人而异，使阅读困难学生也能获得成功的体验，从而树立自尊，找回自信，促进人格的健康发展。

　　解决学生阅读困难，提高中学生阅读能力，不是一种教学策略能够解决的问题。教师在具体的教学实践中，要根据学生年龄特点、认知规律，采取有针对性的策略，引导学生投入阅读实践，才能促进每一个学生的阅读能力在原有基础上得到不同程度的发展。

作者单位：北京市房山区教师进修学校

　　注：本文系北京市教育科学规划一般课题《中小学生阅读障碍及矫治策略研究》课题成果。课题编号：DBB10061

基于课程思维的单元整体教学设计

——以统编教材五年级上册第六单元为例

刘冬辉

《义务教育语文课程标准（2022年版）》指出，"义务教育语文课程结构遵循学生身心发展规律和核心素养形成的内在逻辑，以生活为基础，以语文实践活动为主线，以学习主题为引领，以学习任务为载体，整合学习内容、情境、方法和资源等要素，设计语文学习任务群。"单元整体教学是大任务统领下的单元教学，是以真实情境中的任务整合主题内容、学习情境、学习方法等多种元素进行的单元学习，是目标、任务、情境、内容、学习方式、评价多种元素的整合，与学习任务群的教学形态非常契合。因此基于课程思维设计单元大任务，统领单元学习内容，统筹整合单元各个元素，发挥单元整体优势，以语文核心素养为纲，以学生的学习为主线，以学习任务为载体设计语文实践活动，是落实《义务教育语文课程标准（2022年版）》要求的有效途径。

一、基于学习任务群的单元整体解读

统编语文教材遵循语文学科自身规律，采用人文主题和语文要素双线组织单元，将语文知识的学习、语文能力的发展和语文核心素养的提升融为一体，为学习任务的确定提供了良好的基础。语文学习任务群的核心词"学习任务"，与统编版教材单元整体的学习任务，从根本上来讲是一致的，都是具体的课程目标导向的学习任务。将教材单元置身于学习任务群的视野下进行单元整体解读更有利于教师从知识本位向素养本位转变，倒逼教师改变教学方式；也更有利于发现单元内各个板块以及语文要素之间的关联性，对单元课程进行溯源性思考。

统编版五年级上册第六单元由梁晓声的《慈母情深》、吴冠中的《父爱之舟》、巴德·舒尔伯格的《"精彩极了"和"糟糕透了"》三篇文章组成，"口语交际"的话题是"父母之爱"，习作是用恰当的语言以书信的方式向倾诉对象表达自己的心声。

从单元选文看，该单元课程内容属于"文学阅读与创意表达学习任务群"。该任务群在第三学段提出如下学习内容："阅读表现人与社会的优秀文学作品，走进广阔的文学艺术世界，学习品味作品语言、欣赏艺术形象，复述印象深刻的故事情节，积累多样的情感体验，学习联想与想象，尝试富有创意地表达。"学习任务群是语文要素所指向的学习目标得到落实的内容载体，为教师在教材的创造性使用上提供了更清晰的思路。学习任务群强调任务情境的学习意义，我们以本单元人文主题为基础，以语文要素的落实为目标进行主题任务的开发和设计。

五年级上册第六单元以"舐犊之情"为主题，语文要素的落实要在阅读的过程中经历"从场景和细节描写中体会思想感情—读懂场景、细节描写与人物的关系—推测人物内心的想法和情感态度—用恰当的语言表达自己情感"的过程。这与该任务群要求的品味语言、体验情感、创意表达不谋而合，为了使学习更加贴合学生真实的生活体验，我们围绕学习主题创设"忆场景、诉真情"的任务情境，精心设计学习任务，将读写实践与学生生活紧密融合，在主题情境中，开展文学阅读和创意表达活动。

二、基于大概念的单元目标制定

大概念是反映专家思维方式的概念、观点或论题，它具有生活价值。以大概念为核心目标的教学，必须从知识和技能层面达到需要和值得学生"持久理解"的深度，也就是直指学科本质、核心内容和认知观念。这一点在埃里克森和兰宁博士的"概念为本"体系中有十分清晰的论证，他们指出，要从主题内的"双基"之上提炼出概念，形成概括，即概念性理解。

五年级上册第六单元的各部分内容形成一个完整的系统。一方面指向人文主题"舐犊情深"。《慈母情深》等三篇课文，分别写了无私的母爱、深沉的父爱，以及父母对孩子不同的爱的方式，通过口语交际和习作进行表达倾诉，展现了父母与孩子之间的点点滴滴，字里行间蕴含着真挚的情感。另一方面指向单元语文要素中两个关键词"场景和细节"。《慈母情深》《父爱之舟》这两篇课文都是通过场景和细节表达情感的，都要求学生品读作品中描写场景、细节的语言，想象画面深入体会作者情感。《"精彩极了"和"糟糕透了"》也是学生真实场景的生活再现。教材课后习题指向对场景和细节的理解运用，交流平台总结了品读印象深刻的场景和细节体会作者情感的方法，词句段运用的第二题要求学生在体会情感的基础上进一步了解场景描写的作用。通过对这个单元共性内容的整合梳理提炼，我们不难发现本单元需要学生持续理解的大概念。一是感恩父母，感受父母不同方式的爱。二是品读场景、细节，可以帮助我们体会作者的思想感情。

埃里克森和兰宁根据双结构提出了 KUD 的目标设计模式，我们结合学情、大概念和过程的结构分析，制定本单元的学习目标。

学生将知道（K）：

1. 什么是场景、细节描写。

2. 场景细节描写中往往蕴含着作者的情感。

3. 不同的父母爱孩子的方式不同。

4. 认识 31 个生字，会写 28 个字和 39 个词语。

学生将理解（U）：

1. 生活中平淡的小事也蕴含着父母之爱。

2. 阅读时，品味印象深刻的场景、细节，可以帮助我们更深入地把握内容，更细致地体会蕴含在其中的人物情感。

学生将能做（D）：

1. 联系自己的生活体验，感受父母对子女的真挚情感，产生感恩之心。

2. 能边读边想象描写的场景、细节，体会字里行间蕴含的父母之爱，并了解场景描写的作用。

3. 对父母之爱有自己的理解，在与别人交流时能尊重别人的观点，回应时能选择恰当的材料支持自己的观点。

4. 能围绕表达主题确定倾诉对象和内容，借助触动情感的场景或细节的描写用恰当的语言表达自己的内心，并乐于与大家分享、交流自己的习作。

三、基于理解的教学设计思路

要真正落实单元学习目标，并促成学生从元认知上理解目标，就要努力通过学习任务的设计和实施，来帮助学生形成概念性理解，单元整体教学正是实现这一目标的有效途径。

五年级上册第六单元大概念所对应的核心问题是：场景细节是如何表现人物情感的？要完成这一核心任务并达成概念性理解，我们将核心任务"忆场景、诉真情"分解成"知场景见深情、品语言悟深情、用语言诉深情"三个子任务。

任务一：知场景见深情

（一）整体感知课文

1. 默读三篇课文，质疑解疑，梳理问题。

2. 小组合作，运用多种方式解决疑问，把握课文内容。

（二）初步感受场景的作用

1. 观看电影场景片段。

2. 交流观后感受。

（三）摘录文中场景描写

1. 默读三篇课文，小组合作填写导学单。

课文题目	课文中的场景（简写）	你感受到的母亲／父亲形象
《慈母情深》		
《父爱之舟》		
《"精彩极了"和"糟糕透了"》		

2.结合文中的场景描写，和同学交流自己的感受。

（四）摘取文中细节描写的句子，揣摩作者心理变化

课题	《慈母情深》	《父爱之舟》	《"精彩极了"和"糟糕透了"》
细节描写摘抄			
揣摩作者心理感受			
互补反馈			

任务二：品语言悟深情

（一）回顾课文主要内容

（二）梳理可拍的场景

1.如果把《慈母情深》拍成一部电影，你会选择哪些场景拍摄？

我想拍……	场景一	场景二	场景三	……
我想拍的场景				

2.全班交流：你想拍摄哪些场景？为什么会选择这样的场景进行拍摄？

（三）抓住细节，感悟深情

1.为了能够让观众更深刻地感受到"慈母情深"，你在拍摄这些场景时会突出哪些细节？

我想拍……	场景一	场景二	场景三	……
我想拍的场景				
我要突出的细节				
如何呈现				

2.交流体会文中反复出现的词语表达的效果。

3.结合刚刚"拍摄"的场景和细节，说一说为什么"我"拿到钱时会"鼻子一酸"？

4.回忆如何将《慈母情深》拍摄成画面的。

5.用同样的方式将《父爱之舟》《"精彩极了"和"糟糕透了"》用镜头呈现。

（四）丰富场景

1.结合三篇课文的内容，发挥想象，补充合理的场景、细节。

2.选取《父爱之舟》中的一个场景，集体交流。

（1）选取"父亲给我买枇杷吃"这个场景，阅读想象：作者看到父母半夜起来忙碌，会是什么样子？会想什么？当父亲给作者买枇杷吃的时候，他们会有怎样的对话？

（2）集体交流新加入的场景如何用镜头呈现出来。

3.选取一个场景进行丰富，小组交流丰富后的场景及呈现方式。

4.将其中一个丰富后的场景用文字记录下来。

任务三：用语言诉深情

（一）口语交际

1.回忆课文，想想父母对巴迪的诗为什么会有不同的看法。

2.思考：巴迪长大后，又是如何看待这件事的？

3.联系生活情境，说说你如何看待父母表达爱的方式。

（二）深情表达

1.确定倾诉对象，选择印象深刻的事，迁移运用"场景细节描写的方法"，用书信的形式倾诉自己的情感。

2.按要求修改习作，并主动与他人交流修改意见。

3.全班展示交流。

四、基于真实表现的学习评价设计

威金斯等人认为"如果学生的目标是学习基本事实和技能，那么书面测试和随堂测验一般就能提供充分有效的评估措施。然而，当学生的目标是深层理解时，我们需要凭借学生更复杂的表现来判断我们的目标是否已经达到。"这就是我们常说的真实表现性评价。

五年级上册第六单元围绕三个学习任务的落实进行全程评价，帮助学生在具体的语言实践活动中，对照、反思、改进自己的学习行为，促进学生实现高质量的、有效的学习。

"忆场景、诉真情"任务群评价要求

学习任务	学习要求
知场景见深情	1.读懂课文，用比较简练的语言概括课文的主要内容。 2.摘录文中的场景、细节描写，表达自己的阅读感受。
品语言悟深情	1.梳理课文中可拍摄的场景细节，并说明理由。 2.结合课文中的场景、细节描写表达体会到的作者的深情。 3.发挥想象，合理补充场景中的细节并用文字记录下来。
用语言诉深情	1.能在和别人的交流中围绕话题有理有据地表达观点，恰当应对。 2.能恰当地运用场景、细节描写表达自己的真实情感。

　　用课程思维的理念进行单元整体教学的顶层设计、系统建设、统筹实施，能够促使教学活动形成有机的、动态互动的机制，有利于破除基于知识点和课时的碎片化教学设计，在单元内部建立有意义的联结。

作者单位：北京市房山区教师进修学校

　　注：本文系中国教育学会教育科研规划重点课题《教育模式创新的实践与研究》子课题《核心素养导向下小学语文单元整体教学实践研究》成果。课题编号：JYXH1023303858

基于传承的农村幼儿园生活化主题
课程研究的实践初探

黄　丽

中国幼教之父，著名教育家陈鹤琴提出了"活"教育理论，他指出"大自然、大社会都是活教材"。幼儿教育就是要引导幼儿在丰富的自然资源、人文生活中学习，在文化学习中会生活。目前幼儿园的课程大多数是以主题活动的形式呈现的，这也是一种以幼儿的生活为基础的活动性课程。为了促进房山区幼儿园主题课程贯彻生活化原则，把富有教育价值的传统文化内容纳入课程中，让幼儿在生活的实践、参与、体验中学习和发展，我们站在全区学前教研的视角上，结合区域实际情况，初步培养幼儿地方传统文化的亲切感与感受性，在幼儿园中开展让幼儿接触地域传统文化形态、文化内容、文化观念、文化符号等传统文化教育活动，增强让幼儿爱家乡、懂文化的教育研究，确立了开展基于传承的生活化主题课程探索与实践研究，并申报了北京市教育科学规划课题一般课题《基于传承的幼儿园生活化主题课程的探索与实践研究》（课题编号CDIB17366），针对区域内的幼儿园传统文化传承的生活化课程进行专门研究。

一、研究问题的提出

著名教育家陶行知曾提出"生活即教育，一日生活皆课程"，在幼儿园中，我们倡导的生活化课程，就是把幼儿的一日生活各个环节都赋予教育意义，做到生活教育化、教育生活化。《基于传承的幼儿园生活化主题课程的探索与实践研究》重点就是要在研究中，尝试通过挖掘筛选地域文化资源，形成园本教育课程，有机地将适宜幼儿年龄特点的传统文化教育内容融入幼儿的一日生活，将传统文化内容以主题活动的形式呈现，尊重幼儿的学习兴趣与需要，让内容源自幼儿生活，课程设计生活化，贴近幼儿的年龄特点，自然而然地让幼儿在生活中学习。在研究中引领园所干部教师树立生活化课程理念，树立正确的儿童观、教育观，解决干部教师在儿童观、教育观上存在的误区，在专业上不断提升，从而推动园所质量提高。

二、研究中的内容探索

（一）引民间游戏到户外活动，为强身健体赋予文化内涵

通过本课题研究，使民间体育游戏得到进一步的继承、探索和创新。让幼儿在参与民间体育游戏的过程中，发展兴趣，锻炼体能，提高身体素质。主要途径是按照幼儿园所处的位置去挖掘利用当地的民间游戏资源，丰富幼儿阳光体育活动的内容，继承和发展民间传统文化。在研究中甄选适合本地区的民间体育游戏，结合幼儿的年龄特点，从游戏的分类、传承（整理具体游戏的名称、目标、材料、玩法、作用等）、创新（结合地域特征、时代发展特征，创新游戏名称、规则、材料等，使之更加适合本地区幼儿使用）等方面进行研究探索。使适合幼儿发展的传统的民间游戏得到传承和发扬，让幼儿能够享受到运动的快乐，使幼儿的各项能力得到发展，同时感受到文化的内涵，在游戏中不断传承文化。

通过民间体育游戏的实践，使幼儿的身体各项机能得到充分锻炼，真正提高幼儿的身体素质。提高对外界环境的适应能力。促进竞争、合作、交往、创新等多项能力的发展。在民间体育游戏的实践过程中，结合幼儿的年龄特点尝试创新，激发幼儿对体育活动的兴趣，真正让孩子在民间体育游戏中体验活动的快乐。

（二）融农耕文化进主题活动，在实践操作中注入文化内涵

《北京市幼儿园教育指导纲要实施细则（试行）》中指出，"环境是重要的教育资源，应通过环境的创设和利用，有效地促进幼儿的发展"。环境是幼儿的好朋友，在潜移默化中影响着孩子的发展。我们和幼儿一起探讨并创设我们的班级环境。

我区绝大多数的幼儿园地处农村，大部分的幼儿都来自农村。随着时代的变迁，虽然地处农村，越来越多的幼儿对于二十四节气和一年四季与生产生活的变化的感知越来越少。作为农业大国，农耕文化的传承对于我们整个民族的发展都具有重要意义，因此，我们利用区域特点，结合二十四节气与季节的交替变化，引导不同年龄段的幼儿的探索学习。带领幼儿走出课堂、走进自然、开发利用周边资源，开展外出实践活动，让幼儿在实践活动中萌发爱家乡情感，感受家乡的变化；了解节气与家乡饮食、旅游、风俗等内容。如佛子庄乡中心幼儿园结合当地龙神庙与山区资源，开展"小农民四季生活""家乡风俗"等课程，在活动中开阔幼儿的视野，注重传统文化、地域资源文化在游戏中对幼儿的渗透，同时培养他们互助、友爱、主动与人交往、坚强自信、不怕困难等良好品质。

（三）引文化资源进园本课程，拓学习感知的文化场所

研究中，重点围绕地域性传统文化内容，以挖掘、开发和利用乡土资源为出发点，广泛开辟活动途径，把幼儿园教育活动与农村的社区资源和家庭有机结合起来，形成

"三位一体"的实践活动体系，形成丰富的具有一定文化特色的园本课程。如韩村河镇中心幼儿园地处该镇域内的森林公园旁边，利用丰富的林木资源开展结合节气变化、利用自然的四季课程；大石窝镇中心园结合地域文化资源，开展剪纸、大理石文化特色课程；周口店镇中心幼儿园结合传统民间游戏开展特色户外体育游戏课程；佛子庄乡中心幼儿园结合当地龙神庙与山区资源，开展龙神庙庙会课程等，均发挥了当地的人文、自然资源优势，发挥"三位一体"的作用。

三、该研究所取得的有益经验

相对于幼儿的年龄特点与学习经验，传统文化的内容与幼儿生活之间的距离是比较大的，作为一种文化的传承，让传统文化的内容自然而然地融入幼儿的生活中，就需要幼儿园贯彻生活教育理念时围绕幼儿的年龄特点、学习兴趣与生活经验等，精心打造幼儿园的文化主线。

（一）精心设计，传承文化的生活化课程落地要聚焦于幼儿的兴趣需要

以传承农耕文化的四季课程为例，幼儿园将二十四节气相关的吃、穿、玩、风俗、种植养殖等内容，作了时间线的划分，筛选适宜幼儿的文化内容，编辑园本课程。从立春开始，引导幼儿观察天气、人文、环境的变化，从春天播种到秋天收获，从制作放飞的风筝到迎新年的剪纸活动，设计成符合幼儿年龄特点、能力特点的主题文化课程，贯穿于幼儿在园的每一天。其中，包括幼儿寒暑假家园合作的学习、观察、实践的内容，课程当中都有所设计。这样的精心设计，将学习内容与幼儿的真实生活有机结合，以主题活动的形式综合五大领域教育目标，与《纲要》《指南》的教育目标、要求一致，尊重幼儿的学习兴趣，同时有效地利用幼儿园的家庭、社区文化资源，让传统文化学习内容贴近幼儿的生活，贴近幼儿的实际兴趣需要，在此前提下，幼儿能够在真实的生活中感知传统文化的内容，在日常生活中习得相关学习经验，并在过程中感受着文化的传承。

（二）精心研磨，传承文化的生活化课程要促进教师的专业成长

在研究过程中，我们组织核心团队成员研究生活化课程建设的相关要求、任务指标，梳理研究思路，在落地课程的过程中助推提升教师的课程意识与专业能力。一是引领教师建构科学的儿童观。借助区域内的五大领域骨干教师培训项目、指南研究共同体学习团队等资源，组织各园教师聆听专家讲座，对儿童观的丰富内涵有基本的认知。并在学习研究中组织各园教师分层进行研讨，结合教育实践对接学习内容，在智慧的碰撞中让教师们对真正的儿童、儿童该有的学习形象等有了正确认知。二是引导教师对教育生态进行研讨思考。在研究实践中，通过走进一个个真实的教育环节、教育主题，和老师们展开讨论：教育该有的真实的生活状态是怎样的？教育该有的生命状态是怎样的？

师幼在教育、生活中的关系样态是怎样的？了解幼儿入园后的需要、困难、困惑是什么等，在体验式换位的思考中，引领教师更加全面、真实地看待教育中的关系与生态，聚焦于教师对自己教育行为策略的反观、反思与提高。

（三）精心打造，传承文化的生活化课程要推动园所内涵发展

我们致力于以教研推动发展，以科研引领前行的理念，在课题研究中带动参与园所的干部教师心系发展，立足符合园所实际的课程内容框架的设计，将园所教育质量的提高融于课程的建设执行当中。研究过程中重视各园课程方案是否聚焦幼儿的全面发展，是否符合幼儿园的实际状况，是否符合幼儿园的干部、教师专业发展需求，杜绝顾此失彼的短视课程内容，更加注重研究中各园的各层级教师所获得的实际发展，比如对于新任教师是否具有指引作用，对于骨干教师是否有独立设计空间等。强化每一个教育内容都要服务于幼儿实际发展，聚焦幼儿当下的生活、学习经验，考虑环境对于幼儿发展的影响作用等，引领教师观察、学习回应幼儿的学习需要，引导幼儿形成有益的学习、生活经验等。重视家园、社区合作的效益，在传统文化资源挖掘中重视家长、家庭的参与，让幼儿的文化经验是完整的、一致的。这样的生活化课程研究过程，就是一个园所内涵质量提高的发展过程，使课程的打造研究真正服务于推动园所内涵发展。

按照既定研究的部署，课题《基于传承的幼儿园生活化主题课程的探索与实践研究》已经接近尾声。该课题研究对于房山区学前课程建设有一定的借鉴经验。随着房山区学前事业的跨越式发展，我们能够看到这个研究中所取得经验只是未来研究路上的一块铺路石，我们的课程研究工作永远在路上，还有太多内容需要我们潜心去学习钻研，唯有此，才能更好地推进区域内学前教育质量的不断提高，让更多的幼儿在优质的学前教育课程中受益。

作者单位：北京市房山区教师进修学校

注：本文系北京市教育科学规划课题一般课题《基于传承的幼儿园生活化主题课程的探索与实践研究》成果。课题编号：CDIB17366

第三章　躬耕实践

走向课改深处的校本课程开发

周长凤

自从 2001 年国家实施三级课程管理以来，校本课程就如"雨后春笋"般在中小学"疯狂"地生长，不仅拓宽了学生的视野，满足了学生的多元发展需求，而且提升了教师的课程开发能力，促进了学校的特色发展，取得了很好的成效。但与此同时，也出现了一些"课程乱象"，如课程泛化问题、重复或者散点式开发问题、重开发轻实施问题等。那么，在新一轮中高考改革和课程改革背景下，校本课程开发如何走向深处呢？

一、注重价值判断

价值判断（value judgement），即关于价值的判断，是指"某一特定的主体对特定的客体有无价值、有什么价值、有多大价值的判断"。在学习无处不在，课程资源遍地的这样一个时代，学校对最应该开发什么课程，需要作出一个价值判断。

（一）确保课程的意识形态安全

学校的根本任务是立德树人，是培养社会主义的合格建设者和可靠接班人。课程是教育目标和教育思想的核心载体，所以，课程开发的第一要义就是要确保课程方向正确，符合当今社会主流价值观，不能出现触碰红线和底线的课程内容。尤其是在国防教育、国际理解教育、民族团结教育、宗教教育等人文社会方面，更应该谨慎开发，一定确保课程的意识形态安全。

（二）对拟开发课程作出价值判断

任何一门课程或多或少都有其一定的价值，但价值有大有小。由于学生在校的时间和精力都是有限的，学校一定要将对学生发展最有价值的内容以课程的形式开发出来，即将它们开发为校本课程，其他内容则可通过活动、社团、资源、环境等形式呈现，同样可以起到育人的作用。因为课程是学校教育的核心载体，但不是唯一载体。

目前，有一些学校将一切有利于学生发展的内容都开发成了课程，如大课间、运动会、团支部、入队等，这样做不但给教师增加了一些不必要的负担，而且导致学校课程体系臃肿，冲淡了核心课程的实施。持这种做法的学校混淆了广义课程和狭义课程的区别，广义的课程是指一切对学生发展有利的内容或活动，基本等同于教育内容，这种无边界的课程（或者什么都是课程）很难在实践中操作，也体现不出课程的专业性；狭义

155

的课程主要是指专业意义上的课程，按照课程的基本要素，开发编制而成的课程，我们通常意义上的课程建设主要指狭义上的课程。

目前，对学校来说，最大的挑战是根据学生发展需求和学校内涵发展，决定哪些内容适合开发为课程，哪些内容适合以活动或资源形式呈现，哪些内容可以渗透在校园文化或环境中，需要学校作出一个合理的价值判断。

二、注重集约开发

校本课程弥补国家课程和地方课程的不足，并与它们形成一个相辅相成的关系，共同作用于学生的发展。所以，校本课程开发一定要避免盲目性、随意性和散点式，力求做到系统设计，整合开发。

（一）系统设计

学校教育不同于社会教育和家庭教育，它需要有目的、有计划地规划与设计。学校开发什么样的校本课程、开发多少门校本课程，需要在国家课程充分实施的基础上，调研学生发展需求、校内外可以利用的资源、师资力量等，进行校本课程的整体规划和系统设计，保证校本课程按照有利于学生发展、教师发展和学校发展的方向开发与实施，同时避免与国家课程、地方课程的交叉与重复。

（二）整合开发

目前，一些学校的校本课程还处于比较散乱的状态，有点各自为政。例如某校同时开发了青春期课程、疾病预防课程、安全课程等，其实完全可以将这三门课程整合为一门课程——生命教育课程，这样的课程做起来会更加丰满或厚重；还有的学校分别开发了节日课程、剪纸课程、礼仪课程、孝亲课程等，其实这些课程更适合整合为传统文化课程，当站在传统文化的高度来开发这些课程的时候，课程视野会更加开阔，内容会更加丰富。还有的学校采取一门国家课程加一门校本课程的方式，形成"语文＋阅读与演讲、数学＋理财、英语＋英语剧场、音乐基础＋校园舞、体育基础＋毽球、美术基础＋版画、科学＋酵素"等课程，将校本课程植入国家课程，坚持"以少胜多"的课程哲学，抓住基础性学科最关键的部分，对其拓展和研发。

关于校本课程整合开发的例子，房山区也有值得借鉴的案例，如房山中学将云峰讲堂、云峰秀、和美讲堂、人文游学等课程整合为"云峰课程"，将宏志达人讲堂、宏志素养课程、公益服务课程等整合为"宏志课程"。校本课程不在多，而在是否厚重，是否丰满，是否对学生的发展形成合力。

当校本课程经过了轰轰烈烈的"加法"之后，学校需要静下心来，学做"减法"——开启校本课程"薄"工程——实现课程的提炼"归一"。让价值追求从散乱走向集约，从单一内容走向联动整合，从碎片化教学走向整体化育人，借助个体的丰富积累和团队的智慧合作，将课程凝练，将课程体系变"薄"。

三、注重课程品质

课程改革运行到现在，校本课程的开发已经渐渐从过去对数量的关注转向对课程品质的追求。课程品质既包括课程内容的品质，也包括课程实施的品质。

（一）课程内容

首先，课程内容的选择要避免与国家课程和地方课程的交叉重复，如有的学校开发了地域文化类课程，其实里面很多内容都是与区地方课程重复的；有的学校开发了安全课程、国防教育课程等，这些内容又是与北京市专题教育课程重复的；有的学校开发了一些学科拓展类课程，其实有相当一部分内容要么是与国家课程低水平重复，要么是简单的课程资源罗列。这样的内容遴选难以保证课程品质。

其次，课程内容要有利于拓宽视野。这种视野既包括学科视野，也包括学生的生活和社会视野。也就是说校本课程既可以是学科拓展的内容，包括学科兴趣类、学科前沿类、学科思维类、学科职业类等，增加学科魅力；可以是原创课程类，包括理想信念类、传统文化类、生存生活类等，将立德树人这一根本任务落实落细；可以是下移课程类，主要是利用高校优质资源（高端创新实验室等），为学有余力的学生打开另一扇窗户；也可以是外引类，将优质课程如 STEM 课程、人工智能课程等引进学校，并进行校本化改造，为学生高阶思维的培养提供有效载体。

再次，课程内容尽量体现综合性和实践性。国家课程主要是让学生在最短的时间内学习人类已有的先进经验，并进行文化的传承，让学生形成系统的知识体系，其呈现形式多以分科为主，以间接经验的传递为主。而校本课程要弥补国家课程的不足，所以在开发时尽量体现出课程的综合性和实践性。

（二）课程实施

三分设计，七分实施。校本课程只有经过充分有效地实施，才能真正促进学生的发展。那么如何提升课程实施品质呢？以下几种方式可以作为参考。

一是将重点或者特色校本课程纳入课表，给予一定的课时做保障，并定期组织相应的教研活动，每学期或者学年对这些课程进行效果评价。

二是将学科类拓展课程整合到学科建设中去，使这些校本课程与相对应的学科成为一个整体，如将数学思维、数学阅读、数学生活这样的校本课程整合到数学课程建设中去，教师可以根据数学课程的整体设计与安排实施，通过调整数学课程的课时结构，实现课程的有效达标。

三是将非学科类校本课程与综合实践活动课程整合实施。很多校本课程与综合实践活动有着深度关联性，所以学校可以将它们进行整合。如青龙湖中学将校本课程与综合实践活动整合后，通过"自然之旅""文化之旅""红色之旅"课程，借助综合实践活动时间进行深度实施。

　　总之，随着课程改革的不断深化，以及对课程认识和实践的不断深入，学校课程建设也逐步走向精致和简约，校本课程开发也趋于规范和理性。我们希望在未来的校本课程建设中，有越来越多的精品或特色课程涌现出来，让更多的高品质课程惠及每一个中小学生。

作者单位：北京市房山区教师进修学校

深化综合实践活动实施
推进课程育人功能落地

王洪梅

《义务教育课程方案》（2022年版）提出应遵循变革育人方式，突出实践的基本原则。综合实践活动对于转变学生的学习方式、彰显学生个性、培养学生创新精神和实践能力是任何一门学科课程无法替代的。作为一名小学综合实践活动教研员，我深刻意识到要统筹规划、系统安排，立足实际、发挥优势，找准切入点，寻求突破口，整体推进综合实践活动课程的开发与实施，全面落实国家课程方案。

一、量变走向质变，关注课程育人

随着实践探索的深入，综合实践课程开发逐渐进入理性思考阶段，过去一主题一课时的拼盘式课程已经不能满足学生发展的需求，逐渐走向大主题、长周期、慢节奏、重过程的系统性课程，综合实践活动课程的开发不能以量取胜，要追求有质量、有特色、有品位的综合性实践课程。我们基于小学生的身心发展规律进行课程设计，尊重学生的差异性特征，满足学生不同的兴趣、爱好和需求，为张扬学生个性、发展学生个性特长创设重要的平台。

现在很多学校，不管是农村还是城镇，都有农耕基地，有的学校每班能分到一块责任田。过去，很多老师都是让学生去田地里种一种、摘一摘、采一采、尝一尝，参与瓜果、蔬菜、农作物的简单种植，学习一些浇水、捉虫、松土、锄草、绑藤等劳动技法，更多的是体力劳动，停留在被动接受的学习层面，缺乏深入的研究性学习。为充分利用农耕基地发挥其价值，我指导一线教师们重新进行规划，设计了以"快乐的种植活动"为主题的小学综合实践活动课程，让学生到田间亲身体验种植到丰收全过程，进行实验、分析与研究，对学生进行劳动教育，提高解决问题的能力，培养学生的综合素质。

（一）确定活动主题

我引导学生结合自身实际情况，在不同的时节选取种植的植物，如黄瓜、西红柿、大蒜、玉米、南瓜等。让学生根据种植的植物提出问题，如播种有什么要求、怎样养护、果实除了食用还有其他用途吗，将这些问题转化为要研究的主题。

（二）进行主题活动教学设计

我作为市级骨干教师，在小学综合实践活动课程设计、指导中发挥着应有的作用。利用校本教研，我指导教研组通过集体备课研讨，研制教学设计模板，撰写教学设计文本，为教学实施做好准备。

（三）进行教学活动实施

学生的种植活动少则历时一个月、多至半年，使学生真正走近农作物、了解农作物，激发学生关心、热爱植物的情感，培养劳动自豪感。我指导教师们将教学实施分为三个阶段。

1. 播种与护理

通过组织学生到农耕基地进行种植活动，学习选种、挖坑、撒种、覆土、浇水、护理等简单的田间种植技能，培养学生劳动能力和意识。

2. 收获与体验

通过到农耕基地收获农作物，体验劳动的辛苦、农民的不易，同时也感受丰收的喜悦。

3. 探究与分享

通过种植实践后的所思所想，引导学生进行讨论，提出有效问题，对农作物进行再研究、深挖掘。通过 PPT 展示、讲解、手工作品等形式分享展示自己或小组的研究成果。

快乐的种植活动引导学生带着问题、带着目的去种植，去观察，去思考，引导学生善于利用身边的资源，进行研究性学习。这样将劳动教育与综合实践活动课程的设计、实施结合起来，学生在综合实践活动探究过程中掌握了种植技术、提高了劳动技能，在劳动过程中进行研究性学习活动，促进综合素养的提升，实现了劳动教育与综合实践活动有机融合的高效实施。

大主题的综合实践活动课程实施重在引导学生综合运用所学知识来解决生活中的问题，促进学生学习方式的转变，实现了学生综合能力全面发展。

二、创新管理机制，提升课程品质

综合实践活动课程是一门跨学科的实践性课程，是一门面向全体学生开设的，以学生自主选择、直接体验、研究探索为基本学习方式的非学科性课程。它是一门需要进行校本开发的课程，没有统一的课程标准和教材，教师必须根据具体的选题和实施状况进行独立设计和开发课程。但是房山区小学综合实践活动教师队伍不稳定，年龄偏大，缺乏课程理论的功底和课程开发的经验，而日常繁忙的教学工作又使得他们没有过多的时间来弥补这些不足，影响小学综合实践活动课堂质量。有些学校综合实践活动指导教师是由其他学科教师或班主任来兼任，任教教师的学科背景比较单一，多以学科实践活动代替综合实践活动课程。

　　为提高课程质量，提升课程品质，我提出组建区域课程联盟、进行团队作战的思路，实施捆绑式发展，提升课程品质。作为区级教研员，我带领骨干教师和青年教师成立课程资源开发团队，按年级分为 6 个小组，骨干教师任组长，青年教师为组员。首先，我带领课程资源开发团队梳理《中小学综合实践活动课程指导纲要》中推荐的活动主题，然后结合本区区情和当地资源，确立了 30 多个适合小学生的活动主题，形成课程资源框架总目录。每个年级组按照统一备课模板撰写教学设计，形成一套具有借鉴意义的资源，供全区综合实践活动教师做教学参考。整套资源遵循自主性、实践性、开放性、整合性、连续性的原则，涵盖考察探究、社会服务、设计制作、职业体验等多种活动方式，旨在培养学生能从个体生活、社会生活及与大自然的接触中获得丰富的实践经验，形成并逐步提升对自然、社会和自我的内在联系的整体认识，具有价值体认、责任担当、问题解决、创意物化等方面的意识和能力。如四年级的课程资源，分上、下两个学期共设计了 6 个主题 18 课时的实践活动，包含考察探究、社会服务、设计制作、职业体验等多种活动方式。从活动过程看，每个主题的活动过程都包含活动准备、活动实施、活动总结三个阶段，分为单元（主题）教学设计和课时教学设计。四年级上册的"小黄瓜大发现"这一主题的设计是基于学生在种植黄瓜的过程中产生了很多问题。我们是这样设计的，在活动的准备阶段，让学生提出关于黄瓜种植过程中的各种问题，经过对问题的分析，最终确立了四个小主题：黄瓜的起源、黄瓜的营养价值、关于黄瓜的古诗、制作黄瓜电池。随后教师引导学生分小组对小主题进行活动方案设计，让学生积极参与活动方案的制订过程，通过合理的时间安排、责任分工、实施方法和路径选择，对活动可利用的资源及活动的可行性进行评估，增强活动的计划性，提高学生的活动规划能力。在活动实施阶段，学生通过策划情景剧、故事展示黄瓜的起源；通过搜集、处理信息，利用图表了解黄瓜的营养价值；通过上网搜集、自学古诗来了解古人对黄瓜的喜爱与赞美；通过设计与制作、访谈科学教师用黄瓜电池使二极管发光。学生经历多样化的活动方式，积极参与活动过程，体验和感受学习与生活之间的联系。在活动总结阶段，学生用表演、诵读、讲解、绘画、制作等多种形式进行成果展示，在师生、生生的交流中对活动过程和活动结果进行系统梳理和总结，促进学生自我反思，反思成败得失，提升个体经验。

　　团队作战，实施捆绑式发展，提升了课程品质。这些课程资源以优质、高效、特色取胜，引领房山区综合实践活动课程发展。

三、搭建展示平台，助力课程发展

（一）开展教学基本功展示活动，促进教师专业化发展

　　我努力为教师的专业发展搭建展示的平台，定期举办青年教师、骨干教师的基本功

展示，以赛带训、以赛促训，以提高教师课堂教学水平为目的，增强教师的大主题教学意识，促进教师队伍整体水平的提高。教师的教学设计与案例在市区级各项评比中取得了不错的成绩，市、区级骨干教师的数量呈现翻倍增长。

（二）定期组织教学经验交流，助力学校形成特色课程

我着眼于课程质量的建设，调动学校和教师开发综合实践活动课程的积极性和创造性，持之以恒地推进师资队伍建设、强化育人环境建设，综合实践活动课程的实施有了较大幅度提升。

长沟中心小学确立了跟着节气去劳动，将劳动与农民的智慧有机融合，开展种植课程的基本思路，形成了春种、夏管、秋收、冬藏等系列综合实践活动课程。窦店中心小学结合国家中医药管理局、教育部等共同印发的《中医药文化传播行动实施方案（2021—2025）》进行了中草药种植，将中医药文化与二十四节气相融合，传承中医药文化为主题的"神农草堂"课程体系，致力于从"文化浸润、课程培育、基地实践、活动滋养"四个方面构建中医药文化系统化课程。两所学校多次进行市区级现场会展示，被评为北京市中小学综合实践活动特色校。

我们努力让教育真正回归生活，搭建孩子们通往大自然和社会的桥梁，扩大孩子们的视野，满足孩子们渴望亲近大自然、了解社会的需求和愿望，培养孩子们的综合实践能力，帮助孩子们放飞童年梦想、绽放生命精彩，让孩子享受幸福童年。

总的来说，综合实践活动课程的发展趋势是构建更加开放综合的综合课程，内容要面向学生生活，建立与学生自身的关联；围绕某个主题，加强各学科之间的融通互动，聚合并优化各类课程资源，帮助学生建立综合学习与实践的意识，促进学生核心素养的提升。综合实践活动课程的开发与实施，我们永远在路上！

作者单位：北京市房山区教师进修学校

"大石窝石文化"综合实践课程的设计
实施与思考

郭　芬

房山区文化历史悠久，乡土资源丰富，为"大石窝石文化"综合实践课程的实施奠定了基础。郭冬红主任曾说，乡土课程是一门"固本工程、铸魂工程、打底色工程"。房山区依托本土资源，创新开发课程，形成原色德育"三底色"（红色铸魂、绿色润心、金色培根）育人方略，打造精品研学课程，"大石窝石文化"系列综合实践课程隶属金色培根部分，其课程目的是使学生学有所得，学有所悟，为学生打好人生发展的底色。

一、整体设计，学科融合

"大石窝石文化"综合实践课程积极响应新课标要求，依托房山区大石窝丰厚的石雕历史文化，遵循各学段学生身心发展特点进行整体设计，通过开展系列综合实践活动，使学生感知传统文化的魅力，体会人类智慧的表达方式，激发学生热爱家乡，建设家乡的情怀。

综合实践课程项目组经前期调研分析，首先形成了课程实施的总体思路：整合各学科教学资源，开展一系列跨学科教研活动，形成多角度、综合立体的研学视角，在实践中开阔学生眼界，达成知识贯通。其次确立了实施路径：在前期乡土资源开发基础上，就房山的研学热点，形成若干个项目组，从多角度、多学科出发，立足传统文化，组织开展房山区综合实践课程案例及跨学科主题学习活动，各项目组长打造出样章、流程，提交到传统文化综合实践项目小组讨论，经研磨、修改后，小组成员分工合作，从不同研学角度，进行课程设计，最终形成优秀案例在全区推广。

"大石窝石文化原色德育实践课程设计"课程分五个课时，课时题目分别为：品汉白玉之美寻石雕里的传统图案——汉白玉上的图案研究；寻寻京城里的汉白玉——来自房山的骄傲；跨越山水——庞然大物如何运来；水般润、雪样白——房山汉白玉为何那样白，那样润；石经之石来源探索——云居寺里的寻石之旅。这些题目的设计紧紧围绕石文化展开，在充分调动学生兴趣的同时，也形成跨学科学习的路径，如第一课时涉及民俗、神话，第二课时涉及历史文化，第三课时涉及物理力学相关知识，第四课时涉及地理、化学相关知识，第五课时涉及宗教学、历史学、地理学等多方面学科。

在跨学科的互融之下，学生既可以外出探索，寻找采集的岩石标本，拍摄京城里古老的汉白玉石雕作品，采访博物馆里知名学者、一线手工匠人，开阔视野，提高认识，从历史与传统文化中获得更深体会，还可以深入课堂，深入实验室，在组队画构建图、分析运输原理中，将课本知识落实到情境学习中，学有所用，在实验室完成对所采集的岩石标本的实验，从科学角度，探索真知。这种跨学科教学的互融，使学生形成全面综合的思维体系。

二、行动研究，方法多样

（一）教师层面

文献研究法。"大石窝石文化"系列综合实践课程的实施是教师与学生共同学习成长的过程，在实施中，教师应首先对房山区乡土课程开发与实施状况清晰明了，其次对传统文化要有深入理解，在自己内心形成理论框架，这就需要教师提前备好课，丰富自己的认知。项目组鼓励教师多学、深学，为教师推送相关文献资料，提供核心期刊查阅、查找与筛选的方法。

以大石窝汉白玉研学课程设计为例，这个过程包括查阅、收集、整理大石窝石作技艺的相关历史文献资料；查阅、研究有关非物质文化遗产保护、文化生态的相关研究资料；查阅、收集当地新闻资料等。为了能更好地完成课程设计，项目组带领教师先后查阅了郭冬红、周长凤、覃遵君等老师的《开发实施乡土课程全面发展素质教育——以房山区乡土课程开发与实践研究为例》；常鑫、朱秀荣老师的《房山地方教材开发与实施初探——以地方教材＜房山文化＞为例》；苏万青、张付文老师的《高中历史教学中乡土课程资源的开发与利用》等。通过对以上资料的学习，我们明晰了房山区地方教材开发与实施概况、实施基本理念与经验、乡土课程开发与实施研究的价值与意义，以及如何建构乡土课程内容体系等。在与前辈的"思想碰撞"中，我们能及时弥补自身缺陷，找到更好优化课程设计的方略。

理论学习法。有了对房山区目前已开展的乡土课程了解以及教学策略研究，项目组从理论层面、思想层面汲取精华。如通过阅读温儒敏教授《让优秀传统文化在孩子心田发芽》一文，引导教师从语文教科书入手，为弘扬优秀传统文化"打底"，同时把"转化"和"创新"意识融入语文教学。他山之石可以攻玉，借力其他省份开发的经验，先后阅读了胡南老师的《三色游学研学支教构建中华优秀传统文化传承教育融合体系》、何娜老师的《基于项目式学习，设计与实施研学课程》，从中汲取到新鲜养分，知晓课程如何设计、方案如何实施，为综合实践课程的设计指明了方向。

（二）学生层面

推送学习法。项目组经过筛选、推送，指导学生阅读有关大石窝相关文献资料。通过阅读吕金波、韦京莲老师的《北京房山大石窝大理岩对故宫台基和云居寺经石的贡献》，孟冬青、葛长峰、李怀永老师的《北京房山大石窝地区汉白玉特征及成因探讨》了解了北京故宫与房山大石窝的渊源、盛产大理岩的石门背斜地质构造等相关知识、汉白玉化学成分、矿石组构、汉白玉成因，对学生顺利完成"水般润、雪样白——房山汉白玉为何那样白，那样润？"这一专题有莫大帮助。还组织学生阅读了尹文汉老师的《中国古代刺血书经之风——兼论九华山海玉和尚血书＜华严经＞》一文，学生对刺血书经的渊源、唐宋时期刺血书经之风、元明清时期刺血书经之风有了较深的了解，这对于学生完成"石经之石来源探索——云居寺里的寻石之旅"这一专题有很大的帮助。还推送学生阅读相关新闻报道，如《北京房山举办首届中国汉白玉文化艺术节》《房山"白宫"：汉白玉进百姓家》《精美的石头会唱歌——北京房山大石窝石作文化的历史与传承》，学生可以从这些新闻报道中，感受到大石窝作为文化村落的历史，大石窝石作的工艺风格等，让学生明白我们开展综合实践活动学习要做到在资源保护和文化传承之间的协调发展，为我区建设献一份心力。

田野调查法。田野调查法又叫实地调查或现场研究，在调查之前有必要了解田野调查的准备工作、田野调查的基本方法及其技巧，即对"如何开展田野调查"有一个清晰的认识和基本的了解。整个田野工作可分为准备工作、实地调查、整理分析三个阶段。在准备阶段，我们组织学生画出路线图，做好前期资料整理，拟定调查提纲、调查问卷、访谈问题，联系好访谈人物等。实地调查阶段，对大石窝镇各个辖村进行田野调查，对大石窝地区现存的历史遗迹进行调查，对非物质文化遗产传承人、民众、当地相关工作人员、专家学者等进行访问。主持人提问时，同组同学做好录音、录像资料的整理记录。整理分析阶段，小组根据前期调查提纲，做好分析归纳工作，在汇报时，由学生做展示，充分锻炼学生能力。

三、实践探究，提升素养

原色德育活动案例设计，包含导入、找一找、比一比、谈一谈、拍一拍等常规模块设计，此外还可根据所研学的内容设计综合活动，如设计采访提纲，做展馆小小宣讲员，画游览路线，撰写游览词等。引导学生开展实践性、探究性活动，综合运用相关知识分析与解决实际问题，提升学生综合素养。

房山本地社会生活尤其是文化生活，是学生身边的鲜活文化，在进行课程设计时，让学生亲身参与到研学课程之中，在"大石窝石文化"系列课程开发中，每课内容都精选了一些综合实践活动，设置了生活情景，提出了实践问题，引导学生参加社会实践、开展探究活动。如在"石经之石来源探索——云居寺里的寻石之旅"一课中，学生能够在传统文化体验馆中化身小小解说员，介绍传统拓印技术，讲述雕版印刷的历史和技法，教师带领学生体验传统拓印技艺、线装书制作、雕版印刷术等内容。本课程的设计，充分锻炼了学生的能力，发掘并发挥学生各自所长，同一小组里，有擅长查找资料，做好宣讲工作的；也有高瞻远瞩，做好路线规划、时间把控、人员分配的；还有默默无闻，做好物资协管，服务保障的。综合性学习活动，同时也是学生们观摩他人，对比提升的过程，取人之长，补己之短。

本课程的设计，课题集中，主目标明确，但实现主目标的过程却是条条大路通罗马，如"水般润、雪样白——房山汉白玉为何那样白，那样润？"这一专题中，可以通过周边环境的走访与调查、岩层分析得出结论。还可以通过采集岩石标本，送入实验室，在老师指导下，化学剖析成分构成得出结论。甚至还可以走访周边村落，收集民间故事传说，从神话传说角度了解汉白玉为何那样白，那样润的原因。总而言之，课程的设计，对激发学生学习兴趣，培养质疑能力；重视学习过程，培养自主学习能力；经历实践操作，培养合作学习能力具有重要的实践意义。

四、分层设计，螺旋提升

同一主题的研学热点，针对小学低中高段、初中、高中不同学段的学生所设探究任务也应不同，但最终学生在房山原色德育实践课程体系的引领下，能获得长远的、长足的进步。如同设计"品汉白玉之美寻石雕里的传统图案"一课，在小学低年级阶段，我们的实践活动以"找一找、画一画"为主，"在汉白玉石雕作品中，你都发现了哪些图案呢？请拿出画笔画一画吧"。而在小学中、高年级阶段，则增加"想一想""探一探"环节，"将所观察到的传统图案进行归纳分类，可以分为哪几类呢""请探究下为什么古人喜欢雕刻这些图案呢"，从而引导学生对传统文化中吉祥图案寓意探究。到了初中、高中阶段，则需要对比思索，现代汉白玉雕塑与传统汉白玉雕塑，在图案、形态上有哪些继承与发展，又有哪些创新之处，为何会发生这样的变化。同时，可结合时事启发学生的深度思维，如《融入中国传统元素的珠宝设计又一次刷爆了朋友圈，火遍国内外》《绝美！这些中国的独特图案，许多品牌都在模仿》等热点新闻，都在表明信息洪流中，爱国爱家乡的情怀才是中流砥柱，学生要保持清醒的头脑，有自己的独立判断。

仍以"品汉白玉之美寻石雕里的传统图案"一课为例，项目组因材施教，小学低幼阶段，让孩子们在画一画中初步触摸中华文化之美，在听故事中扩展文学视野。小学中、高年级阶段探寻寓意，进一步知晓中华传统文化的博大精深。中学学段则是对学生独立思考、思辨能力的提升。这样多层次螺旋设计，旨在全面提升学生的综合素养。

房山区原色德育课程的开发是以学习者为中心、以真实情境为前提、以挑战性任务为驱动、以持续性探究为路径、以展示性成果为导向的课程项目，目的就是为了培养学生高阶思维和综合素养。在"大石窝石文化"综合实践课程实施中将历史性、时代性与现实性相结合，既培养了学生的乡土情怀，又深植家国情怀，这是我们所有人共同的愿望。

作者单位：实验中学

历史学科核心素养在教学目标设计中的落实

——以"两次鸦片战争"一课为例

高淑琴

《普通高中历史课程标准》（2017 年版 2020 年修订）指出，"学科核心素养是学科育人价值的集中体现，是学生通过学科学习而逐步形成的正确价值观念、必备品格和关键能力。历史学科核心素养包括唯物史观、时空观念、史料实证、历史解释、家国情怀五个方面。唯物史观是诸素养得以达成的理论保证；时空观念是诸素养中学科本质的体现；史料实证是诸素养得以达成的必要途径；历史解释是诸素养中对历史思维与表达能力的要求；家国情怀是诸素养中价值追求的目标。通过诸素养的培育，达到立德树人的要求。"

历史教学是培养和发展学生历史学科核心素养的基本途径，在教学实践中，教师首先要准确把握历史学科的性质及其功能，深刻领会历史课程的本质和教育价值。其次要完整地把握历史学科核心素养的内涵及其具体表现，将教学目标、教学内容、教学过程及教学评价等聚焦于培养和发展学生的历史学科核心素养。

教学目标是教学的出发点和归宿，是教师对学生达到的学习成果或最终行为的明确阐述，一切教学活动都是围绕教学目标来进行和展开的。要想在教学实践中落实历史学科核心素养就必须从发展学生历史学科核心素养的角度制订教学目标。现以"两次鸦片战争"一课为例，阐述我在教学目标的设计中如何落实历史学科核心素养。

"两次鸦片战争"是普通高中历史必修《中外历史纲要》（上）第五单元"晚清时期的内忧外患与救亡图存"的第 17 课，《普通高中历史课程标准》（2017 年版 2020 年修订）对第五单元的内容要求为：认识列强侵华对中国社会的影响，概述晚清时期中国人民反抗外来侵略的斗争事迹，理解其性质和意义；认识社会各阶级为挽救危局所作的努力及存在的局限性。将单元课标内容分解到本课，"两次鸦片战争"重点讲述的是列强对华的两场侵略战争对中国社会造成的影响，了解两次鸦片战争期间中国人民反抗外来侵略的斗争事迹。鸦片战争是中国近代史的开端，由此中国的历史进程发生了重大的转变，开始沦为半殖民地半封建社会，中国人民也开始了一段屈辱与抗争并存的历史。因此，就教材地位而言，本课具有承前启后的作用。根据课标的内容要求及高中历史新教材的内容，确定本课的学习目标。

目标 1：运用 1840 年的中国和世界形势图，通过对中英社会发展的差异分析，合理解释鸦片战争爆发的时代大背景，探讨鸦片战争爆发的历史必然性；针对鸦片战争爆发原因能够对不同来源、不同观点的史料进行辨析并作出合理的历史解释。

目标 2：以分析地图、填写时间轴方式梳理两次鸦片战争中的大事记，厘清两次鸦片战争发展的脉络；以不平等条约体系内容分析列强侵略对近代中国社会发展的影响，认识到近代中华民族面临的两大历史任务。

目标 3：知道近代中国开眼看世界的代表人物，分析开眼看世界的内涵及评价"师夷长技以制夷"的思想在当时社会的影响。

教学目标中清晰地体现了对历史学科核心素养的落实要求，根据学生初中已有的认知基础，本课教学目标的设计中，对于两次鸦片战争的过程，要求学生阅读教材、分析地图、自我梳理史事，建立两次鸦片战争的时空坐标，厘清两次鸦片战争发展的脉络，并能将这些具体史事定位在特定的时间和空间框架下去理解。

教学目标设计中虽然没有明确提到唯物史观，但新课标中提出，唯物史观是揭示人类社会历史客观基础及发展规律的科学的历史观和方法论。只有运用唯物史观的立场、观点和方法，才能对历史有全面的客观的认识，所以唯物史观是历史学科教与学的统帅，每一课的设计都应从唯物史观出发，展现人类历史的发展趋势和规律。如本课教学目标"通过对中英社会发展的差异分析，合理解释鸦片战争爆发的时代大背景，探讨鸦片战争爆发的历史必然性"就是唯物史观的体现，英国能够成为侵华急先锋的时代背景是工业革命推动人类历史进入蒸汽时代，资本主义的扩张性要求资本主义国家在全球进行殖民扩张，寻找原料产地和商品倾销市场，因此鸦片战争爆发有其时代必然性。英国外交大臣巴麦尊说："（清政府）竟然把能给我们大英帝国带来无限利益的大批的商品，全部给予销毁！我要求议会批准政府……去惩罚那个极其野蛮的国家！……要保护我们天经地义的合法贸易！"所谓保护英国人的"合法贸易"只是寻找发动战争的借口而已。

教学目标中的"针对鸦片战争爆发原因能够对不同来源、不同观点的史料进行辨析并作出合理的历史解释"是落实历史解释素养的表述。历史解释是历史学科核心素养中最能够体现历史思维与表达能力的要求，落实历史解释素养要以史料为依据，对历史事物进行理性分析和客观评判，还要揭示其表象背后的深层因果关系，通过对历史的解释，不断接近历史真实。正如苏联历史学家茹科夫在《历史方法论》中所说，"历史是一门揭示社会运动形式的多样性的科学，是一门为弄清人类在其发展中所走过的各种复杂道路的科学。它也像任何一门科学一样……如果不从揭示所研究的那些现象背后的内在规律入手，从而深入到这些现象的实质中去，它便不能存在。"鸦片战争爆发后，当时的经历者和后来的研究学者站在不同的角度和立场对这场战争的发生作出历史解释，形成了各种鸦片战争起因说。因我校学生实行寄宿制，无法让学生们去搜集、整理这些观点，所以由教师查阅资料，筛选典型性材料，在课堂上由学生来辨析、评判。根据教学目标的设定，在讲述完鸦片战争的背景之后，出示如下材料。

材料1：大家都认为鸦片战争是一次典型的非正义战争，是鸦片染成的战争……其实，根本是北京愿不愿意和英国订立平等国家关系的问题。

——（美国历史学家）费正清

材料2：（清政府）竟然把能给我们大英帝国带来无限利益的大批的商品，全部给予销毁！我要求议会批准政府……去惩罚那个极其野蛮的国家！……要保护我们天经地义的合法贸易！

——鸦片战争时期英国外交大臣巴麦尊

材料3：鸦片战争是两种文化之间的冲突。一方是农业的、儒学的和停滞的并且深陷于日益衰败的王朝循环泥潭之中的社会，……另一方则是工业的、资本主义的、具有扩张性和充满活力的社会。当二者相遇时，冲突不可避免，中国的失败也同样不可避免。

——（美籍华人学者）张馨保《林则徐与鸦片战争》

教学中可以指导学生分组讨论三则材料对鸦片战争爆发原因所持的观点，对这些观点进行评析，结合所学谈谈鸦片战争爆发的原因是什么。通过学生的分组讨论、互相补充及教师的及时引导，学生们认识到，费正清的观点认为，鸦片战争的发生是因为中国实行闭关锁国政策，不愿与英国订立平等国家关系而导致的，他站在西方国家的立场上，把战争爆发的原因归罪于清政府，却没有指出鸦片战争爆发的根本原因是工业革命后，英国要急于用武力打开中国市场，更没有指出战争后签订的不平等条约严重损害了中国的国家主权利益。英国外交大臣巴麦尊混淆是非，将罪恶的鸦片贸易说成是"商品"，掩盖其走私鸦片的罪责，并以此为借口发动战争，为真正的商品倾销打开通道。材料3的作者认为鸦片战争的原因是两种文化的冲突。通过对这些材料观点的辨析，同学们会看到它们都没有揭示出战争爆发的根本原因，通过对时代大背景的分析，同学们会总结出鸦片战争爆发的根本原因在于完成工业革命的英国急需原料产地、商品倾销市场而对外侵略扩张，有其历史必然性，但清政府不能顺应世界潮流使中国社会陷于被动挨打的局面也是需要我们反思吸取教训的。

教学目标中设置的"以不平等条约体系内容分析列强侵略对近代中国社会发展的影响，认识到近代中华民族面临的两大历史任务""分析开眼看世界的内涵及评价'师夷长技以制夷'的思想在当时社会的影响"主要是落实家国情怀素养。家国情怀是学习和探究历史应具有的人文追求，关注现实问题，以服务于国家强盛、民族自强和人类社会进步的使命。中国近代史是一部沉沦史、屈辱史，更是民族意识的觉醒过程、中国人民奋起抗争的过程、探索中国发展道路的过程。在教学目标设计中要将家国情怀教育渗透于其中，让学生学习历史后能够从历史发展的角度理解中国国情，认识并弘扬以爱国主义为核心的民族精神和以改革创新为核心的时代精神，在课堂教学实践中才能有高屋建瓴的引导，高中历史教学也才能坚持以价值为引领，确保立德树人的教育根本任务在教学中的落实力度和落实效果。

　　通过以上分析我们可以看出，教学目标的设计要依据单元课标要求，从单元整体出发，并将单元课标要求分解到单元每一课当中，根据课标要求和本课内容确定本课教学目标；在教学目标的设计中要将历史学科核心素养的五个方面与教学内容有机地结合起来，指向明确，以便于在教学实践中具体落实，也有利于学生通过课堂学习完成学习任务，并具有可检测性。教学目标的设计中，教师要认识到历史学科核心素养的五个方面是一个互相联系的整体，在教学过程中，教师既要注重对某一方面学科核心素养的培养，也要注重学科核心素养的综合培养，不能机械地将学科核心素养分离。

作者单位：北京师范大学良乡附属中学

如何帮助学生理解液体对底部的压力
与其重力的大小关系

李占起

　　北京师范大学出版的八年级物理教材第四章第二节"探究液体压强"是教学的重点，也是学生学习的难点，更是历届中考的考点。《义务教育物理课程标准（2022 版）》要求，"通过实验，理解压强。知道增大和减小压强的方法，并了解其在生产生活中的应用""探究并了解液体压强与哪些因素有关"。压强概念在课标中上升到理解层次，可见其重要性。本文以"液体对容器底部的压力与其重力的大小关系"为例，提出自己的教学建议，希望对教师们有所帮助。

　　在掌握液体压强规律与计算的基础上，老师们一般通过计算液体的压强和压力使学生进一步认识"在水平桌面上，液体对容器底部的压力在数值上等于液体的重力"，如图甲所示。但任何情况下液体对容器底部的压力在数值上都等于液体的重力吗，这是课堂上学生提出的质疑，从而引发"液体对容器底部的压力与液体所受重力的大小关系"的探究，如图乙、丙所示的情况。

　　已知条件：在水平桌面上，甲、乙、丙容器的底面积相同，内装深度相同的同种液体。

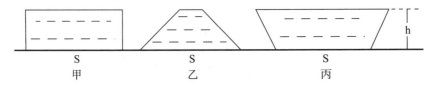

　　从甲、乙、丙中可以直接看出液体的重力关系：$G_丙 > G_甲 > G_乙$。在此基础上，老师们一般是利用公式推导。以甲容器作为参照，通过计算甲容器底受到压力 $F_甲$ 和计算液体的重力 $G_甲$，从而得出 $F_甲=G_甲$。照这样计算，进一步推导得出乙、丙容器底受到的压力 $F_乙=F_丙=F_甲$，结合液体的重力关系 $G_丙 > G_甲 > G_乙$，最终得出结论：$F_甲=G_甲$；$F_乙 > G_乙$；$F_丙 < G_丙$。解释为：对于柱形容器也习惯称为规则容器（体积可用底面积乘以高计算），液体对底部的压力等于液体重力；对于不规则容器（体积不能用底面积乘以高计算），液体对底部的压力不等于液体重力。这样的复杂、抽象的推导过程，尤其是乙、丙两种情况，对于学生来讲，不易理解和接受。

我们可以从学生熟悉的生活实例出发，利用学生已有的固体压强知识，进行对比、迁移，从而把复杂、抽象的推导过程转化为学生真实可感的生活情境。在亲身体验中获取结论，真情实感，体会深刻。

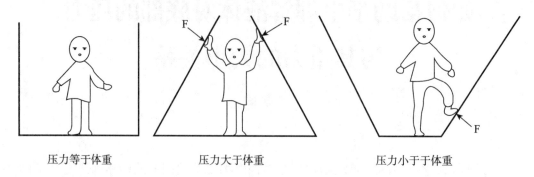

压力等于体重　　　　　　　压力大于体重　　　　　　　压力小于于体重

如图所示，我们把人看成液体，把容器底面当作电子体重秤，按照图示请同学们分别体验。同学们兴趣盎然，积极参与，在好奇中、在经历中、在比较中获得知识。这样既活跃了课堂，激发了学生的学习兴趣，又贴近学生生活，符合学生的认知特点。这让物理课程的基本理念"从生活走向物理"得到充分体现。

学生具有运用所学知识解决新问题的关键能力和必备品格，是核心素养的本质。在学习理解的基础上，进行应用与迁移，举一反三，解决实际问题，形成能力，是学习的目的，也是物理学科素养的具体要求，因此在理解液体对容器底部的压力与液体的重力的大小关系后，进行应用解决实际问题倍显重要。而老师们设计的练习往往是"练非所学"或"简单重复练习"等，缺少变化和联系生活实际，针对这种情况，我建议这样做：

1.通过应用知识体现知识掌握的准确程度。

我们可以通过一道常见例题检验学生对液体的压力、压强与容器的压力、压强的掌握情况。

12 cm

如图所示，平底茶壶重为 4N，底面积是 $40cm^2$，内盛 6N 的水，水深 12cm，放置在面积为 $1m^2$ 的水平桌面中央。求：

（1）水对茶壶底部的压强和压力；

（2）茶壶对桌面的压力和压强。

通过这样的对比可以有效区分液体的压力、压强与容器的压力、压强的不同之处，而且对液体压力与其重力的不同，进一步加深理解。

2. 通过知识的拓展、迁移、变式，进一步提升对该知识点的全面认知与深度理解，构建完整的知识框架。

前面我讲的"液体对容器底部的压力与液体所受重力的大小关系"，应该说与容器的形状密切相关。那么容器一定时，液体对容器底部压力的大小还与什么因素有关呢？"水平桌面"是个关键条件，经常被忽略，而且从中考来看也易于在此处做文章。例如：

2015年北京市初中物理中考第17题选项C"木箱静止在地面上，木箱对地面的压力与木箱所受的重力大小相等"。

我们可以设计这样的变式例题：圆柱形容器内装有适量液体，分别静止于水平面和斜面上，如图甲、乙所示，设计问题请同学们展开讨论。

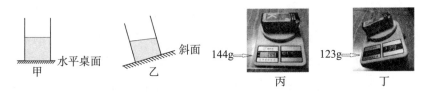

（1）在图甲、乙中容器对桌面的压力是否相等，为什么？

（2）在图甲、乙中液体对容器底部的压力是否相等，为什么？

老师们通过受力分析进行解释，而学生还是半信半疑，不能心悦诚服，最后只是记住结论而已。我们可以借助电子秤，化繁为简，变抽象为直观，在体验中得出结论，如图丙、丁所示。用类比的方法，把同样的一盒药，放在水平放置的电子秤上称量是144g；放在倾斜放置的电子秤上称量是123g。问题迎刃而解，于是得出结论：在斜面放置时，液体对底部的压力小于液体的重力。最后总结：液体对容器底部的压力与液体重力的大小，与容器形状有关；与桌面是否水平有关。

综上所述，液体对容器底部的压力与液体重力的大小关系，是学生理解的难点，也是易错点。教师在深度备课的过程中要充分考虑到各种情况，采用不同的方式、方法给予解决，这样才能真正落实学科素养，培养学生的科学思维、科学探究能力。

作者单位：北京市房山区教师进修学校

生物学知识记忆实践例说

焦红青

高中生物学科对于部分学生来说，有一个共同现象——那就是听老师讲课特别清楚，一听就懂，但自己做题时却不知道如何分析，题总是做不对。针对这种现象，任课教师也在不断寻找原因，积极探寻解决策略。毋庸置疑，高中生物课程的涉猎面很广，包括大学生物学科中的植物学、动物学、植物生理学、动物生理学、细胞生物学、遗传学、微生物学、生物工程学等等。具有内容深奥、名词繁多、概念抽象的特点，需要掌握的重点内容相当多，而授课时数却又相对不足。许多知识都要在理解的基础上加以记忆，记忆清晰、准确才能加深对知识理解，融会贯通，学以致用，解决生产生活中遇到的问题。通过对学生的学情分析，发现部分学生觉得生物知识并不难，从而不求甚解，对概念、结论等知识理解不到位，知识记忆不清晰，这样简单地死记硬背是不可能达到应用水平的。针对这一情况，根据人类的记忆特点，在日常教学过程中，采取多种方法，在潜移默化中完成理解、记忆、应用的全过程。

一、兴趣引起记忆

用心理学术语来说，记忆就是暂时神经联系的形成、巩固和恢复的过程。心理学对人类记忆的研究发现，人们对有兴趣的事物容易引起注意，不管是通过无意识记忆还是通过有意识记忆，都比不感兴趣的事物记得快、记得牢；而且人们对有兴趣的事物，在许多情况下都是通过无意识记忆记住的，显然这是最轻松愉快、人们最愿意接受的一种记忆方式。

在生物教学过程中利用多种方法提高学生兴趣，如在学习"细胞的一生"章节中，先把人的一生用图片从受精卵到胚胎、婴儿、少年、青年、中年、老年快速演示，学生兴趣浓厚，再把细胞的一生与人的一生相比，正常分化、畸形分化——癌变、衰老等知识轻松突破，记忆完成在不知不觉中。

人们对于愉快的经历往往不易忘记。例如，在讲"生物育种"一节时，因为是下午的课，课堂气氛比较沉闷。为提高学生的兴趣，教师特意神秘地说："为什么混血儿比较聪明？"学生的精神一下就来了，"为什么呀？"教师说："杂种优势呗！杂种一词在口语中虽是贬义词，但在生物学上可是很厉害的，那叫杂种优势！"随后介绍杂种优势，学生听得认真，连说有道理，随后又有同学说，"那为了下一代可得找个离自己出生地远的老婆。"同学们哄堂大笑，接下来的课堂氛围非常活跃，有关杂交育种的相关内容记忆印入脑海。

二、理解使记忆容易

记忆了的东西，不一定理解了；理解了的东西，更容易记住。只有真正理解了知识，才能更快地记住和更长久地保持在记忆中。生物学科概念很多，对概念阐述、内涵、外延的理解都是非常重要的。

如在学习微生物的生长曲线时，有关调整期的长短，书上的表述是"调整期的长短与菌种有关"。习题中归纳"缩短调整期的办法有：培养条件相同，用对数期的细菌做菌种，加大接种量。"在用生物学纯理论知识讲解后，还是有些学生并不太理解，教师只好用生活中的例子来讲。"生物有相通之处。微生物像人一样，每到一个新环境，总有一定的调整期。比如明年的 9 月份，你们分别到不同的大学去报到，到了新学校，开始肯定有点不适应，但有些性格开朗大方的同学往往调整期短点，而性格内向的同学调整期却要长点，这是什么原因？"学生们看着我，期待下文。稍作停顿，我继续说："这就是因为菌种不同。"学生们笑开了。再说："如果明年你们步入一所大学，结果发现这大学里一花一木，一房一桥，竟然与现在的中学很是相似，甚至一去上课，竟然有位老师也长得如此像你们的生物老师。你们说，这样的话，你们的调整期怎么样？"学生们答道："那当然是变短！""这就是培养条件相同则调整期可以缩短。""如果明年你们去上大学，一进某大学，天哪，怎么我们班全部考上了这所大学？"学生们爆笑。"如此你们的调整期肯定大大缩短，这就是因为接种量大的原因！"学生们狂笑不已。知识理解不言而喻，知识的记忆轻而易举。

然而经验也证明，理解了的东西如果不适当重复，也可能忘记。如果只注重理解而忽视记忆，就如同上战场的战士只带了子弹却忘记拿枪，内涵有，但关键时刻无用武之地。所以，及时检测加以复习也是必要的。

三、比较使记忆准确

根据心理学原理，识记材料的相似点往往是导致记忆错误的重要原因之一。把相似或相近的事物进行比较，找出它们之间的不同，是认识和理解事物的有效方法。有比较，才能有鉴别，才能更准确地把握一事物区别于他事物的特点。尤其是对容易混淆的部分进行比较，找出并记住各自的不同点，使记忆更准确。同时，比较的方法要注意知识的系统性和连续性，避免将知识人为地割裂开来。还可以引导学生去寻找新旧知识的内在联系和它们之间的异同，从而正确把握知识的重点、难点。这就可以培养学生举一反三的能力，使学生的思维更富于创造性。

如在讲解完生物育种方法后，把多种育种方法列表格多项目比较，学生对各种育种特点一目了然。学习有丝分裂和减数分裂后，把二者进行列表比较，也使学生对二者在生物生长、发育中的作用以及与作用相关的特点明晰，更易准确记忆。还有真核细胞与原核细胞结构、基因分离定律与自由组合定律、细胞免疫与体液免疫、单倍体与二倍体与多倍体、种群与群落与生态系统等都可以通过列表比较，使知识记忆准确。

四、迁移使记忆牢固

学会将知识迁移，即是触类旁通。学生的知识迁移能力的培养，要求教师在教学中，精选题，通过一定量的练习，培养解决类似问题的思维定式；当学生的思维定式形成以后，又要通过训练，打破原有的思维定式，建立、发展和强化更具一般意义的思维定式，实现学生的所学知识正迁移，要使学生形成在遇到用习惯方法难以解决的有关问题时能够从其他角度去分析、解决问题，形成求异思维和发散思维的意识与能力。

如在分析遗传图谱时，学生总也分不清致病基因到底是显性基因还是隐性基因，是位于常染色体上，还是 X、Y 染色体上。练习几道习题后，归纳出一套解题的思维定式：细胞质遗传→伴 Y 遗传→显性或隐性基因致病→伴 X 遗传→常染色体遗传→结论，再加以习题，学生觉得解题轻松多了。然后又出一题，题干中给出已知是伴 X 或常染色体遗传病，发现学生还是按学到的思维定式去解题，错误百出。细心的学生发现了题干的已知，才恍然大悟。随后，学生自己总结解题方法，分析读图能力得到了提高，对各种遗传病的遗传特点有了很深的印象，知识掌握轻松自如。

帮助学生记忆知识还有多种方法，如利用多媒体、实验等让学生多感官参与学习过程；给学生更多的感性材料有利于学生对知识的理解，有利于知识记忆；及时、多次、转换角度检测，使知识记忆牢固；学生自己归纳知识网络，帮助同学讲解习题，有利于理解、记忆的准确性；概念图的构建有利于学生实现长时记忆，使回忆更容易；动机学习影响记忆，告诉学生不能只为应付考试才记忆，有些知识可是对自己健康大有好处的，要一辈子牢记。学生始终都是变化的，具有个性和特点，还需要我们不断地寻找最适合学生的方法，帮助学生轻松、准确、长时地记忆。

作者单位：首都师范大学附属房山中学

基于项目教学法的小学编程教学实践研究

常　艳

《义务教育信息科技课程标准（2022年版）》提出，创新教学方式，以真实问题或项目驱动，引导学生经历原理运用过程、计算思维过程和数字化工具应用过程，建构知识，提升问题解决能力。其中所涉及的项目驱动教学旨在通过引导学生完成项目的实践活动，实现课内知识点与生活经验的有机融合从而发展学生的问题解决能力与实践能力。目前我校在编程教学中，尝试建构创造性的新型信息技术课程教学方式，将基于项目的学习方式融入课堂，在学生完成整个主题项目的过程中，培养学会学习并拥有创新精神、实践能力的新时代人才。

一、基于项目教学法整合教材内容

教材中每一课都是相对独立的任务，在教学过程中，教师可以根据实际情况，对教材进行适当重构与创生。由于项目教学中的知识点的组织更加系统，更能够促进学生知识体系的构建，所以基于项目教学法相关理论，学校教研组通过不断研讨与研磨实践，将教材中的所有编程内容整合归纳为四大部分，即初识编程软件、学习基本结构、掌握编程知识、综合实践。

二、项目教学法主题选择的基本原则

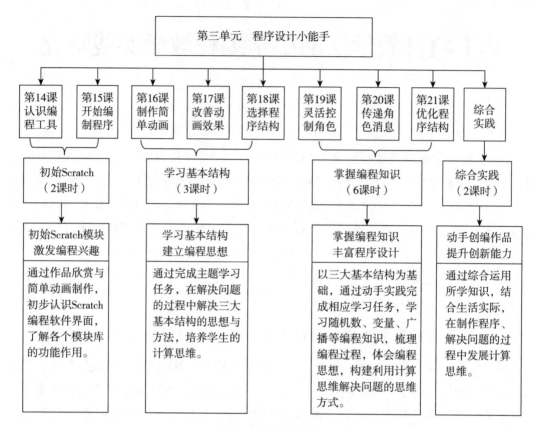

图 1　单元结构图示

在实施项目教学时，需要根据一定的原则对项目活动中的主题内容进行选择，主要概括为三个中心——"以学生为中心""以课程为中心""以生活为中心"。

（一）以学生为中心

支持学生在数字化学习环境下进行自我规划、自我管理和自我评价，鼓励"做中学""用中学""创中学"，凸显学生的主体性。教师在这一阶段要根据学生的认知特点，考虑到项目教学活动的持续性和长期性，在主题设计时，进行实地调研，广泛听取学生意见，尽量做到项目主题面向每一个学生。主题选择将学生的兴趣爱好、能力水平、学习习惯等特点与学科知识、个性发展培养相结合，确保项目实践中学生学习兴趣浓厚，学习行为持久，实践能力提升。

（二）以课程为中心

整合教材内容，构建课程知识体系，以此作为教学项目设计和开展教学活动的基础，并且在开展项目教学的同时兼顾学生对于知识学习的系统性和整合性。在任何情况下，项目都是为更好学习系统知识服务，否则就会造成学生知识体系零散，教学内容顺序不明，知识点之间缺乏联结，增加学生的学习负担。以课程为中心，项目学习内容连贯性强，结构性好。教师进行系统的教学设计，使前后知识点联系更加自然紧密，不断提升教学效果，改善课堂实效。

（三）以生活为中心

主题项目的设计应该和学生社会生活紧密结合，以解决生活中实际问题为出发点，营造生活化的项目场景。以生活为中心进行设计的主题项目实用性强、适用性广，学生在项目中解决问题的过程就是加深学习理解的过程，提升学生对于生活的体验感和社会认同感。

教研组遵循项目教学中主题选择的基本原则，针对不同部分的学习内容，创设了不同主题的项目活动。

三、项目教学法的教学实践模式

为了更好地开展基于项目的教学实践，教研组通过查找相关文献与整理课堂活动过程形成了项目教学模式。教师与学生随着项目的开展，针对不同阶段都会有相应的教学活动与学习活动，具体如下图所示。

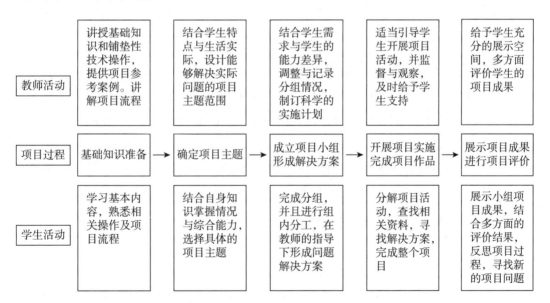

图2　项目教学法线下教学实践模式

（一）基础知识准备

在新一轮的课程改革标准中提出了"生本"的教育思想，指出了学生在课堂中的主体地位，这一教育理念的提出，意味着教师应当重新审视自己的位置，以更好的角色辅助学生开展学习活动。教师是教学过程的组织者、指导者、促进者，其主导作用的发挥要求教师在课前对教学设计、教学资源做更为突出和充分的准备。所以在使用项目教学法引导学生学习学科知识时，要求学生具备完成项目活动的相关知识和基本技巧，教师应当时刻观察学生进行技术操作的实际情况，以便在学生出现问题时及时地给予学生帮助，让项目的实施过程变得更加顺利。

（二）确定项目主题

教师结合学习目标、生活实际与学生需求，最终确定项目主题。不同小组之间的项目主题可以稍微有所差别，需要根据学生的能力水平差异和兴趣等因素分别确定，关注学生的个性化需求，保证每个学生都可以参与进来并有所收获。确定的项目主题要求学生能够利用现有知识水平和教师引导进行分析并且制订实施计划，能够形成具有评估性的项目成果。例如针对第一部分学习内容初识编程软件，教师创设了"寻找钻石"的游戏化项目活动，共有三个课时，学生在帮助小猫采集钻石的过程中，认识编程软件的基本界面和移动、外观模块库的基本指令；在第二部分学习基本结构中，教师创设了"蜜蜂采蜜"的生活化项目，共有四个课时，学生在帮助蜜蜂采集花蜜的过程中，掌握了顺序结构、循环结构和选择结构，并且能够迁移应用到海底世界、小羊射箭等情境中，利用所学知识完成不同情境的任务要求；在第三部分掌握编程知识的学习过程中，"源码钢琴"主题项目共有三个课时将学生带进了音乐的世界，在完成任务的过程中掌握了声音模块的相关指令，并且链接了外接设备，实现了从生活中来到生活中去，利用所学知识呈现生活中的情境，解决生活中的问题。

（三）成立项目小组制定解决方案

在确定项目主题范围之后，学生根据兴趣需求自主确定具体的项目主题，学生根据主题方向和兴趣爱好尝试自行组合，教师则根据学生的能力水平与学习需求适当地调整小组成员并记录分组情况。在项目分组确定之后，为确保项目的顺利完成，可以在教师指导下对项目内容进行分解，形成具体可实施的小的项目任务，并且针对相应的项目任务制定解决方案，只有制定科学合理的解决方案，才能有条不紊地安排项目活动的展开。

（四）开展项目实施完成项目作品

项目的组织实施是学生项目学习的中心环节，这一阶段体现出教师主导、学生主体的信息技术课堂。学生在教师的引导下分解项目，在分配任务时争取具体到人，教师与组长时刻关注每个组员的进展，并且提供必要的指导与监督。针对分解的小任务通过整理学习相关材料，形成解决问题的方案，逐步完成分解的小任务，在完成每个分解任务的过程中体验计算思维解决问题的过程，最终完成项目作品的制作，提升问题解决能力。在第四部分综合任务的学习过程中，"追逐食物"项目游戏相比前三个部分的项目来说更加完整且具有梯度性，学生通过完成一个个分解的小任务，逐步整合形成一个较为完整的游戏。为了了解学生的知识掌握、项目完成情况，教师利用编程猫未来教室收集整理学生的作品，并且会根据需要发布调查问卷，通过问卷数据更加准确全面地掌握基本学情。实践证明，学生在完成项目游戏之后会有更高的获得感与成就感，在整合游戏的过程中，其逻辑思维与计算思维也有所提升。

（五）展示项目成果进行项目评价

完成项目作品之后，各小组对项目活动进行总结，汇报展示项目成果，重点介绍本组的作品及项目完成过程中的问题、组员分工及收获。各小组在这一阶段充分交流，取长补短，分享交流学习体会。项目学习的评价尝试采用多方面的评价，如教师评价、学生自评、生生互评等不同角色的评价，还可以收集整理学生的作品对其进行总结性评价。学生通过大家的评价，反思整个项目过程，不断地修改与完善作品，寻找新的项目问题，教师则根据项目评价结果，更改与完善教学设计，不断提高课堂教学效率。

四、基于项目的教学实践促进师生成长

（一）提升教师专业素养

基于项目的教学实践改变了单一的教学方式与学习方式，使教师充分意识到项目教学法在课堂中应用的重要性。项目教学实践要求教师必须具备现代化的教育理念，要有在教育实践中勇于探索和敢于创新的精神，要有广博的教育视野和精深的专业知识。所以教师在学科专业知识相当扎实的基础上，不仅在挖掘教材上下功夫，更要在搜集和选择内容和素材上下功夫，既要调动自己知识的储备，又要会借助信息技术获取需要的知识，更要与其他学科知识、生活实际进行合理链接。所以，通过基于项目的教学实践，有效地提高了教师的信息素养，教师对项目教学有了比较深入的理解，能够运用先进教学理念指导教学工作。通过深入研究教学理论、确定教学设计、梳理教学模式等工作，从前期分析、学习任务设计到教学策略制订和教学评价设计，做到有步骤有方法。一批具有现代理念、运用现代技术、具有现代朝气的优秀教师脱颖而出并在学科竞赛中取得了优异的成绩，使教师向专业化发展迈出了重要的一步。

（二）提升学生综合素养

在基于项目的教学模式的指导下，不仅改变了教师的教学方式，也影响了学生的学习方式，学生得到了很大的进步。在完成项目的过程中，不同的项目主题紧密联系实际生活，提升了学生学习编程的兴趣，学生通过小组分工明确自身任务，并在完成任务的过程中，其获得感与自信心得到满足，在小组的合作交流中，其沟通表达能力也有所提升，并且懂得了分享成果与尊重他人成果。在明确项目主题，分解任务，完成整个项目的过程中，学生的问题解决能力得到提升，其思维也得到了锻炼，促进了计算思维与创新思维的发展。另外，学生不仅能够设计与创作较为完整的编程作品，而且在参与信息竞赛的过程中，也提升了综合素养。

作者单位：北京市房山区教师进修学校

把握测量本质　促进量感生成

——以"角的度量"为例

王　赛

图形的测量分布在不同的学习阶段，不同的学习阶段有不同的教学侧重点和教学目标。教师要整体把握测量知识体系，理解测量本质，沟通关联知识，使学生的学习系统化，知识结构化，掌握测量的本质，发展量感。在落实测量本质的教学策略上，教师要沟通相关知识、建构方法体系；抓住核心要素，理解度量本质；依据测量本质，探索测量方法。

"角的度量"是北京版小学数学四年级上册第四单元的教学内容。以往在这节课的教学中，很多教师经常把教学重点放在认识量角器及如何使用量角器上，并且手把手地演示如何用量角器测量角。一节课下来，学生缺少对问题的探究与思考，思维得不到锻炼与提高。虽然能掌握用量角器正确测量角，但是不能把角的度量与学过的长度、面积建立起联系，对三个度量概念的认识都是零散孤立的。究其原因，学生并不理解测量的数学本质。那如何把握测量本质，促进量感的生成呢？

一、研读课标，明确教学方向

"角的度量"属于图形与几何领域中的"图形的认识与测量"这一主题。《义务教育数学课程标准（2022年版）》（以下简称"新课标"）在课程内容部分指出，"图形的测量重点是确定图形的大小。学生经历统一度量单位的过程，感受统一度量单位的意义，基于度量单位理解图形长度、角度、周长、面积、体积。在推导一些常见图形周长、面积、体积计算方法的过程中，感悟数学度量方法，逐步形成量感和推理意识。"可见，度量单位是图形测量的核心概念。而度量的本质就是被测量属性中包含多少个度量单位。

新课标对"角的度量"这一教学内容明确要求，将图形的认识与图形的测量有机融合，引导学生从图形的直观感知到探索特征，并进行图形的度量。

在研读课标后，我明确了本节课的教学方向。首先，要让学生在活动中，亲身经历度量的全过程，给学生充分的时间测量角，经历"自选小角测量角→用统一的小角测量角→用1°角测量角"的过程，在活动中逐步感知统一度量单位的必要性。其次，让学生感受用 1° 角去测量的不方便，从而认识测量工具——量角器。角的大小是 1° 角累加得到的。从 1° 角的产生到用 1° 角去测量角的大小，学生会发现 1° 角太小，用其测量角的大小很不方便，以此引出量角器，使学生体会到用量角器测量角的便捷性。

二、解读教材，理解测量本质

（一）纵向联系，抓本质

本节课是在学生学习了长度、面积等相关知识，"理解了度量单位的产生与统一""体验了测量方法的探究"这两个阶段的基础上学习。在长度和面积的测量学习中，学生经历了用不同方式测量的过程，比较测量结果，感受到了统一长度单位和面积单位的意义；在四年级上册，学生在描述角的大小时，用不同单位角测量从而引发统一测量工具和测量单位的共鸣。在"统一"的过程中感悟数学度量中统一度量单位的重要性及度量方法，在此过程中逐步形成量感。

（二）横向联系，悟方法

1. 在比较中明确度量对象

度量刻画的是事物属性的"大小"，其中，体会被测事物的属性对于学生是重要的，对于角的度量来说是困难的。教学中，需要设计活动帮助学生体会事物可以被测的属性。人教版创设了两个角的大小比较情境，我认为相较于其他两个版本，学生在"比较"中更加关注"比哪"，更能突出度量对象的属性。

2. 在交流中统一度量单位

通过对比北京版、人教版和北师大版三版教材，北京版和北师大版教材都提供了自制小角作为第三方测量工具，而人教版提供了三角尺上的角作为标准角，可见，三版教材都让学生经历了用更小的单位来刻画角大小的过程。综合对比，对于度量单位的学习过程应为：非标准单位→标准单位→细化单位→统一单位。

三、把握核心，探寻教学策略

（一）沟通知识联系，建立方法体系

在教学"图形的认识与测量"这部分内容时，教师往往只是教学各个度量概念及测量方法，知识与知识之间是孤立的，没有建立测量体系，没有沟通、比较关联知识。新课标指出，图形的测量重点是确定图形的大小。学生经历统一度量单位的过程，感受统一度量单位的意义，基于度量单位理解图形长度、周长、面积、体积。度量单位可以串联图形测量的知识。因此，在教学时我们除了让学生理解掌握单个课时的知识外，还要不断地沟通关联知识。及时地比较沟通，能帮助学生正向迁移，理解知识，顺利建构测量知识体系。

"角的度量"是在学生学习了长度、面积等相关知识，在"理解了度量单位的产生与统一""体验了测量方法的探究"的基础上学习的。不管是长度、面积、还是角度，都是图形的测量，所以在教学本节课内容时就要将前面学习度量的核心要素串联起来，让学生经历一个比较完整的测量过程。然而角的图形特征与一维的图形线段不同，与二维的封闭图形长方形、正方形又有所区别，很多学生在探究角的测量方法时，常常感到不知所措，不能顺利联系前面积累的测量知识来解决新的问题。因此，在教学时，我们要把握测量的数学本质，以本质为核心，沟通关联知识。

【教学片段】

课件出示（两个角）：

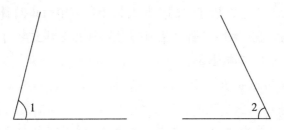

1.这两个角谁大？到底大了多少？我们该怎么准确描述？学生尝试描述。

2.知识回顾：长度、面积的测量知识。

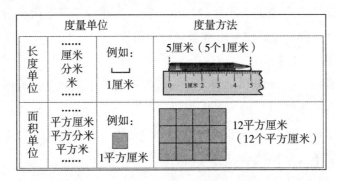

当我们描述一条线段多长的时候，人们先规定好长度单位，例如1厘米、1分米等，用长度单位比一比，就可以描述线段有多长；同样道理，要知道一个封闭的图形有多大，我们也用规定好的面积单位作为标准，比一比，有几个这么大的面积单位，就知道它有多大。

因此，要测量一个角到底多大，我们首先也要规定一个测量单位，你知道角的测量单位是什么吗？

……

在描述一个角到底多大的活动中，学生产生疑问：角的度量单位是什么？当学生以现有知识不能解决时，教师又提供了一个"脚手架"——设计了"知识回顾"这一环节，通过回顾线段、面积的测量知识，使学生理解并发现，测量首先要制定测量单位，然后再用测量单位来测量图形。这样设计，一方面帮助学生能顺利地知识迁移，想到角的测量也要先制定测量标准；另一方面，沟通不同图形的测量方法，使学生认识到虽然线段、长方形、角这三种图形形状不同，但测量时都要先统一测量单位，整体建构知识体系。

（二）抓住核心要素，理解度量本质

度量的核心要素是"度量单位"和"度量方法"。因此，教学中要让学生体验、感知度量单位产生的过程，让学生经历度量的过程，理解度量的本质。例如在长度测量时，学生"一拃一拃"或"一庹一庹"地测量物体长度；学习面积的测量时，学生体验从"三角形""圆形""正方形"多种形状中选择合适形状的度量单位，铺满长方形从而知道面积的大小，这些都是测量过程的体验。但是对于学生来说，只有这样一两次的探究经历是不够的。学生需要更丰富的图形测量经验，感悟测量的核心要素，从而认识测量的本质。

在角的度量学习中，学生探究用单位角测量角的过程，体验不同形状图形的度量方法，丰富了学生的测量经验，使学生对测量方法的本质认识更加深刻。例如有些学生在使用量角器测量角时，不会正确摆放量角器，内圈外圈的刻度常常读错，就是因为学生并没有真正理解量角器的原理——被测角中包含多少个 1° 角。

【教学片段】

活动：尝试测量角，感受统一度量单位的必要性。

活动要求：选择学具量一量下面的角。

尝试测量角，感受统一度量单位的必要性。

　　在交流过程中，有的学生选择两种角来测量∠1和∠2的大小，通过交流，学生发现要想比较∠1和∠2的大小，必须选择同一个角才能比较，知道了统一的必要性。还有学生选择了∠3测量，发现测量后∠1和∠2都无法准确表示，随即又选择了∠4，这个时候∠4能够表示∠1的大小，即∠1里面有3个∠4，但用2个∠4量∠2时∠2有剩余，随即又想到了要选择更小的∠5，最终找到了答案。

　　这样设计，一方面帮助学生顺利地知识迁移，想到角的测量也要先制定测量标准；另一方面，使学生认识到虽然线段、长方形、角这几种图形形状不同，但测量时都要统一测量单位，从本质上理解测量的相同之处，整体构建知识体系，使学生的学习系统化，知识结构化。

　　这个时候，教师紧接着问："∠5能不能量所有角的度数？"通过举例，学生发现∠5也不是测量角的统一单位，如果测量更小的角，那单位应该什么样呢？从而引出1°角。

　　之后通过课件演示引出了角的计量单位1°角和量角器。课件的动态效果的呈现帮助学生建立1°角的正确表象。在半圆中数10°角，帮助学生理解10°是由10个1°组成，促进学生量感的形成。

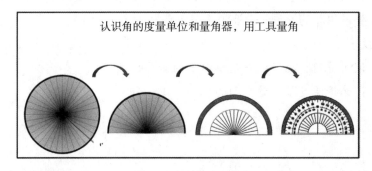

　　在观察量角器的过程中，先让学生说一说量角器上有什么？再通过课件帮助学生具体认识量角器的构造，加深印象，为测量角做好准备。

（三）依据测量本质，探索测量方法

　　学生只有亲历了方法的探究过程，才能深刻体会理解。测量方法的习得，离不开学生探索活动。在教学过程中，我们可以适当放手，给予学生充分的探究时间和探究空间，引导学生在理解测量本质的基础上，自己探索测量方法，探索测量工具的使用方法，使学生在活动中积累基本的活动经验，在活动中体验方法，发展思维能力。

　　在认识量角器的构造后，让学生尝试用量角器测量角。学生在交流的过程中去探索测量角的方法，并鼓励学生用简练的语言概括测量角的方法，加深记忆，使学生成为数学学习的主人。

【教学片段】

活动：尝试用量角器测量角，探究量角器使用方法。

1.同学们，通过刚才的学习，我们知道了角的测量单位是 1° 的角，有多少个 1° 的角就是多少度，还认识了角的测量工具——量角器。那么用量角器怎么测量角呢？同桌两人合作，试一试，用量角器测量下面的角是多少度。

2.反馈讨论用量角器测量角的方法。

（1）中心对齐；

（2）一条边与 0° 刻度线对齐；

（3）看另一条边指向的度数。

四、教学反思

学生理解了度量的本质，探索方法时就有章可循。通过前面的探究学习，学生从用不同标准的小角测量，发现标准不同结果就会不同，产生了统一标准的需求，从而认识了角的计量单位，及测量工具量角器。学生已经感受到了量角器的原理，明白了角的度数就是看它所包含的 1° 的角的个数。在此基础上，学生自己探究用量角器测量角的方法，探索量角器的使用方法。对于能力比较弱的学生，通过生生、师生的交流，帮助学生理解、掌握用量角器测量角的正确方法。这样的教学活动更具探究性，紧紧围绕本质核心，深刻理解、充分体验探究。学生在理解本质的基础上探究方法，不仅能更深刻地掌握知识，在整个探索活动中思维和能力更是得到提高和发展。

理解了度量的本质，学生建构知识体系时，便有了根基与核心；理解测量的本质，学生也就掌握了测量的实质与方法，对相关知识方法之间的联系便有清晰的结构化认知。以本质为核心建构知识，学生对知识的理解、掌握、提取就更加迅速准确。在以后的生活学习中，学生面对需要量化的客观事物时，问题也就迎刃而解。这个过程也恰好发展了学生的量感，落实核心素养。

作者单位：北京市房山区长育中心校

借助几何直观帮助学生提升
解决问题的能力

李艳红

几何直观是小学数学中重要的核心素养之一，有着不容忽视的重要价值和不可替代的重要作用。"直观是全部认识的基础。"尤其对于小学生来说，他们必须经历由直观到抽象的过程，才能更好地理解概念、思考问题、发展思维。在素养导向的背景下，小学数学教学中，如何挖掘几何直观教学的价值，发挥几何直观教学的作用，推进教学的创新，提升学生的素养呢？接下来我从激发兴趣、理解问题、建构问题解决的模型和建构与生活的多样化联系四个方面谈谈具体做法。

一、借助几何直观激发学生解决问题的兴趣

在日常教学中，创设的问题情境越直观，越能激起学生的学习兴趣；创设的问题情境越形象，越能挑起学生解决问题的欲望。直观的情境就是在问题与学生求知欲望之间制造一种直观"矛盾"，这种"矛盾"把学生的注意力、记忆力和思维力凝聚起来，以达到智力活动的最佳状态。例如，在正比例教学中，我先出示了图1，让学生观察，然后问："香蕉和苹果哪种水果贵一些呢？"大多数学生一看就蒙了，有人说苹果贵，有人说香蕉贵，有人说无法判断。真可谓一石激起千层浪，大家议论纷纷，热情高涨。这时有人说："要知道哪种水果贵还需要条件。"教师看出火候到了，立即问道："需要哪些条件？"学生们异口同声道："总价和数量"。教师立即补充条件（见图2）。可是学生们发现有了图中提供的数量和总价，还是没有办法轻易看出哪种水果贵，问题又向前推进了一步，需要根据图中的信息找到两种水果数量与总价的关系。经过探究学生发现：数量的变化引起总价的变化，也就是总价总是随着数量的变化而变化；但是无论这两个量如何变化，每种水果的单价不变。在这个例子中，几何直观加深了问题情境的思维含量，引导学生思考制约水果单价的两个相关联的量——数量和总价之间的关系，激发了学生探究的兴趣。

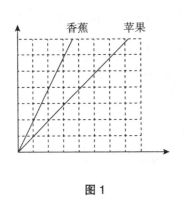

图1

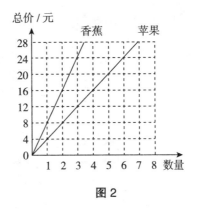

图2

二、借助几何直观帮助学生理解问题

从数学素养的角度来讲，几何直观能力往往体现的是学习者能借助几何图形本身的性质以及数学本质进行信息提取、描述以及问题分析的能力，而理解问题正是解决问题的基础和前提。小学生因为生活经验和知识储备不足，理解问题往往会比较困难，因此可以借助几何直观，使复杂的知识具体化，隐性的数量关系显性化。

如：在分数和分数相乘的过程中，教师可以通过依次画图的方式来展现具体的运算逻辑。如图3所示，教师引导学生依次画出"1/2""1/2 的 1/4""1/2 的 3/4"；然后看图说出"1/2 的 1/4 相当于把这张纸平均分成 8 份，表示其中的 1 份，就是 1/8""1/2 的 3/4 相当于把这张纸平均分成 8 份，表示其中的 3 份，就是 3/8"。

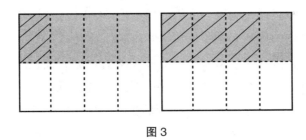

图3

在教学时，借助见到的直观几何图形，产生对数量关系的直观感知，会收到事半功倍的效果。

三、借助几何直观帮助学生建构问题解决的模型

运用数学知识解决现实生活中的问题，是数学学习的重要目标之一，是落实学科核心素养的重要标志。在小学数学教学中，教师应该善于引导学生借助实物或图形将复杂的数学问题简单化，从而提高学生数学实践的能力与效率，使学生在数学应用的过程中提升核心素养。

如图4所示，针对"植树问题"，教师可以引导学生采用数形结合的方法，对"两头植树""一头植树""两头不植树"三种情况进行分类讨论，并根据不同情况建立模型，形

成解决同类问题的方法，培养学生在"化繁为简"的过程中获得建模能力，锤炼数学技能。

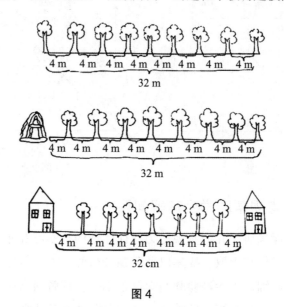

图 4

在这一过程中，教师借助几何直观把生活问题数学化，培养了学生的数学应用意识，使学生深切感悟到数学学习源于现实，也归于现实。

四、借助几何直观建构数学与生活的多样化联系

用"数学的眼光"观察现实世界，用"数学的思维"思考现实世界，用"数学的语言"表达现实世界。学生通过观察、分析，摸索出解决问题的方法、策略的同时，又从不同角度加深了对事物的理解，这才是数学学科的核心素养。例如，看到实际问题，能想到多种方法去解决，看到一个图形、一个算式又立刻联想到生活中的某个情境。这就要求我们教师有意识地对学生进行培养。在学习方程这一单元时，我们首先认识了等式，然后学习了解方程，列方程解应用题。那孩子们能不能看到一个方程、一个图形就想到生活中的一些示例呢？在这一环节的教学中，我始终采用数形结合的形式，一一对应，让孩子们清楚每一步的含义，例如，讲授列方程解应用题"亚洲的面积是 4400 万平方千米，亚洲的面积比欧洲的 4 倍还多 336 万平方千米，欧洲的面积是多少万平方千米？"孩子们通过画图，很直观地就找到了一倍数（欧洲面积）和多倍数（亚洲面积）之间的联系，对于 $4x+336=4400$ 中为什么加 336 非常清晰。在后来的学习中出现的 $2x+8=30$，$9x-6=174$……孩子们会很快想到：小红画了 30 朵小红花，比小明的 2 倍还多 8 朵；五（1）班植树 174 棵，比五（2）班植树棵数的 9 倍少 6 棵……孩子们在学习知识的同时建立了和生活的联系。

几何直观是一个观念、一个思考，它是一个不断形成并完善的过程。以图激趣、以图促思、以图明理、以图解疑，提高学生解决数学问题的能力。

作者单位：北京市房山城关小学

"多媒体"在小学数学"空间与图形"教学中的运用

刘立平

空间与图形是小学数学教学中的重要内容之一。然而，在小学数学"空间与图形"的教学中，许多问题采用了极其抽象的叙述形式。这与学生思维的具体形象性构成了矛盾，学生往往不易理解、掌握。因此，空间与图形的教学成为数学教学中的一大难关。为了突破这一难关，我从小学生的认知特点出发，将多媒体引入课堂，取得了良好的教学效果。

一、运用"多媒体"导入新课

"好的开端即是成功了一半"。教师要抓住儿童的好奇心理，巧妙导入新课，激活求知欲望，学生才会积极参与到学习活动中来。那么，究竟采用什么形式导入新课呢？多媒体课件引入就是其中一种。因为它集图像、声音、文字于一体，能刺激儿童的大脑，形成表象。课件的生动性、趣味性又能不断激发学生的兴奋点，以引起他们学习的兴趣。

例如教学"长方形、正方形面积的计算"。我先后出示几个不同形状的长方形，让学生通过拼摆面积单位得出图形的面积。接着出示学校的旧操场，并配以声音："破旧的操场给学生的活动带来极大的影响，为改变这种情况，学校准备将操场进行改建。要计算用料，首先要计算操场的面积。同学们，现在就请你们来帮工人叔叔计算操场的面积吧。"学生接受这一重任非常高兴，但马上意识到自己原有的拼摆方法是无法准确得到操场面积的。在这种认知冲突产生的情况下老师揭示本节课的内容：长方形、正方形面积的计算。这样导入新课，为学习新知作了良好的准备，学生自然地、积极地开动脑筋寻求解答方法及答案。

二、运用"多媒体"掌握图形特征

数学知识是比较抽象的。"空间与图形"更是如此。例如：在实际生活中根本找不到一条直线、一条射线。所有我们看到的、摸到的线都是线段（曲线除外）。传统的教学中认识直线、射线时，无论教师怎样操作、解释，学生总是很难在头脑中形成正确的表象。因此，在教学时，我出示电脑软件，屏幕上出现一条直直的、正在向两方无限延长的线，我告诉学生，"这就是一条直线"。通过观察，学生很快总结出直线的特点：直线是直的，可以向两方无限延长，没有端点，无法测量长度（射线的认识同上）。课件的出示使学生很快掌握了直线和射线的特征，缩短了认识的时间，提高了课堂效率。

再比如，认识周角时，许多同学容易将零度的角与周角混淆。为了帮学生正确掌握周角的特征，我制作了课件。出示课件前，我问学生："什么是角？"学生清楚地知道：角是由一个端点引出的两条射线所围成的图形，由一条射线绕着它的端点旋转就能形成不同的角。接着，出示一个零度的角，问："这是一个什么角，它有什么特点？"学生说："两条射线完全重合，这是一个零度的角。"然后，我让一条射线绕着它的端点旋转至起始位置，画面上出现了射线旋转所留下的痕迹，学生立刻恍然大悟。

采用多媒体课件进行教学，化抽象为具体，使学生不再认为数学枯燥无味。

三、运用多媒体建立图形之间的联系

事物之间既有区别又相互联系，把握事物之间的区别与联系才能更好地进行事物之间的相互转化。数学知识更是如此，这在空间与图形的教学中体现得更为深刻。

例如对长方形、正方形的认识。长方形、正方形的特征将二者很好地区别开来，但二者有什么联系呢？作为教师我们能从描述特征的语言中去思考，但这对于仍处于具体形象思维的低年级学生而言，理解起来就非常困难。于是，我又采用多媒体进行辅助教学。课上，我首先出示一个长方形，让学生看图说一说长方形的特征。然后，出示活动的画面：长方形的长边在缩短，一条宽边由于长边的变化也在不断地向另一条宽边靠近，当长边与宽边长度相等时画面静止。问题提出：这个图形还是不是长方形，为什么？学生们议论纷纷，但很快就安静下来，结论得出：它是长方形，同时也是正方形。我装作大惑不解，等待学生将其中的奥妙道出。果然，学生得出与书中完全一致的结论：正方形是特殊的长方形。

课件的引入大大降低了学生理解时的难度，轻轻松松尽在掌握。相信那些动态的、有趣的画面会让他们终生难忘。

四、运用"多媒体"辅助练习

在空间与图形的教学中，培养学生的空间观念是主要任务之一。但是，仅凭课上四十分钟要让学生形成一定的空间观念是很难的。因此，需要在练习中完善学生的空间观念，培养解决问题的能力。在培养空间观念的练习中，为了便于学生理解，多媒体的引入就尤为重要。

在认识了长方体和正方体之后，我给学生出示了一道练习题：用一根长72厘米的铁丝做一个正方体的框架，正方体的棱长应该是多少？有相当一部分学生一筹莫展，原因是在他们的头脑中正方体的表象还十分模糊，铁丝相当于正方体的哪部分他们还不清楚，这样如何去解决问题呢？了解了这一情况，我出示了用铁丝制作正方体框架的录像，学生立刻明白：原来铁丝的长度就是正方体的棱长之和。由于多媒体的介入，这个复杂的问题迎刃而解。

可见，利用多媒体进行空间与图形的教学，既能调动学生学习的积极性，又能充分挖掘学生的多种思维能力，拓宽学生学习的思路，还能优化课堂教学，更好地推动课堂教学改革。

作者单位：房山区城关小学

精心设计作业　　让学生爱上数学

马伶燕

有这样一则笑话，一网友提问："医生，我最近睡不着，心情很抑郁，吃不下饭，我是怎么了？"医生问："你今年多大了？"网友答道："十五岁。"医生说："你作业没做完吧？"虽是一则笑话但令人深思。

提到家庭作业，大多数学生本人和家长都感到头疼，网上也有太多太多的意见，据说家庭作业是意大利一名教师发明的，起初就是为了惩罚学生。难怪学生们那么不喜欢家庭作业。减轻学生作业负担是当下社会关注的热点问题，也是教师义不容辞的责任。家庭作业是课堂的延伸，同时，也是提高学生学习成绩的有效途径。我认为有效作业不在数量多少，关键在于学生是否喜欢，只要喜欢就不是负担。传统的数学作业单调枯燥，脱离生活和学生实际。平时教师也是忽略了家庭作业的设计，把很多心思都花在了课堂教学的设计上，却没有精心设计家庭作业。一般作业也都是书上的内容，形式单一，内容枯燥。往往我们刚要张嘴留作业，学生就已经知道要留哪儿了，长此以往，不利于学生学习数学的积极性。

我想每个人在送别人礼物时，一定都会花心思去想别人喜欢什么，需要什么。如果我们也想一想，学生喜欢什么，需要什么，把作业当成礼物送给学生，好不好呢？因此，我开始尝试多种多样的布置作业方式。

一、设计开放型作业，培养学生的创造力

在完成一章的学习内容后，学生可以设计手抄报、思维导图整理本章知识。还曾经设计过"我来考大家"，就本章内容给学生确定好难易程度，学生根据难易程度出一份试卷，卷头注明出自哪位同学，被选中的优秀试卷可以作为小测来考大家。对于这一作业，班里优秀的学生特别有成就感。

二、设计实践型作业，培养学生适应社会的能力

在学习数据与统计内容后，我给学生布置了陪妈妈购物的家庭作业，计算开支，观察超市里各种物品的价钱，进行分类，尝试把数据做成合适的统计图。学生一听就乐了，既不用憋在家里，又增加了父母与孩子交流相处的机会。在学习了对称后，我给学生留的作业就是放学后去附近公园逛半个小时，观察花草树木、运动器材、宣传图片

等，拍照记录下来，看看生活中都有哪些关于对称的知识。还曾设计过叠纸飞机或小纸船等，观察手工的过程有没有对称的知识，能否发现有什么性质。第二天带着作品进行交流展示。这样的作业学生就像玩儿一样，不仅锻炼了身体，同时也复习了所学内容。

三、设计分层型作业，找到学生的最近发展区

分层型作业可以按照题目的难易程度分成一颗星、两颗星、三颗星，学生可以根据自己的情况自主选择哪种难度的作业，还可以分成独立的作业和需要别人帮助的作业，做完后在题目后标明哪些是自己独立完成的，哪些是在别人帮助下完成的，让教师了解每个学生的掌握情况。对于那些在别人帮助后也不能完成的题目，教师就要出手进行帮助。这样的作业学生完成起来没有任何压力，也乐于完成。

四、设计自荐型作业，尊重学生自主发展

我的做法是开辟数学区，学生在课上课下看到与数学相关的有趣的问题、不会的问题或者是自己编的问题都可以放到数学区供大家思考、讨论，同时注明是谁找的或谁编的。每天数学区都有交流探讨的身影，对于精彩的题目，我们会拿到全班面前进行展示。开始学生们更多的是找题，慢慢地，更多的学生开始自编题目，这一转变令我非常惊喜，学生开始变被动为主动，题目也越来越见水平。

五、设计文艺型作业，培养学生的想象力

设计这类作业主要是为了让学生更加深刻地理解并记住数学公式、法则、定理等。为了便于学生理解掌握，我设计了"我来讲故事"这样的数学作业。故事取材于数学公式、法则和定理，将这些看起来毫无感情的知识赋予人物故事情节，让其变得活灵活现。记得学完三角形三边关系后，有的学生这样讲："一家三兄弟，非常友好的时候，你拉着我手，我拉着他手，彼此不分开（意在三角形三条边首尾顺次相接）。但毕竟是男孩儿，也有调皮捣蛋、互相打架的时候。一次老大和老二打起来了，老三看得眼花缭乱，也想参与其中，于是站在老二一边，帮助老二一起打败了老大。可是老大心有不甘，私下里偷偷地讨好老三，终于成功地把老三拉拢过来，最后又把老二打败了。"我在每节数学课前都安排了"五分钟故事会"的时间，让孩子们尽情讲数学故事。孩子们的想象力越来越丰富，而且不断地翻阅书上的公式、法则、定理等，寻找故事素材，达到了复习数学知识这一目的。

我尝试后的收获与感悟：

（一）学以致用，解决实际问题

叶圣陶先生说过："生活就如泉源，文章犹如溪水，泉源丰盈而不枯竭，溪水自然活泼地流个不停。"因此，数学教师应该有意识地引导学生把所学的数学知识应用到生

活中去，解决身边的数学问题。撰写"数学日记"，让学生把自己所思所想的东西写下来，面对实际问题，主动尝试从数学角度运用已有知识和方法寻找解决问题的策略，让学生真正体会到数学的重要性。

（二）体验学习乐趣

让学生都能在数学学习活动中获得成功的体验，建立学好数学的自信心。学生是数学活动的主体，而教师则是活动的组织者、指导者和参与者。教师应尽力从学生的身边、生活周围去挖掘和寻求可以利用的数学资源来设计我们的数学活动，让学生感受到数学就在身边，然后再让学生把有意义的活动记录下来，强化成功的体验，增强写作信心，从而感受到数学的乐趣。

（三）总结、反思当天的学习情况

每次学习或复习一个知识点后，都可以让学生回顾自己的学习情况，特别是对重点、难点和自己最感兴趣的问题进行总结，对学习中发生的错误进行反思，找出错误的原因，并将当时的过程写出来。

减负的目的不是单纯地减少作业量，作业的改革要真正地做到知识在作业中升华，技能在作业中掌握，能力在作业中形成，思维在作业中发展。随着新课程改革的不断深入，布置作业应立足于能使学生由单纯做作业的被动状态变为积极参与作业的主动状态，学生的情感、意志、兴趣、习惯，在设计作业时要充分考虑。一切从学生出发，让学生在玩中学，深刻体会到数学来源于生活，促使学生喜欢数学并爱上数学。

作者单位：北京市房山二中

小学生审美感知能力培养的问题及策略

任　仟

《义务教育艺术课程标准（2022年版）》中明确界定，审美感知是对自然世界、社会生活和艺术作品中美的特征及其意义与作用的发现、感受、认识和反应能力。从"审美感知、艺术表现、创意实践、文化理解"四大核心素养来看，"审美感知"排在核心素养的首位。小学期间为学龄初期，即童年期。该阶段的学生对于事物的感知能力及语言表达力极强，个性倾向也更加显露，喜欢表达自身对于事物的看法，其更容易接受引导，从而更好地感知美。作为美术教师，应注重在小学美术鉴赏课堂中培养学生审美感知能力。

一、培养学生审美感知能力的问题梳理

（一）教学理念陈旧，与现实生活联系不够紧密

部分教师在教学中往往更倾向于较为传统的教学理念，即根据课程标准，按照教材及教参按部就班地给学生灌输相关章节的基础知识与基本技能。这样的教学是以教师本身作为课堂主体，而学生作为被动客体来完成授课。但随着教育改革的不断发展，这样的教学方式其实对于小学美术鉴赏课程而言，局限性变得愈加凸显。教师若过于依赖课本及教参上的内容，往往就会忽视该章节内容与生活间的联系及在生活中的实际应用，这并不利于培养学生在生活中发现美、感知美的审美能力。

（二）对美术作品的鉴赏方式与角度过于局限

鉴赏课作为美术课程中不可或缺的重要组成部分，亦是培养学生审美感知能力的关键一环。但部分教师在带领学生鉴赏作品时缺失一些作品延伸的环节，以及多元的鉴赏方式，对于赏析作品的方法与角度稍显单一，故而在此过程中学生的审美体验便显得不足。

（三）在交流与探讨中不够重视学生的审美个性

对于美术鉴赏类课程而言，交流探讨的环节必不可少。但在传统讲授模式的影响下，部分教师在授课时容易出现与学生交流不足，或学生与学生间的交流讨论环节欠缺等问题。同时部分教师对学生的表达及个性发展不够重视，缺乏在课堂中引导、鼓励学生审美个性发展的意识。

二、培养学生审美感知能力的策略

（一）引导学生感知生活中的美术元素

作为一名美术教师，通过课程与实际生活建立联系，让学生更好地感受课程与生活中相关的美术元素，从而培养学生在课本内外的审美感知能力是十分重要的。比如，教师可在课程中提供一些常见的美术元素的例子，如颜色、形状、线条、构图等，引导学生在室内外，观察周围的事物，如桌椅、植物、建筑、服装或其他物品中与本次课程相关的美术元素加以赏析。也可为学生制订相关视觉任务，让学生自己寻找与本次课程相关的自身周边的物品，或找出一些有趣的形状和线条等，分析它们是如何呈现美的。以人民美术出版社北京版四年级下册"北京的城楼"一课为例。教师在引导学生分析城楼的特点后，可让学生思考在生活中所见建筑的特点，并给学生抛出相关问题："在你们的印象中，北京城楼是什么样的，它和你们平时所见的建筑有什么差异，它是由哪些形状与色彩组成的？请大家描述你们所见过的相似的形状或色彩组合，并说说它们带给你的感受。"通过这样的方式，将课程内容与生活建立相关联系，让学生回顾、思索自身生活中曾见的美术元素，刺激他们的记忆，帮助他们找出并感受在日常生活中较易被忽略的美，打磨其发现力与感受力。但在这一过程中，教师需要注意所提出问题的难度与语言的表达，是否符合该学段学生的心理现状，以免学生出现理解障碍，无法完成课程任务的情况。

（二）通过多元的鉴赏方式培养学生的审美能力

美术作品赏析是美术鉴赏课程的主要内容，这要求授课教师应当教授学生多元的鉴赏方式及相关鉴赏知识，让学生学会在正确鉴赏作品的同时感受这些作品所蕴含的魅力。以人民美术出版社北京版三年级下册"荣宝斋"一课为例。该课程所提供的作品相当丰富，且皆具代表性。如徐悲鸿所绘的《奔马》、周昉的《簪花仕女图》、吴冠中的《荷花》等。在赏析这些作品时，首先，教师要善于利用多媒体技术，让学生在赏析过程中更有趣味、更加便利，以此勾起学生的好奇心，吸引他们更好地进入课堂赏析中。例如，播放以水墨形式制作的荣宝斋或这些国画作品的相关宣传片，展现国画水墨灵动神奇的特点，给学生一个直观的视觉冲击。在此基础上，教师可以用最传统的赏析方式带领学生解读作品，即对画面本身的笔墨、内容、构图、色彩等构成元素展开具体分析。在这一过程中，可从某一具体角度展开深入，例如进行对比式赏析。该课程中分别提供了吴冠中与黄永玉两位艺术家所绘制的荷花作品。教师可以通过提出问题的形式，让学生进行相关思考，观察两组画面的异同点。同时，进一步分析这样的异同点因何产生，是否有象征意义、特定含义等。最后再从作者生活的时代，带领学生进行更深层次的分析，理解作品所表达的内在意义。总体而言，这一赏析方式与图像学研究的研究方法是贴合的，即先进行前图像志描述，再进行图像志分析，最后做图像学解释。相对而言，这样便形成了一套较为完整的赏析流程。除此之外，教师在课堂上讲授课程的时候还应进行一定程度的内容延伸与补充。例如，让学生将本次课程的知识与以往课程或生活相联系，比较分析与之前课程中所看到的作品有何不同，举一反三，再调动他们脑海中存储过的知识，进而更好地鉴赏作品。最后再由教师进行本次课程的赏析总结，帮助学生厘清本次课程中所运用的赏析方法，潜移默化地让学生的审美感知能力得以提升。

（三）在课堂交流中尊重、培养学生的审美个性

在面对一件艺术作品时，每个人都是独立的个体，有着不同的想法，正如"一千个人眼中有一千个哈姆雷特"。对于 7 至 12 岁年纪的小学生来讲，他们正处于抽象涂鸦至写实意识建立的过渡阶段，这也正是创意思维与审美需求源源不断迸发的阶段。在美术课堂上，美术教师应引导学生在赏析作品的讨论环节中，大胆表达自身的看法，并积极与老师同学展开交流。因为美术作为一门人文社会学科，不仅要注重课程本身，更要注重培养学生人文情感方面的表达与传递，这也是培养学生审美感知能力的一种方式。人本主义教学论提倡教育应该注重培养具有主动性、独创性和创造性的人。这点在小学美术鉴赏课堂上亦是应该贯彻落实的。教师不应遏制学生的思维，更不能将自身的审美观念强加于学生身上。在赏析作品时，每个学生皆有其作品偏好，教师应以一种尊重的心态来进行授课，鼓励学生表达自身看法，使其审美范围能够更加广泛，审美思维更加开阔，审美个性能够充分表现。

总之，在当前的小学美术鉴赏课程中，教师应学会做到在课程中引导学生感知生活中的美术元素，通过多元的鉴赏方式培养学生的审美能力，在课堂交流中尊重、培养学生的审美个性，以此更好地培养学生的审美感知能力。

作者单位：北京小学长阳分校

静态的板书　动态的美

王志力

　　板书是小学数学课堂教学的重要组成部分，无论教学设备多么现代化，必要的板书都是不可或缺的，因为板书的功能无法被现代化设备完全取代。静态的板书可以创造动态的美，作为一种重要的教学手段，可以起到导学和助学的作用：板书能辅助学生理解，利用板书去补充语言表达的局限性，让学生对知识的理解更加深刻；板书也能提醒关注，利用板书的圈点或色彩，凸显学习的重点和难点，提醒学生高度关注；板书还能引发思考，利用板书构建知识网络，渗透数学思想，引发学生对知识的深度思考。利用好板书不仅可以提高课堂效率，还可以帮助学生厘清课堂思路，达到事半功倍的效果。

一、分类与提炼——厘清本质，加深对知识的理解

　　分类是按照一定的标准对学习材料进行分组，通过分组厘清每组学习材料所蕴含的本质与非本质属性，进而提炼并理解相应的数学概念的本质。

　　例如，在教学北京版小学数学五年级下册"质数与合数"一课，采用的是分类与提炼的板书设计思路。我先让学生找出1—20各数的因数，并说说这些因数的个数有什么不同。根据学生的回答，相应在黑板上画出表格并板书分类：只有一个因数、只有1和它本身两个因数、有两个以上因数。然后，我让学生把1—20各数按这样的标准分类，并根据学生的回答将各数填入表格中。接着，引导学生在交流的基础上提炼：只有两个因数的数叫作质数（素数）；有两个以上因数的数叫作合数；1只有一个因数，既不是质数，也不是合数。并将"质数（素数）""合数""既不是质数，也不是合数"分别板书在表格下方。然后，让学生判断一些数字是质数还是合数来巩固概念。最后，师生一起交流提炼"非0自然数包括质数、合数和1"，并在黑板上画出相应的集合图。

　　"质数与合数"板书如图1所示：

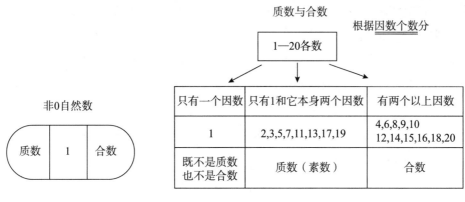

图 1

根据学生抓住的本质特点来进行分类，在学生交流的过程中，及时记录学生的思考过程，从而进行提炼，帮助学生对新知识加深理解。其实，分类与提炼的过程既是教学的过程，又是板书产生的过程，更是学生理解概念的过程。

二、数形结合——凸显重难点，提高学生的关注度

空间与图形的学习需要一定的空间想象力，对一些缺乏空间想象力的学生来说，空间与图形显得比较难学。数形结合就是将抽象的数或规律与图形有机结合，让抽象的空间规律变得直观，易于学生理解。因此，空间与图形教学要充分利用数形结合的策略，准备好丰富的操作材料，让学生在观察和操作中积累感性经验，从而快速突破空间规律这一难点。

例如，在教学北京版小学数学五年级上册"平行四边形的面积"一课时，我设计了如下的思考与实践过程。

第一个环节，先以教材中的情境图为载体，让学生感受到要比较两个花坛的大小，关键是求出它们的面积，而长方形的面积学生已经会求，关键是要学会求平行四边形的面积。学生借助数方格的活动，初次感受到"如果平行四边形的底和长方形的长相等、高和长方形的宽相等，那么平行四边形的面积就和长方形面积相等"。但这只是一个猜想，还处于打问号的状态，需要去动手操作验证。

第二个环节，在"剪拼"活动中，让学生说说如何剪拼，让学生明白只有沿着高剪，才能剪出直角，拼出长方形。接着，让学生动手剪拼，我挑选两种情况进行展示。第一种情况，沿着顶点的高剪，剪出一个直角三角形和一个直角梯形，将左边三角形平移到右边，拼成一个长方形；第二种情况，沿着中间的高剪，剪出两个直角梯形，将左边的梯形平移到右边，拼成一个长方形。然后，引导学生观察：平行四边形和长方形之间有什么相等关系？经过讨论交流，得出平行四边形的面积和长方形的面积相等、底和

长相等、高和宽相等，从而验证数方格活动得出的结论是正确的，顺势将"？"改成"！"。根据"长方形的面积＝长×宽"，推导出"平行四边形的面积＝底×高"。及时记录学生的思维过程。在学生交流的基础上提炼出"先通过剪拼把平行四边形转化成长方形，再根据长方形面积公式推导出平行四边形面积公式"这一推导过程。最后，引导学生思考：平行四边形剪拼成长方形，什么变了？什么不变？学生会说形状变了，周长变了，但面积不变。这样，能让学生感受剪拼转化的丰富内涵。

"平行四边形的面积"板书如图 2 所示：

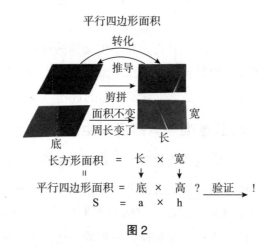

图 2

借助数形结合，学生既明白了平行四边形面积计算公式的由来，又感悟了转化的魅力。

三、归纳与运用——经历过程，构建知识网络，渗透数学思想

归纳是一种数学思想，也是学习数学的重要手段。在运用中归纳，在归纳中运用，是学习数学的有效方法。在教学过程中，板书设计可渗透归纳与迁移的思想，让学生经历知识的产生及迁移过程，从而明白知识的来龙去脉。

例如，在教学北京版小学数学六年级下册"正比例意义"一课时，我设计了四组数量关系分类活动，将时间与路程、数量与总价、边长与周长、身高与体重这四组数量关系进行分类，让学生体会数量关系的变化规律，根据学生的回答，我在板书上勾画出每种情况的变化关系，也是本次活动的分类标准："一个量扩大，另一个量也随着扩大，一个量缩小，另一个量也随着缩小"；接着，引导学生在交流的基础上提炼不变的量；最后，让学生记录变与不变之间的关系。从而归纳出什么是正比例，在解决问题中如何更好地运用。

"正比例意义"板书如图 3 所示：

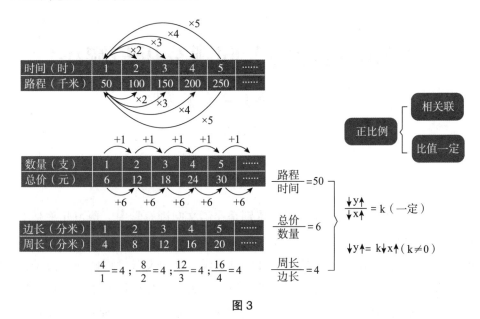

图 3

总之，小学数学课堂教学中板书的设计要体现过程性、本质性和逻辑性。注重过程有利于学生理解知识的产生背景，明晰知识的由来；注重本质能够使学生不偏离目标学习，直接抵达数学知识的本质内涵；注重逻辑则能让学生的学习更有条理。从而使静态的板书同样能营造动态美的效果，提升教师的课堂教学质量和教学效率。

作者单位：北京市良乡第四小学

"前阅读理解"问题分析与解决

——以《拿来主义》为例

孟祥阳

　　预习是学习过程中的一个好习惯，特别是在语文阅读教学中，预习几乎是不可或缺的一个环节。但我们往往在要求学生对文章预习的同时，忽略一个至关重要的问题，那就是针对学生的"前阅读理解"的诊断性测试。学生在语文教师讲解前，由于自己的课前预习、课外阅读，甚至是通过影视传媒、道听途说接触到阅读文本，并对其形成了个人的理解和认识，这些"理解和认识"就构成了学生的"前阅读理解"。其实，学生的理解能力有时是有限的，尤其受一些道听途说观点的影响，很多"前阅读理解"都存在着这样或那样的问题。

　　纠正"前阅读理解"中存在的错误、片面、不妥的理解，是引导学生阅读趋向合理理解的关键。下面，我们就以鲁迅先生的《拿来主义》为例谈谈"前阅读理解"问题的分析与解决。

　　《拿来主义》这篇文章选自《且介亭杂文》，写于 1934 年 6 月，是鲁迅先生所作的著名杂文。鲁迅在文中批判了一些政治势力的卖国主义政策和某些人对待文化遗产的错误态度，提出并阐释了应该批判地继承文化遗产和借鉴外来文化的观点。文章浅显易懂，但引人深思。

　　本文是一篇杂文，属议论类文体。

　　论点是议论文的灵魂。学生要读懂一篇议论文，首先要明确或提炼出论点。那么，学生能不能准确地找出这篇文章的论点呢？

　　我们设计了这样的问题进行诊断性测试：这是一篇议论文，你认为文章的中心论点是在哪一段提出的？中心论点是什么？

　　学生的回答基本分四类：

　　1. 在第二段提出中心论点，"但我们没有人根据了'礼尚往来'的仪节，说道：拿来！"

　　2. 在第五段提出中心论点，"'送去'之外，还得'拿来'，是为'拿来主义'。"

　　3. 在第七段提出中心论点，"我们要运用脑髓，放出眼光，自己来拿！"

　　4. 在第十段提出中心论点，"总之，我们要拿来。"

　　从学生给出的回答来看，许多同学对"论点"或"中心论点"的认识存在问题。对什么是中心论点、中心论点的基本特点并不清楚。

中心论点是作者对议论的问题所持的见解和主张，它应该用明确的判断句表达，赞成什么，反对什么，肯定什么，否定什么，应该十分明确。下面以此为基础，结合《拿来主义》文章内容，我们对这四句话进行判断，看看究竟哪句话是本文的中心论点。

我们来看第一句："但我们没有人根据了'礼尚往来'的仪节，说道：拿来！"

作者在第一段指出了"闭关主义"和"送去主义"的现象之后，话锋一转，写道："没有人……说道：拿来！"

这时，可以问学生：这句话明确地提出了作者赞成什么、反对什么了吗？学生可能回答没有，或能感觉到作者赞成"拿来"，但不够明确。

其实这个句子也是比较客观地提出一种现象，是对现象的一种描述，并没有明确作者赞成什么，反对什么，肯定什么，否定什么，一言以蔽之，它没有明确表达作者的见解和主张。

显然，这一句不是中心论点。

再看第二句："'送去'之外，还得'拿来'，是为'拿来主义'。"

这句话有几个特点：

1. 它是一个判断句，反对一味"送去"，赞成"拿来"。

2. 提出我们"得'拿来'"的见解。

3. 明确提出"拿来主义"的主张。

从这些特点上看，它符合一个论点的基本特点。

但我们不能忙着下结论说这句就是本文的中心论点。

我们接着看第三句："我们要运用脑髓，放出眼光，自己来拿！"

我们来找找它的特点吧。

1. 它是一个判断句，肯定地提出我们要做什么、怎么做。

2. 表达了"运用脑髓，放出眼光""来拿"的见解。

3. 提出我们要"自己来拿"的主张。

这句话也同样具有中心论点的特征，难道鲁迅先生给了我们两个"中心论点"吗？

下面我们探讨这两句话之间的关系，从而判断谁才是真正的"中心论点"。

第五段："我在这里也并不想对于'送去'再说什么，否则太不'摩登'了。我只想鼓吹我们再吝啬一点，'送去'之外，还得'拿来'，是为'拿来主义'。"

这一段是在剖析了"闭关主义"和"送去主义"的现象和危害之后，提出了实行"拿来主义"的主张。

那么，怎么"来拿"呢？"我们要运用脑髓，放出眼光，自己来拿！"很显然，第七段这句话指出有辨别（运用脑髓）、有主见（放出眼光）、主动获取（自己来拿）"来拿"的方法。

接着作者在第八段提出"首先是不管三七二十一，'拿来'"，第九段提出"他占有，挑选"，用喻证法阐明"运用脑髓，放出眼光，自己来拿"的具体态度和方法。

至此，我们应该有了一个判断，"'送去'之外，还得'拿来'，是为'拿来主义'。"表述的是赞成什么的主张问题，"我们要运用脑髓，放出眼光，自己来拿！"阐明的是怎么办的方法问题。两者相较，前者当为作者分析问题后提出的中心论点，后者是在围绕中心论点提出如何解决问题的方法。

至于第四句："总之，我们要拿来。"很显然是重申前面已经提出的主张，这里就不再赘述了。

通过对《拿来主义》"前阅读理解"的诊断性测试，我们发现学生对中心论点判断的"模糊"性，所以抛出"中心论点"的概念和特征，构建认知冲突，用比较、鉴别的过程创设探究的环境，最终达到纠正错误理解、还原本真解释的目的。

但问题的解决，是建立在对学生"前阅读理解"的诊断性测试基础之上的，教师必须以学情为出发点寻求解决问题的方法，我们的"教"才具有意义。

作者单位：首都师范大学附属房山中学

让名著走进孩子心灵

——以《朝花夕拾》为例浅谈名著教学的方法

张 利

　　名著是人类文化的精华。阅读名著，就像同名家大师们交谈。通过阅读名著，能提高学生的思想道德修养，使学生形成良好的个性，健全的人格……

　　名著阅读如此重要，中考也将其列为必考范围。《义务教育语文课程标准》中提到"培养学生广泛的阅读兴趣，扩大阅读面，增加阅读量……多读书，好读书，读好书，读整本的书"。统编教材主编温儒敏说"课外阅读总量不少于 260 万字，每学年阅读两三部名著""新教材专治不读书"。种种迹象表明，好读书者得语文。作为语文教师，深知阅读是语文教学的灵魂。但是在教学过程中，课内时间有限，整本书阅读主要通过课外阅读去实施。如何指导学生利用课外时间完成名著阅读，对于身在一线的语文教师而言，任重而道远。这条路唯一的起点是激发学生阅读兴趣，同时，还要给予他们阅读方法，营造良好阅读氛围。下面我以指导学生读《朝花夕拾》为例，谈谈我对名著教学的几点体会。

一、亲近作者，激发学生阅读兴趣

　　温儒敏教授认为，激发学生读书兴趣，是语文教学的"牛鼻子"。"部编版"初中语文名著把激发学生阅读兴趣当成首要任务。没有兴趣，就没有阅读。

　　《朝花夕拾》是初中统编教材规定学生读的第一本名著。作品虽然名气大，但在学生眼中似乎只能远观，难以亲近。怎样激发学生阅读兴趣呢？我以作者为切入点，先让学生从了解鲁迅其人开始。

　　在读名著之前，我搜集了一些社会名人对鲁迅的评价，如法捷耶夫在《论鲁迅》中说，鲁迅是真正的中国作家，正因为如此，他才给全世界文学贡献了很多民族形式的、不可模仿的作品。他的语言是民间形式的，他的讽刺和幽默虽然具有人类共同的性格，但也带有不可模仿的民族特点。毛泽东说，鲁迅在中国的价值，据我看要算是中国的第一等圣人。孔夫子是封建社会的圣人，鲁迅则是现代中国的圣人（摘自《毛泽东文集》第 2 卷第 43 页）。了解了中外名家对鲁迅的高度评价，学生对这位伟大的作家不由得心生敬仰之情。然后，趁热打铁，让学生在课下搜集有关鲁迅的资料，在课上开展"我眼中的鲁迅"交流活动。同学们搜集到了鲁迅的各种信息：鲁迅的家庭情况、鲁迅的爱好、鲁迅的发型特点、鲁迅的生活习惯、鲁迅写的著作、拍摄鲁迅的电影作品等等。这使得大家印象中严肃的、有些沧桑的鲁迅从神坛上走了下来；一个相貌普通，爱笑，叼着烟斗，说话幽默的鲁迅正慢慢向学生走近。

亲近作者，了解作者，喜欢作者，能有效提高学生的阅读期待。实践证明，只有激发学生阅读名著的兴趣，才能把学生带上名著的探索之路。

二、明确文体，整体感知名著风采

兴趣是难以持久的，授人以鱼，不如授人以渔。因此，教会学生阅读方法尤为重要。

《朝花夕拾》是一部散文集，要让学生首先明确散文阅读的特点。读散文其实就是读作者，通过阅读散文可以窥见作者独特的所见所闻所思所感。这样一来就激起了学生的好奇心，使他们产生通过作品穿越时空与作者亲密接触的想法。

《义务教育语文课程标准》中要求，能较熟练地运用略读和浏览的方法，扩大阅读范围，拓宽阅读视野。

我要求学生一周读完《朝花夕拾》，运用略读和浏览的方法粗略了解名著的内容。人们常说，不动笔墨不读书。让学生摘抄精彩语句，出一张《朝花夕拾》佳句欣赏手抄报，要求图文并茂。从摘抄的内容和版面设计方面评出一二三等奖若干，并在班级里展示。用荣誉感推动学生阅读，这也符合初一学生的心理特点。

有趣的活动能调动学生的学习积极性。我带领学生开展"送经典句子回家"的活动。学生在读这十篇散文时，从每篇中抽取两处自己喜欢的句子，用自己喜欢的书体写下来，通过实物投影让大家"猜猜看"出自哪篇，猜中多者有奖。这个任务布置下去后，学生开始有意识关注《朝花夕拾》中的细节描写，并在课下积极地交流，使学生的阅读热情高涨起来。

三、专题阅读，培养学生理解主题的能力

《义务教育语文课程标准》规定，欣赏文学作品，有自己的情感体验。对作品的思想感情倾向，能联系文化背景作出自己的评价；对作品中的人物形象，能说出自己的体验。

专题阅读的目的是要让学生对这十篇散文进行整理、体验、感悟、思考。在教师的示范下，引导学生通过相关文章或片段去体悟。这一学习活动把本是零散分布的一篇篇散文串了起来，进而打通文本，进行纵横交错式阅读。

针对《朝花夕拾》的文本特点，我给了学生四个专题：

（一）鲁迅的童年生活；（二）鲁迅生活中是怎样的人；（三）鲁迅的儿童教育观；（四）鲁迅探索救国之路的心路历程。

并向学生提出具体要求：

1. 全班分成七个组，每组四个同学，并选举一位组长。

2. 组内的每位同学领取下面四个专题中的一个，每个组员独立撰写自己所负责的专题汇报，然后在小组长的带领下合成一篇题为"《朝花夕拾》中的鲁迅"的大汇报。

教师带着学生做专题，力争让每个学生都参与活动，在阅读中有所收获，在活动中得到锻炼。在指导专题一"鲁迅的童年生活"时，我给学生提示：这本书里，我们既可以看到鲁迅先生儿童时代天真烂漫的生活场景，又可以看到鲁迅厌烦的生活，请你写成一段话再现鲁迅的童年生活。教师给学生做示范：夏天的夜晚在大桂树下听祖母讲童话故事（《狗·猫·鼠》）……

在教师的指导下，学生对名著的抵触情绪减少了，主动性增强了。学生感受到了名著阅读的乐趣。在潜移默化之中，学生记住了阿长谋害鲁迅的隐鼠，揣摩到了鲁迅要兴高采烈地看迎神赛会时，被父亲喝令背《鉴略》的无奈。

《朝花夕拾》这本散文集中出现了六个比较丰满的人物形象，他们分别是鲁迅先生儿时的保姆长妈妈、启蒙老师寿镜吾先生、父亲、恩师藤野先生、邻居衍太太、挚友范爱农。我要求学生撰写人物名片。这种整理人物名片的方法同样适合其他名著。教师给学生一个抓手，让学生做到有的放矢。针对这本书的特点，我设计了这样几个问题：这些人物和鲁迅的关系，外貌特征，相关事件，性格特点，鲁迅对他们的感情等。并带着学生一起做长妈妈的名片。

示例：长妈妈——长妈妈是鲁迅先生小时候的保姆。"生得黄胖而矮"，没啥文化，喜欢告状，还踩死了我的隐鼠，指导许多我讨厌的礼节。她有愚昧、迷信的一面，但她本质是朴实、善良、可爱的，别的大人不能做的事情她却做到了，在一次放假回来帮我买到了带图的《山海经》，令我终生难忘。

学生课下做另外五人的名片，利用课上时间交流，各组间相互查漏补缺。

班里一时掀起了《朝花夕拾》热。

教师把每个专题细化成几个具体问题，让学生跳一跳能摘到桃子。

在做专题三"鲁迅的儿童教育观"时，我提出了这样的问题：在《朝花夕拾》里，有哪几篇涉及了鲁迅的儿童教育观，将这些文章放在一起研读，思考鲁迅对儿童教育有什么体验和看法，并联系现实，看看鲁迅的观点在今天是否还有借鉴意义。

在做专题四"鲁迅探索救国之路的心路历程"时，具体方法是：在《朝花夕拾》里，有一些文章涉及了这一主题，留下了鲁迅在追求真理的人生道路上沉重的脚印，尝试联系这些作品，梳理鲁迅的经历，用第一人称，再现作者探索真理与追求救国之路时的心路历程。

当然，除了教师设置的这些专题，学生也可以根据自己的喜好设计专题，如"童年的鲁迅生活在怎样的社会"专题探究等。

通过专题性阅读，学生和名著面对面交流，对名著有了自己的思考，在探索主题的过程中自然而然地理解了名著，从多角度探究名著，同时，也领悟了名著存在的价值。

四、设计活动，学生交流阅读成果

新课程标准强调，加强对课外阅读的指导，开展各种课外阅读活动，创造展示与交流的机会，营造人人爱读书的良好氛围。

为了使学生体会到阅读的快乐与经典的魅力，更好地推进名著阅读，我组织学生围绕名著阅读开展各种活动，让学生展示读书成果。

学生在读名著时，我布置了写读书笔记的作业，并提出明确要求：概括章节内容，摘抄、背诵、赏析优美语句，谈谈感受。这样既可以让教师直接了解学生读名著的情况，又使学生在名著阅读中，有所读，有所思，有所得。通过阶段性的优秀读书笔记评选来激发学生的兴趣。

选择合适的内容进行课本剧表演。如《鲁迅和阿长》《鲁迅的童年生活》等都涉及多篇内容，表演需要整合篇章内容，学生在与名著的对话中，思想迸发出美丽的火花。教师从汇报内容和汇报形式方面评出一二三等奖。这样，以鼓励的方式来推动学生的阅读积极性。

用主题辩论营造阅读氛围，如"长妈妈在现代保姆市场会受欢迎吗""鲁迅的童年是幸福的还是不幸的"等等。学生畅所欲言，各抒己见，交流独特的感受。在辩论中，需要有明确的观点，还要有合理的论据。这样，不仅重温了自己阅读过的内容，还在交流与表达中弥补了自己的不足。学生开始明白，解读人物和主题，需要踏踏实实地阅读和思考。

通过组织各种活动，把学生抽象的阅读变成可见的成果，既增强了学生的成就感，又在班级中形成了积极的阅读氛围。良好的阅读氛围，为学生读名著插上一对翅膀，把他们带到更高更远的境界。

林语堂说："读书，开茅塞，除鄙见，得新知，增学问，广识见，养性灵。"作为语文教师，教会学生读书是首要任务。阅读名著，是提升学生语文素养的方法，更是培养学生正确的世界观、人生观、价值观的途径。语文教师应该做一粒会引导学生读书的种子，让这粒种子生根、发芽、开花，最终茁壮成长。

作者单位：北京市房山区交道中学

"双减"政策下小学语文作业设计
实践与思考

何　欣

在"双减"政策下真正实现作业数量减量、效果增加的目标，教师就应该充分地利用语文教育资源，丰富作业内容，减少重复性的低效作业，确保作业形式的不断创新，让作业能对学生产生更大吸引力，以促进学生更有效地掌握知识、形成能力，从而对语文学习产生更大的自信心和积极性。

笔者通过调研发现，目前小学生的语文作业内容较为死板，形式也较为单一。从教师层面来看，语文作业的设计更偏向于抄写生字、词语，听写、默写、背诵等基础性作业，虽然这样的基础性作业能够加深学生对基础知识的记忆，但缺少针对性和时效性。另外，教师很少花时间研究作业的设计，导致教师作业设计能力跟不上时代的脚步，达不到新课标的要求。从家庭的角度来看，家长和学生对作业的重视程度不够，从而无法发挥作业的真实作用。长此以往，学生不仅失去了去学习、去思考、去实践的过程，也没有达到通过作业培养学生思维能力和必要的生活技能的目的，使学生不能从作业内容中体会到学科魅力，更谈不上让学生成为"未来的终身学习者"。

基于以上思考，在语文作业的设计上，我是这样实施的：

一、设计口语作业，减轻作业负担

《义务教育语文课程标准》指出，教师要以促进学生核心素养发展为出发点和落脚点，精心设计作业。用少量、优质的作业帮助学生获得典型而深刻的学习体验。所以，教师在教学后，可以根据课型的特点，为学生设计口语作业。这样既可以让学生在"润物细无声"的情况下提高口语交际的能力，又可以将所学的口语知识应用到现实生活中。通过布置口语作业，还可以进一步减轻学生的书写负担，使得学生在"说"的过程中提高口语水平，从而在完成作业时获得良好的学习体验，这对学生后期有效应用口语知识进行交际非常关键，可以让学生的语文综合素养得到发展。

例如，教学"口语交际：辩论"时，教师可以为学生设计口语类的实践作业，要求学生结合辩题搜集材料，并且表达自己的观点，能在和对方讲话时抓住漏洞，适当地反驳，形成文明用语的习惯。具体实践时，教师可引导学生围绕"在信息化时代，我们用电脑打字，是否还需要练毛笔字？""竞争和合作，哪个更有利于取得成功？"等问题进行思考，引导学生结合实际的辩题，组成不同的辩论小组进行辩论。如此一来，学生在课下既可自行创编辩论稿，又能和小组成员相互配合，共同参加小组辩论赛。这一过程中，学生能详细阐述观点，在自由辩论基础上进行有效的口语锻炼，减轻学生书写作业、背诵作业的负担，可以使得学生在良好的辩论氛围下提高语文学科的综合能力。

二、创设趣味环境，设计写作作业

现代著名教育家叶圣陶老先生曾有这样的论述："阅读是什么一回事？是吸收。好像每天吃饭吸收营养料一样，阅读就是吸收精神上的营养料。""写作是什么一回事？是表达。把脑子里的东西拿出来，让人家知道，或者用嘴说，或者用笔写。阅读和写作，吸收和表达，一个是进，从外到内，一个是出，从内到外。"在小学语文教学中，写作和阅读均属于学生必学的内容。然而，由于小学生对写作普遍存在畏难情绪，这就需要教师创设趣味环境，调动学生写作的兴趣，激发其写作潜能。

为此，教师在为学生设计六年级下册第五单元写作作业时，就可以为学生讲述其喜闻乐见的科幻故事，围绕科学技术创编科幻作文，要求学生在写作时能自行上网搜集信息，将多元信息加以处理，从而围绕自己喜欢的科幻创意产品进行写作，令学生形成大胆而严谨的科学想象能力，创作出想象奇特而又令人信服的科幻故事。通过创设趣味情境，能避免学生在完成写作作业时对所写作的内容产生畏难情绪，从而促使其在良好的情境下能树立写作框架，产生更多的创意，高效率完成作业。

又如，教学"陶罐和铁罐"时，在这一类"争吵型"童话故事的教学中，采用创造性教学方式，以表演为载体，让学生在对话中展示故事情节、推进故事进程、塑造人物形象及阐述观点等。在课堂上，老师向学生讲解教科书中的人物形象之后，学生在舞台上把教材中的人物刻画得惟妙惟肖，给人一种生动活泼的感受。学生在自主创编表演类作业的剧本时，实则就是对知识进行"再创造"的过程。在语文学习过程中，学生可以体会到语文知识的魅力。此外，在学生表演课本剧过程中，还可以提升学生的语文素养。例如，在教学"景阳冈"时，学生需要根据主题要求和剧本特点发挥自己的想象力，将课文内容内化，以课本剧的方式演绎出来。这样一来，学生不仅对课文内容有了进一步理解，还提高了综合运用语言的能力，是提升语文素养的一种更好、更新颖的方式。

三、设置实践作业，强化创造意识

在语文教学中要突出创造性思维训练，启发、引导学生学会发现问题、提出问题，多角度、多层次进行深入、独立思考，使学生的思维具有变通性、流畅性、独特性、创造性，提高学生思维的品质。

在小学语文课堂上，实践作业是一种很受学生欢迎的作业。因此，老师在设计作业时，要主动地为学生设计出符合其需求的实践作业，这对于培养学生的创造力和发展性思维具有十分重要的作用，可以使学生在语文学习中取得更大的进步，进而提高学生的语文学科综合素质和实践学习能力。

例如，在教学"赵州桥"一课时，教师可以为学生布置两种类型的实践作业，分别是让学生了解赵州桥的设计年代、设计者、成就及影响，并制作成表格，以加深对课文内容的印象。另外，教师还可以布置一些手工作业，让学生根据课文中的内容，自己动手做一些"桥"的模型，从而体会到赵州桥的雄伟。如此一来，学生在制作赵州桥模型时，就会对赵州桥的长度、材质、花纹有更深一层的了解，通过缩小比例尺，挑选合适的材质，雕刻出精美花纹，让自己的作品更加漂亮。通过诸如此类的动手实践作业，可以防止学生在课下学习时产生作业负担，在学生动手实践的过程中真正提高其创造性思维和创造力，这对学生后期高效学习语文知识尤为关键，可切实地实现发展创造性教育的目标，为社会和国家培养更多具有创造性精神的人才。

爱因斯坦说："教育应当使所提供的东西让学生作为一种宝贵的礼物来接受，而不是作为一种艰苦的任务要他去负担。"小学语文学科肩负着为社会培养具有创造性精神的优质人才的任务。所以，教师在具体设计语文作业时，要从实际出发，变革传统的作业设计理念和方式，丰富作业形式，设计一些趣味性作业和实践类作业，让学生将所学的语文知识应用到完成作业的过程中，在完成作业时不断提高语文素养，促进学生可持续发展。

作者单位：窦店中心校

小学语文高年级阅读教学方法探究

隗功燕

　　阅读教学是小学语文高年级教学的中心环节，培养学生阅读能力是小学语文高年级教学的重要组成部分。阅读教学是学生、教师、教科书编者、文本之间对话的过程。阅读是学生的个性化行为，应引导学生钻研文本，在主动积极的思维和情感活动中，加深理解和体验，有所感悟和思考，受到情感熏陶，获得思想启迪，享受审美乐趣。教师应加强对学生阅读的指导、引领和点拨，但不应以教师的分析来代替学生的阅读实践，不应以模式化的解读来代替学生的体验和思考。可见，教师在小学语文高年级阅读教学中，应把"学生的阅读实践"放在重要的地位，优化教学方法，指导学生高效阅读，从而提高学生阅读能力，促进学生语文素养的提升。

一、求新求异，激发兴趣

　　好奇是学生的特点之一，新异的刺激能引起学生的主动参与，激发起学习兴趣，因此，学生学语文的兴趣往往来自"新"。教师的教学如果程式化，遵循一成不变的模式，就会使学生产生厌倦感。反之，如果能不断更新和变化，就可有效地激发学生新的探究活动，保持与发展旺盛的求知欲。因此，教师在小学语文高年级阅读教学中要不断"求新""求异"，争取每节课都能给学生新的刺激。

　　例如，在分析课文时，教师不要总是采取从头到尾分析讲解的模式，要经常变换切入的角度，可以从开头切入，也可以从文章题目讲起；有时从学生最喜欢的语段入手，也可以从学生感到疑惑的问题入手，还可以经常变换学习的方式，比如采取讨论、竞赛、摘记、列提纲、比较、质疑等。读书的方法也有很多，有师生对读、学生互相指定朗读、分角色朗读、竞赛朗读、配乐朗读等等。在课堂教学小结时，可采用概括式、评仪式、归纳式、理序式、抒情式等。由于经常变换各种教学方法，学生听课常听常新，从而有效地激发、保持、巩固了学生阅读的兴趣。

二、指导朗读，加深理解

　　朗读是小学语文高年级阅读教学的基础，加强朗读是培养学生阅读能力的重要方法之一。以读为本，这一自古以来代代相传的学习方法，对于语文学习来说，不失为一种行之有效的方法。三分文章七分读，涵泳工夫兴味长，正所谓"熟读唐诗三百首，不会作诗也会吟"说的就是这个道理。朗读既有利于发展学生的智力，使学生获得思想的熏陶，又有助于学生情感的传递，与作者产生情感共鸣，有效朗读能够深入理解课文，提高阅读实效。因此，在小学语文高年级阅读教学中，要重视学生的朗读训练，要让学生自主地、全身心地经历阅读过程。一篇课文，也只有让学生去诵读，去领会，去涵泳，方能得其妙处。如果语文教师对于所教的课文进行面面俱到地讲解，从时代背景讲到作者作品，从词句分析讲到文章结构，从艺术特点讲到主题思想，却不让学生自己通过诵读去领会，则如面对一盘佳肴而不让食客去品尝，其后果也可想而知了。

作为语文教师，在小学语文高年级阅读教学中设计朗读环节，这只体现了教法，而具体指导学生如何朗读，如何培养起朗读的兴趣，如何由朗读去领会课文的内容，则是学法的指导。教师要精心设计，有效指导学生朗读抒情性很强的文章，这样学生带着感情朗读起来就会声情并茂，极富感染力，使读者、作者文中人物的感情融为一体，达到情景交融、和谐统一的境地。同时，教师通过听学生的读也可以了解学生的阅读状况，了解学生对课文的理解程度。

三、鼓励质疑，独立思考

现代教育心理学研究指出，学生的学习过程不仅是一个接受知识的过程，而且是一个发现问题、分析问题、解决问题的过程。质疑，就是提出问题。对此，古人有许多精到的论述："学贵有疑""疑是思之始，学之端""小疑则小进，大疑则大进"。古人也有自己在这方面的实践，宋濂就强调自己除了"遍观群书"，就是向名师"援疑质理"。这些理论和实践都带给教师启示，要鼓励学生勇于质疑，在阅读中发现问题，善于质疑，进而释疑，达到领悟问题的目的，这样有利于学生形成独立思考的能力，从而提高阅读能力。

例如：教师在课前指导学生预习课文时，除了学会一些生字、新词，读懂一些句子，粗知课文内容，发现写作顺序等，必然会遇到一些困难，产生一些疑惑。这些疑惑和困难，正是教师引导学生进一步熟读精思的良机，引导学生读懂课文正应抓住这一良机，帮助学生答疑解惑，这样既可以避免"全盘授予"式的讲解，提高教学效率，又会使学生"领悟之源广开，纯熟之功弥深"。所以，教师鼓励学生敢于质疑，善于质疑，这是学生主动学习的关键，是独立思考、深入理解课文的途径，也是培养学生阅读能力的关键。教给学生在阅读基础上质疑，辅以教师的点拨，就能达到"教师之为教，不在于全盘授予，而在于相机诱导"的境界，学生逐渐形成独立思考能力，有助于阅读能力的不断提高。

四、借助媒体，创设情境

多媒体辅助教学是一种全新的教学手段，它给教育教学改革带来新鲜的空气，它的直观性和形象性直接作用于学生的感官，在教学中可以为学生创造情境，不断激发学生的学习欲望，保持持续的学习热情，加深学生对所学内容的理解和掌握，弥补传统教学方式在直观性、立体感和动态感等方面的不足。多媒体的应用，就是将学生左脑的抽象思维与右脑的形象思维相结合，多渠道地充实学生的阅读感受，创设的教学情境有利于学生深入学习，强化和丰富学生的情感体验，为学生理解课文内容打下良好的情感基础，借助多媒体开展教学活动，有助于提高阅读的实效性。

如：在教学小学语文高年级"我爱三峡"一课时，教师制作"瞿塘峡""巫峡""西陵峡"的相关视频，指导学生为每段视频配上 200 字左右的解说词。上课时，边演示、边解说、边评议，在情境中学习，有助于学生对课文内容的深入理解，同时，学生解读和运用语言文字的能力、想象力、创造力也会得到训练和提高。再如，在阅读"我爱故乡的杨梅"一课时，配以悠扬的古典音乐，多媒体演示烟雨江南美景，一下子就将学生带入情境中，这样的情境创设能持续保持学生的阅读兴趣，提高阅读实效。

五、抓住"空白"，丰富体验

讲读一篇阅读课文时，要引导学生全面理解课文内容，对文章有完整的认识，才能加深学生对文章所表达的思想感情的理解。但由于作者有时为了突出文章所要表达的思想感情的需要，故意给读者留下遐想的"空白"，给学生全面理解文章内容，深入领会文章思想感情带来了"困难"。这些是作者在创作作品时精心编排和设计的，是留给学生的创造性因素，能很好地激发学生的想象思维，唤起学生进行创造性阅读的欲望。因此，教师在教学时，一定要用敏锐的眼光去捕捉这些空白点，品味作品的"韵外之致"和"味外之旨"。这时就要求教师在自己深入研究课文，全面把握课文内容的基础上，抓住空白设计，进行填补训练，引导学生展开想象，帮助学生理解课文内容。

如：在学习小学语文高年级阅读课文"买小狗的小孩"时，让学生在理解课文内容的基础上，展开想象，想一想，小男孩把小瘸狗带回家后，别人怎样看？怎样说？他又是怎样回答的？这样的"空白"教学设计，就是让学生通过阅读实现角色体验，不同的经历、感受和认知就会有不同的人物表达，通过想象，填补"空白"，实现了角色转换，从而进一步让学生体会小男孩的思想感情，这样设计有助于学生深入理解课文内容，升华文章的核心思想，丰富学生的阅读体验。教师在阅读教学实践中要善于抓住文本空白，更应该会利用文本空白，这样才能让阅读充实起来、课本厚实起来、课堂丰富起来。

我们常说"教无定法"。多样性，是小学语文高年级阅读教学方法的特点之一。因此，教师在进行小学语文高年级阅读课教学时，要根据小学语文高年级阅读课的教材实际，根据小学高年级学生的认知特点，恰当运用行之有效的教学方法提高阅读教学实效，培养和发展学生的阅读能力，这样就能奏出动听的小学语文高年级阅读教学的"交响乐"。

作者单位：北京市房山区教师进修学校

利用校内外资源进行语文教学

钱玉香

通过研究中高考试题，我逐渐发现，语文更加侧重考查学生的语文应用能力，每一个考查的知识点都会放到不同的生活情境中。也就是说，学习语文不再是传统意义的"死记硬背"了，而是考查学生用语文知识解决生活中的问题的能力。所以，我认为语文的学习离不开生活，要让学生在生活中有一个好的语言环境，受到潜移默化的影响，将语文知识与生活结合起来，提升他们的语文素养，那么语文成绩自然也就好了。因此，这两年，我充分利用校内外的生活资源进行语文教学，作了以下尝试。

一、校内生活中的语文教学

（一）利用校内文化设施进行语文教学

学校是教书育人的场所，所以特别注重校园文化的建设，比如在我校的文化设施中，玉兰广场诗词牌、树木挂牌、走廊或者阶梯转角处的名人名言等，对学生的思想启迪、情感陶冶、语言示范都有不可忽视的作用。我校的"雅园"和"省园"，是学生休憩和陶冶性情的好地方，当然也是我进行语文教学的最佳场所之一，所以，我利用校园文化建设开展了一系列的语文教学活动。

1. 仿写

鲁迅先生有一篇家喻户晓的文章《从百草园到三味书屋》，里面有一段大家耳熟能详的景物描写："不必说碧绿的菜畦，光滑的石井栏……"。讲课之前，我让学生熟读了这段文字，感悟这段文字的意境与童趣；然后，利用一节大课间带学生到我校"省园"亲自观察；接着，我又照了一些园子里的景物特写留作备用；我利用一节课的时间讲解这段景物描写的写作手法之后，将我之前照的照片投影，让学生结合"省园"的景物特点，仿照文中段落写一个片段。

2. 应用文写作

中考改革后，语文试卷中注重考查学生的语文知识应用能力。我们将应用文分门别类，分类学习。比如，学到推介类应用文时，我利用学校的文化景观，如我校综合楼前的"尚勤"石，高中楼后的"学苑"，食堂后的"雅园"，还有我们的玉兰广场和诗词牌等，让学生写推介应用文，向大家介绍校园里的景观文化。

3.学对联

一直以来，语文学科都承载着"教育引导中小学生弘扬民族精神，传承民族文化，发扬传统美德，增强民族文化自信和价值观自信"的责任，所以，我们要进行书法、诗歌鉴赏、京剧、对联等知识的学习与应用。在学习完对联之后，我带着学生去欣赏"雅园"里面的对联，甚至还有同学学古人模样，摇头晃脑吟诵起来，真是兴趣颇浓。

4.寻春悟秋，体会诗意人生

现在到处是钢筋水泥，高楼林立，学生总是缺乏细腻的情感，在他们眼里，春夏秋冬只是时间的代名词，他们不曾也不想去体会、感受自然之美，当然他们也就无法理解文人骚客借助自然事物抒发内心情感的境界。所以，我带着他们转遍校园，寻找春之美、感悟秋之思，把自己化身为文人墨客，体验诗意人生。

（二）利用校内活动进行语文教学

如今的教育非常重视学生的综合素养，所以学生们在校不再是单纯地上课听课写作业，而是会组织很多校园活动，培养他们的各项素养。这些活动也可以是我们语文教学的素材。

1.学写消息

学校的活动丰富多彩，让学生们将这些活动以新闻的形式报道出来，孩子们有亲身体验，写起来自然得心应手，而且还可以投稿刊登在校刊上，这是多么光荣的事呀，积极性怎会不高？

2.学习采访

每次活动都会有比赛的形式，有比赛就会有输赢，那么根据采访对象设计不同的采访问题，如何做到表达得体，便成了我的教学重点。

除此之外，我们还可以选择合适的活动进行其他知识点的练习，如开场白、颁奖词、诗词创作、方案设计等。

二、校外生活中的语文教学

现在学生接触的东西非常多，外在诱惑也很多。手机和电视成了令家长和教师头疼的设备。然而，我们可以引导他们正确使用手机和电视，让它们成为我们语文教学的辅助工具。

（一）让手机成为我们的助手

手机拍摄照片，进行写作教学。引导学生将一些特殊的天气现象或是一些美好的情景拍摄下来，将照片带到学校，为大家提供写作资源，当他自己拍摄的照片入选资源库后，他会极其认真地对待任务，这样不仅控制了他的手机使用，还提升了学生写作的积极性，最重要的是，我们还让他拥有了一双发现美的眼睛。

（二）让电视为写作服务

看电视，进行写作教学。现在的孩子，每每讲述一件事或刻画一个人物时，总是非常笼统，不知道写什么，不知道此时此刻应该会出现什么状况或什么神情……如今的演员们拼演技，有些演员的表演特别到位，那么，我们可不可以利用电视剧训练写作呢？经过我的尝试，是可以的！

比如，我曾给孩子们看过电视剧《小别离》中的某一场景，讲述孩子与爸妈吵架的片段，我让孩子们观察剧中人物的表情、动作、语言等细节表现，然后让他们讨论哪些是可以写到我们的作文中的，孩子们特别感兴趣。

当然，除此之外，我们还可以让他们看电影、当"导演"。作为一个电影导演，当他想把人物形象塑造完整，或是想把人物情感准确地传达给观众时，他会动用很多手段，比如景物渲染、对比衬托、放慢动作、细节特写等等，而这些不也正是我们写作的手段吗？所以，我要求学生把自己的作文当成是一部电影大片，而自己就是最好的导演，运用各种方法将自己的作文导演成清新文艺的故事片，或是悬念丛生的科幻片，或是感人至深的催泪片……这样写作文，自然不会觉得枯燥无味了。

除了上述这些，我们还有很多很多校内外资源可以利用，比如歌词、广告，乃至生活中的一山一水、一草一木，只要我们加以利用，它们都是我们很好的教学资源。

总之，语文资源无处不在，随处可见。只要我们注意引导学生，凡事多留心，那么我们会和学生一起在"生活"这个大课堂中学到很多知识，定会让学生的语文素养得到大幅度提升。

作者单位：北京市房山区交道中学

发现课文里的故事　引发学生学习的兴趣

顾春艳

　　语文课堂中离不开听说读写的学生活动，怎样促使学生多层次地读，让学生读进去呢？我们要注意阅读的策略，还要注意教学中的故事内容，要么让学生了解背景故事，要么让学生由现象去探索新知，在阅读教学中梳理课文中的要素，把握内容的要点，学生才会经过自己的判断，发现作者核心的观念。而课本中的内容也是多元化的，那么，我们语文课堂里，又有哪些引发学生兴趣的背景故事呢？

一、诗词里的情怀

　　古诗《示儿》和《题临安邸》两首诗的历史背景一样，都是被金人侵略之后。在临安建立的小南宋，偏安一隅，得到了几年的安定。孩子们了解诗里的背景故事，诗人是在那种力求祖国统一的强烈思想下，而统治者却只顾自己贪图享乐，不为国家以及百姓考虑的状况下，才留下了这悲愤的名句"暖风熏得游人醉，直把杭州作汴州"，更是至死不忘"王师北定中原日，家祭无忘告乃翁"。当孩子们了解了诗人当时的社会环境，国家的危难，怎么会不理解诗人的想法呢？

　　此时，再读这首诗，孩子们眼前，仿佛出现了"金人挥师南下，金戈铁马，掠我国土的惨烈"，仿佛看到了"百姓流离失所，拉家带口急于奔命的场景"。对当朝统治者，多了一份怨怼；对当时的国家，多了一分想法，"王师北定中原日"，国家统一了，那又是怎样的画面？孩子们感受到了诗人深深的希望祖国统一、百姓生活安定的情怀！

　　诗以抒发情感，诗以托物言志。每首诗里，都有着作者的情感寄托，而这背后的故事，孩子们既好奇，又感兴趣。课中恰当的故事点拨，激发了他们探求古诗的兴趣。

二、季节里的诗意

　　"语言的魅力"一课，写了诗人为了帮助盲老人，在他写的字前面加了一句"春天来了，可是"几个字后，人们就纷纷慷慨解囊。这个故事让我们感受到了语言的巨大力量——它可以在人与人之间织出爱的纽带。可是，怎么才能让学生感受这几个字的魅力呢？

　　在教学"语言的魅力"一课的第六自然段，春天的景色时，让孩子们去充分感悟春天的美丽，课件里每出现一个春天的画面，孩子们就用自己的语言描述看到的画面。老师就总结一句古诗，"碧玉妆成一树高，万条垂下绿丝绦""桃花一簇开无主，可爱深红爱浅红""天街小雨润如酥，草色遥看近却无。"……

在这春天美景的视觉冲击下，孩子们陶醉着，可能想起了"微风拂面，他在春风里跑着、叫着"；可能想起了他在"他的风筝飞上天空，越来越高"时的惬意；可能想起了爬上山顶"一览众山小"，满眼绿意盎然的样子……

就在这美好的回想中，美丽的景色，突然变为一块黑色屏幕，伴着二胡的悲乐，孩子们的情感急转直下，心里充满着凄楚、悲凉的情绪。这种落差，一下激发了孩子对盲老人的同情，达到了预期效果，感受到了语言的魅力。这样的教学方式，不但合理地分配了课堂教学的时间，还给了孩子思考时间，而且还教给了他们学习文章的方法，锻炼了孩子的语言表达能力，可谓一举多得！

三、成语里的历史

一位哲学家说过，"读史使人明智"，我们语文课文中，也多带有历史底蕴的内容。而且理解课文的同时，脱离不了对这些历史背景故事的认知。

四年级第七册语文书的实践活动里就出现了"望梅止渴"这个成语。说的是曹操带领部队，在骄阳似火的天气里，行走在弯弯曲曲的山路上，士兵走得很慢。曹操询问向导之后，怕贻误战机。望着前边的树林，告诉士兵，绕过前面的山丘，就能看到梅林了，里面的梅子又大又好吃。这让士兵精神大振，加快了步伐。孩子们读后，知道了这个成语的意思，并且也明白了它和历史上的人物曹操有关。这时，教师借着这个成语，告诉他们，历史故事成语就是出自历史上的人物故事，是曾经发生过的事。让孩子们又积累了一些历史故事成语。

同时还让孩子们把接触的成语分类。课文中学得较多的是寓言故事成语，如亡羊补牢、叶公好龙、鹬蚌相争、掩耳盗铃等。还从孩子们的阅读书目中，整理了一些神话故事成语，如精卫填海、女娲补天等。相信这样的坚持，对孩子们会有帮助。

四、神话里的想象

中国神话故事是古代劳动人民经过长期的社会实践，在劳动生活中创造出来的。它们关于宇宙、人类起源、部族战争等等，这些故事在民间口耳相传，充满神奇的幻想。这更让孩子们喜爱神话故事了。在我们的语文课本里，也可以挖掘关于神话的内容，巩固知识的同时，也能促进孩子们的阅读兴趣。

比如："龙"这一课，我们利用拓展问题这一环节，向孩子们展示龙在民间的一些传说。同时，随着教师的讲述，播放相关的图片，如寺庙里驮石碑的赑屃、古代建筑屋檐角上的龙纹鸱吻、大鼎上的龙纹饕餮、宝剑环上的龙纹睚眦等等。

这些都是传说中龙的儿子，面对有趣的神话故事，孩子们会极其感兴趣，让他们课下搜集关于龙的成语。孩子们搜集到：卧虎藏龙、叶公好龙、龙争虎斗、龙飞凤舞、画龙点睛、龙潭虎穴、车水马龙、望子成龙、龙腾虎跃……在这样的拓展活动后，相信孩子们会去翻阅更多的书籍，或搜索网络，找寻"龙"的故事，感受中国古代神话的魅力。

五、美食里的传承

中国饮食文化历史源远流长，它经历了几千年的历史发展，也成了世界饮食文化宝库中的一颗明珠。我们的语文课本中，也有关于饮食的介绍，它只是让孩子们知道这些美食而已吗？作为教师，要让孩子们感受到祖国文化的博大精深，即使是美食都有它的文化。从这些文化里，去感悟作者的情感。

"故乡是北京"一课里的美食文化。这篇课文，以诗歌的形式，赞颂了我一直深深爱着的故乡——北京。全诗语言通俗易懂，像叙述家常一般，却在字里行间饱含着深厚情谊。热爱家乡，我们都会说，但怎么才能让学生感受到作者对自己家乡的那份深深热爱呢？

在讲述家乡的美食一段，教师让文中的美食以图片的形式呈现在孩子们眼前，每一张图片，上面都配有一些文字介绍，随着家常饼、豆浆、油条的出现，孩子们的脑海中也在搜索家乡的食品还有什么。教师马上出示北京的家乡小食。课件中出现，色泽雪白的江米面艾窝窝，金黄色的豆沙馅驴打滚，色泽浅黄、细腻、纯净的豌豆黄，还有焦圈、面茶、糖耳朵、糖葫芦、烤鸭……一系列图片的出现，让孩子们看到了美味的食品，他们还在美食回味中，教师就问："这些都是哪里的美食？"孩子们异口同声地回答"北京"。这时，教师提示："别的地方有吗？作者每次想到这些美食，其实也在思念什么？"孩子们由此想到了作者在思念自己的家乡，接着，带着这种理解去读诗歌。孩子们的朗读多了一丝情感在里面，语气节奏也能把握得更好。

六、国粹里的京韵

京剧，曾称平剧，是中国五大戏曲剧种之一，腔调以西皮、二黄为主，用胡琴和锣鼓等伴奏，被视为中国国粹，位列中国戏曲三鼎甲"榜首"。

徽剧是京剧的前身。京剧形成后在清朝宫廷内开始快速发展，直至民国得到空前的繁荣。京剧走遍世界各地，成为介绍、传播中国传统艺术文化的重要媒介。

在"京剧《赤桑镇》选段"这一课引入时，教师向孩子们说明它是一门综合艺术，以唱、念、做、打、舞表演为中心，具有北京特色的戏曲剧种，它诞生在北京，所以称之为京剧。一般地说，京剧唱词都具有古诗词的特点，简洁、凝练，有节奏感和韵律美。

京剧的介绍，给了孩子们一个整体认识。课堂中随着深入学习，在介绍包公这个人物时，紧跟着展现了他的京剧舞台图片，让孩子们了解包公的舞台形象。舞台上黑脸的包公，显示了他的公正不阿，铁面无私，孩子们在心理上先有了肃穆感。接着，课文学到他劝嫂娘的内容时，又出示了京剧《赤桑镇》选段的图片，包公和嫂娘的舞台样子，孩子们结合图片和唱词表达的内容，明白了包公告诉嫂娘"正人先正己"的道理，坚决不能为包勉徇私的决绝。此时，教师再次介绍了包公一些秉公执法的事迹，包公这个人物的廉洁奉公、敢于替百姓申不平的形象以及舞台上的表现形式就深刻在孩子们心中。

　　作为一名教师，我们传道授业。作为一名语文教师，我们更身肩历史使命。怎么才能帮助孩子们探求诗词、文章背后悠久的历史、灿烂的文化，使他们对语文学科产生浓厚的兴趣呢？我们语文教师任重而道远。

作者单位：房山区城关小学

小学阅读教学中存在的问题及解决办法

张凤敏

在目前的阅读教学中，我们常常会这样做：把问题抛给学生，让学生通过阅读寻找答案，然后让学生在小范围内交流讨论，最后在全班汇报交流。有时甚至都没有小范围的交流，直接就开始全班汇报。在学生汇报过程中会穿插教师的一些点拨、引导、补充。最后再对全文进行总结，让学生谈谈收获，一篇文章的理解就算完成。这个过程似乎很完整，也基本完成教学任务。但是，在这个过程中，我们也发现了很多问题。

一、碎片化的理解

阅读教学过程往往存在这样一个问题：每个个体只关注自己对课文某一个或两个点的理解，并没有真正深入思考同伴的理解，学生的理解往往是碎片化的。首先，教师没有让每一个孩子把支撑问题的点找全的意识，a 生找一点，b 生找一点，c 生再找一点。俗语讲"三个臭皮匠，顶个诸葛亮"，教师恰恰缺少让孩子变成诸葛亮的过程。关键的问题出在哪呢？其实教师缺乏系统思维，同时更缺乏训练学生系统思考、全面看问题的意识。

比如：教学"董存瑞舍身炸暗堡"一课，学生自读理解的中心问题是"董存瑞是一个怎样的人，你是从哪些地方体会到的？"学生经过自读理解后，开始汇报自己的理解。a 学生说："从第二自然段董存瑞的语言中，体会到他是一个勇敢的人"；b 学生说："从第六自然段描写董存瑞中弹的句子，体会到他是一个坚强的人"；c 学生说："从第七自然段描写董存瑞手托炸药包的句子体会出他是一个不怕牺牲的人"；还有学生从董存瑞高喊"同志们，为了新中国，冲啊！"体会出他是一个爱国的人……那么，董存瑞到底是一个怎样的人呢？这时，教师应引导学生联系战斗的前后，全面概括董存瑞的精神品质，可是教师往往到这一步就止步了，认为问题就算解决了。其实，教师缺乏引导学生全面看问题和系统思考的意识，学生认识到什么程度就算什么程度。这样的教学也会造成学生提取信息不全面、解释说明不准确的问题。那么，我们应该怎样做呢？我们应该引导学生，联系战斗前后，把分散的点变成线，综合去看董存瑞是一个怎样的人。这样做也符合学生的认知规律，从感性到理性，从简单到复杂。

二、面面俱到的学习

带着问题阅读理解一篇文章的时候，也容易出现这样的问题，就是觉得哪里都好或者哪里都重要，每一部分都要让孩子读读、说说，结果造成哪里都学了，哪里都没学透，学生的收获反而小。毛泽东有一个著名的战略战术原则：伤其十指，不如断其一指。与其糊里糊涂地学一片，不如让孩子吃透某一点。要避免这种现象的发生，首先需要教师有良好的语文素养，不能盲目地照搬教参，教师要深入研读课文，准确地捕捉教材中有价值的学习内容，通过恰当的教学策略让学生掌握。

比如"军神"一课，这篇文章最有学习价值的信息是什么？有的教师把内容锁定在"刘伯承在手术台上的表现"。刘伯承在手术台上的表现最容易打动读者，其实也是最容易理解的内容，如果我们把大部分时间都用在孩子一读就懂的地方，等于浪费时间。这篇文章最值得研究，也是学生感知不到的就是侧面描写，课文中用大量笔墨描写了洛克医生的神态、情绪、语言，通过抓住对洛克医生的描写，反衬出了刘伯承的意志坚强。然而，这在学生看来就是对话而已，不会意识到这样写的作用。有经验的教师可能会让学生首先找出文章的线索，即洛克医生神态、情绪的变化，然后寻找洛克医生产生一系列变化的原因，从而找到文章的第二条线索。再让学生思考，这篇文章的主人公是谁？按第一条线索，主人公应该是洛克医生，如果按第二条线索，主人公则是刘伯承。第二条线索是第一条线索的原因，可见第二条线索是根，因而区分主次。接下来要进一步分析，既然主人公是刘伯承，去掉第一条线索行不行？简单写第一条线索行不行？为什么要详细描写？进而体会出侧面描写的作用。这个学习过程是有思维含量的，所以在学习这篇课文的时候，我们应该锁定价值点。当然，刘伯承在手术台上令人震惊的表现也应该让学生去体会，毕竟语文的人文性是不容忽视的，刘伯承的坚强意志品质，对塑造学生的心灵会起到一定作用，但不宜占用时间过多。

三、形式化的自主

目前的阅读教学中还存在一个比较严重的问题，就是自主学习走形式。在课堂教学中有如下表现：自主阅读思考环节以学生为主，汇报交流环节仍然是以教师为中心。在汇报环节，教师不给学生充分的对话、交流机会，很快就抢过话语权，一点一点启发引导，又变成学生围着教师转，之前的自主学习仅仅是走形式。有的课堂还存在另外一个走形式的极端，就是从自读到汇报完全交给学生，教师基本不插话，整个课堂像是在演戏。出现这两种现象的原因是什么呢？我认为教师对自主学习策略还没有真正把握。要想让学生能够充分地自主学习，教师可以将自主学习的任务进行分解，通过任务驱动让学生真正完成自主学习。

怎样让学生自主读书呢？我们不妨研究一下学生自读过程的程序。第一步，学生带着阅读任务开始自读，提取信息，批画，找出问题在文章中的位置；第二步，汇总信息，整理信息之间的联系，将文本信息变成自己的理解，思考怎样汇报；第三步，与小组成员交流自己的想法，小组汇总组内每个人的信息，归纳相同点与不同点，形成思路，做好与全班交流的准备（如果内容比较浅显，可以不经过小组讨论）；第四步，全班交流，信息加工的过程与前两步是一样的，不同的是，在这一环节多了教师的信息。

那么，在这一环节，教师应加入什么样的信息呢？很多教师在这个环节，往往简单地充当裁判官，急于肯定或否定，或者干脆拿过话语权，进行讲解。我认为这样的做法不妥，教师可以这样做：（1）引导学生归纳全班的信息，使学生对问题的认识更加全面；（2）对于对立观点，可引导学生再进行思辨，可以组织辩论，最终达到让学生自己解决问题的目的；（3）对学生不恰当的理解，提出疑问，引导学生再思考；（4）在学生认知的基础上，再提出更深层次的问题。这样教师就能真正成为一个组织者、参与者、引导者。

四、简单的动笔批画

在日常的语文课堂中，不难发现很多学生都没有养成不动笔墨不读书的习惯，有的学生只是为了应付教师的任务，随意勾画，有的学生只是简单地画一些词语、句子，能深刻地写出自己理解、感受的学生并不多。造成这种现象的原因可能是多方面的。第一，教师缺乏方法的指导，学生不知道怎样批画；第二，缺乏相应的评价策略，学生认为画与不画都没有关系；第三，学生的阅读、理解能力较低，对文字没有深刻的理解。怎样改变这种现状呢？

我认为要想让孩子养成良好习惯，教师首先要作示范，教师可以把自己怎样圈点批画的过程展示给学生，让学生学会方法。其次要运用评价，督促学生养成良好习惯。教师还可以创新让学生动笔的形式。

例如：运用不同符号标记，直线、曲线、三角、五星分别代表不同的意思，让学生选择自己喜欢的符号标记，还可以配上简易的插图画出自己的理解。对于高年级学生，教师应该让孩子养成在书上进行小标题归纳的习惯，这样便于教师发现提取信息是否全面，也便于学生与别人交流。另外，勾画思维导图，提炼文章线索，也是学生乐于接受的方式。在学习"七颗钻石"一课时，教师让学生用自己喜欢的方式记录出水罐的变化过程。

有的学生是这样画的：

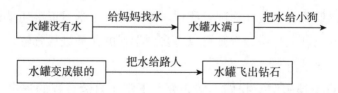

有的孩子用表格表示：

第一次	给妈妈找水	水罐变满了
第二次	把水给小狗喝	水罐变成银的
第三次	把水给口渴的路人	水罐里飞出七颗钻石

学生经过这样的描画，对课文内容有了更加清晰的认识，也真正把书上的内容变成自己的理解。这样的过程比在书上简单勾画更能锻炼学生的阅读理解能力，培养学生的阅读素养。

阅读教学过程绝不仅仅是简单地读读、画画、说说的过程，教学每一步都需要科学的策略，有了科学的策略才能把过程做扎实，学生的阅读能力才能逐渐提升，否则学生读得再多也是囫囵吞枣。作为一线教师，在课堂上应不断探索、研究，让每一节语文课都成为学生阅读能力提升的基石。

作者单位：北京市良乡中心小学

教育需要走近学生

李玉莲

教育学生是十分磨性子的工作，需要细心和耐心，用句最通俗的话形容就是"慢工出细活儿"。作为教师，既然选择了这个职业，就应该责无旁贷地拿出匠人精神，精心研磨手中的"细活儿"，把学生教育好。要教育学生，首先要走近学生，了解学生的喜怒哀乐，进而促进学生的健康发展。说到走近学生，就不禁想到自己在教育学生过程中曾经的无奈与苦恼以及后来的欣慰与快乐。如果让我总结自己是如何通过努力走近学生、成功引导教育学生的，我认为最关键的方法就是了解、宽容和沟通。

一、全面了解学生是一切教育活动的前提

读懂了学生的实际状态，教育教学才有了可靠的前提和依据。如果教师不了解学生的想法，只从自己主观角度看问题，往往会事倍功半，甚至走向教育的失败；反之，全面了解学生，有的放矢地进行因材施教，才能使教育的光芒照耀到教室的每一个角落。

我曾经读到过一个故事，故事的内容是这样的：一位钢琴老师遇到了一个叫罗比的学生，罗比很努力，却没有音乐天赋，总是弹不好。老师委婉地告诉罗比他已经错过了学钢琴的最佳年龄，但罗比却坚持说他的妈妈总有一天会听到他的演奏。后来因为妈妈病了，罗比不再来上课，老师感觉松了口气，再不用教这个笨学生了。学生会演时，罗比主动要求来参加演出。出乎老师意料的是，罗比演奏得非常好。当老师问罗比如何能演奏得这么好时，罗比告诉老师他妈妈早上去世了，他妈妈出生就聋了，所以他之前努力练习，要让妈妈在今晚听到他的演奏。老师听完罗比的讲述，内心充满自责和愧疚，她觉得罗比成了老师，给她上了重要的一节教育课。

读完这则故事，我受到极大的震动。故事中的老师曾经因为罗比的不进步而劝其放弃，也曾经因为罗比的不来上课而窃喜，后来因为罗比出色的演奏而震惊，到最后因为罗比对去世的先天失聪的妈妈的爱而震撼和感动。我在想，如果老师更早地了解到罗比的处境，她就会给罗比更多的关爱，在罗比妈妈患病和去世的时候，老师的爱就能成为罗比的精神支柱，这样老师也不会有那么多的愧疚了。所以，我在教育工作中时刻记得全面了解学生，给学生足够的关爱，帮助有困难的学生走出困境，健康发展。

我班上曾有个男生，爸爸妈妈在山区务农，他跟着奶奶在学校附近租房住。远离爸爸妈妈的孩子容易出问题，我就时常找机会和他谈心，鼓励他培养自制力和自信心，好

好学习让爸爸妈妈放心。开始的时候，他各方面表现都挺好，但一个学期过后，他情绪起伏明显，甚至偷偷用小刀划课桌。我及时找到他，先委婉地询问他最近班级整体状况好不好，有没有什么问题，他说没有什么问题。我又询问他最近是否回家看望过爸爸妈妈，不提他爸爸妈妈还好，提到他爸爸妈妈他脸色立刻垮下来。我温和地询问他是否家里有什么事情，他开始不说，后来在我语重心长的劝慰下，他终于肯说出最近情绪波动的原因。他奶奶身体老去、自顾不暇，爸爸妈妈又不在身边，令他很苦恼，找不到解决办法，偶尔就会情绪激动。了解到他的情况之后，我先开导他要体谅爸爸妈妈的辛苦，在力所能及的情况下照顾一下奶奶。为减轻他的负担，班里值日先让其他同学替他做；我也鼓励他多想学校生活的丰富多彩和同学师生间有趣的事情，转移自己的苦闷。谈心之后，他的状态有所好转。之后我又联系了他的爸爸妈妈，详细地介绍了孩子目前的状态，并建议孩子的爸爸妈妈尽量多陪陪孩子，并想办法改善一下目前的状况。在后续与男生和他家长的沟通中，商议出了较好的解决办法，终于看到了男孩儿阳光般的微笑。后来，男孩儿发展平稳并考上了理想的大学。

只有我们放下班主任的架子，怀揣真诚走近学生，将我们的细心、耐心、爱心传递给学生，去抚慰他们曾困惑、无奈甚至受伤的心灵，才能帮助学生树立信心，逐步走出困境，迎接新的开端。

二、宽容的胸怀是教育得以实施的保障

宽容是高贵的品质、仁爱的光芒和无上的智慧，更包含着宽广的胸襟和理解的力量。让宽容成为教育得以实施的保障，教师的一点点发现、一点点肯定，会产生意想不到的教育效果。

陶行知先生当校长的时候，有一天看到一位男生用砖头砸同学，便将其制止并叫他到校长办公室去。当陶校长回到办公室时，男孩儿已经等在那里了。陶行知掏出一颗糖给这位同学："这是奖励你的，因为你比我先到办公室。"之后他又掏出一颗糖，说："这也是给你的，我不让你打同学，你立即住手了，说明你尊重我。"男孩儿将信将疑地接过第二颗糖，陶先生又说道："据我了解，你打同学是因为他欺负女生，说明你很有正义感，我再奖励你一颗糖。"这时，男孩儿感动得哭了，说："校长，我错了，同学再不对，我也不能采取这种方式。"陶先生于是又掏出一颗糖："你已认错了，我再奖励你一块。我的糖发完了，我们的谈话也结束了。"

没有说一句严厉的话，陶行知先生就把一个用砖头砸同学的男孩儿感动得流泪并诚恳地道歉。究其原因，无非是陶先生巧妙地运用了宽容的教育艺术感化学生，达到了卓著的教育效果。我非常崇敬陶先生"四两拨千斤"的教育艺术，也在教育工作中不断加以实践。

我班曾有位女生，从初中开始就有抑郁症的表现，偶尔自残，手臂上经常有伤疤。

我从高二开始担任她的班主任，因为她的情况特殊，关注她比较密切。她上学期间总是衣兜里装着随身听，耳机线长长地垂在肩上，与校规不符、与中学生形象大相径庭。受陶先生教育艺术的启发，我设计了一个以耳机发明发展史为主题的班会，让她作为发起人和主持人，要求就是内容全面翔实，带领全班同学参与。她很兴奋，立刻开始成立小组，分配任务，如火如荼地准备起班会来。班会很成功，同学们展示了各自的研究成果，其中就包括长期戴耳机的危害。结果不言而喻，自班会结束，她就自动摘下了耳机。在之后的谈话沟通中，我始终使用尊重、宽容的态度，保持润物细无声的教育方式，不断感化她，终于把她拉出阴霾，帮助她健康发展。

教育其实真的很单纯，只要我们用宽容的态度对待学生，就会有无限的动力去爱孩子。让我们记住爱的力量，用自己的关爱去点亮学生的人生，帮助他们创造人生的辉煌。

三、良好的沟通是教育成功的关键

教育是人的一种特殊沟通活动，没有沟通就不可能有教育，失去了沟通的教育是失败的教育。我们应该学会放下架子，构建与孩子平等沟通的平台，给孩子关心和共情，引导孩子说出自己的想法和理由，再帮助他们一起分析事情的原委。

孔子周游列国时，曾因兵荒马乱，三餐以野菜果腹。一天，弟子颜回好不容易找到一些白米煮饭。饭快煮熟时，孔子看到颜回掀起锅盖，抓些白饭往嘴里塞。孔子装作没看见，也没有责问。饭煮熟后，颜回请孔子进食，孔子若有所思地说："我刚才梦到祖先来找我，我想还是把干净的、还没人吃过的米饭先拿来祭祖先吧。"颜回顿时慌张起来说："不可以的，这锅饭我已经先吃了一口了，不可以祭祖先了。"孔子问："为什么？"颜回红着脸说："刚才在煮饭时，不小心掉了些灰在锅里。落上灰的那块米饭丢掉太可惜了，我只好抓起来吃了，我不是故意把饭吃了的。"孔子恍然大悟，对自己观察的失误觉得很惭愧。这则故事充分说明了沟通的重要性和必要性。

晶莹透亮的露珠是美丽可爱的，却又十分脆弱，一不小心露珠滚落，就会破碎不复存在。我们的一个动作哪怕是一个眼神，对学生们心灵上的影响也是巨大的。教师要像保护荷叶上的露珠一样，小心翼翼地保护学生的心灵。

我的科代表是一名认真负责的女孩子，有一天中午，我遇到她因为个别同学抄作业而气得不去吃午饭了。我温和地安慰她，让她先去吃饭，之后我们再一起想办法解决问题。她当时正在气头上，就气愤地说："谁还有心思吃饭，您怎么不着急呢！"我看她情绪激动，就没反驳她，而是默默地回到办公室，为她找了一些零食，过了几分钟，等她冷静一些后才又回到教室找她。到教室发现小姑娘正在偷偷地抹眼泪，当时我很心疼这个倔强又负责任的好孩子。我把零食放到她桌上，语重心长地对她说："我心里是急切地想解决个别学生抄作业的问题的，但这不是一朝一夕能做到的，而是一个耗时较长的任务，需要找到每个学生问题的症结，再对症下药，一步一步地改进。"听完我的话，她哭得更伤心了，并且表示她在因为情绪不好误会老师而自责。我劝慰她说："老师没有怪你，相反，老师为你认真负责的精神而感动。让我们携手努力找办法，改变现状，可好？"她终于破涕为笑。之后，她工作更努力了，我们也想出了许多措施，有效地减少了抄袭作业的现象。

与学生及时沟通，可以消除师生间可能产生的误会，达成师生间的共识，增强教育效果，营造良好的班级氛围，促进学生的健康成长。

总之，教师只有通过细心地了解学生、适度地宽容学生和及时地与学生沟通等多种方式走近学生，与学生教学相长，才能达到良好的教育效果。

作者单位：房山区房山中学

轮岗"心"体验

刘　影

新学期开学，我开始了轮岗工作，担任新学校五年级一班的班主任。尽管在这之前我已经做好了充分的准备工作，但是和孩子们见面一个月后，很多的"措手不及"让我不得不坐下来对自己的思路进行整理和总结，与同行分享我的轮岗"心"体验。

一、静"心"观察，适应班集体

开学初，我和孩子们商量，按照以前四年级的标准继续五年级的工作，班委、值日、座位、小组、作业等基本班级工作不做任何变化。在开学的前一周我只做班级的观察者、践行者和思考者。因为新老师的到来，很多孩子会在一周之内向你展示自己最好的一面，以便留下最好的印象，这一周孩子们会观察你的评价标准，表扬谁了，批评谁了，他们是怎么做的，如何得到表扬的，下一个估计就会是自己。两周以后，当他们认为对你已经基本了解，渐渐地就会向你展示真实的自己了。

我在开学两周内不批评也不表扬，只是静静地收集孩子们每天的表现，有文字的，有视频的，做好每天的工作记录，简单地罗列一天中经历了什么工作，孩子们是怎样完成的，在哪些环节出现了问题，哪些环节处理得当。我在尽可能地适应孩子们的生活和学习，尽量往他们的世界靠拢。当然也在不断改进自己。比如，我发现孩子们喜欢老师上课之后就把今天的作业留到黑板的作业区，不喜欢放学前再添加作业，因为他们会在课余时间抓紧完成作业，这样能够保证自己放学后减少作业时间，回家只需要完成积累部分的作业。这也是"双减"工作的一个重要精神。于是我就让孩子们提醒我随时留好作业，也督促我整合好一天的工作。这个好习惯必须延续。改变只需我一人！

二、用"心"思考，解决新问题

"班级发展的不同阶段有着不同的主要矛盾，为了应对这些矛盾需要有不同的工作重点。"随着时间的推移，很多弊端就会显露，因为孩子们每到一个成长阶段就会有不同的需求，对学校的、对班级的、对同学的。当需求不被满足时他们就会通过一些手段来得到平衡，这就是新问题的出现，因此在每个班集体的成长新阶段，我们都要经历一次变革。我主要从以下几个方面进行了小小的尝试：

（一）"心"变革需要民主

高年级的孩子有自己的价值观和人生观，但不是很健全，年龄越大看问题的角度越不同，就会出现不同的分歧。比如有的孩子善于表现自己，在课堂或者班级活动中跃跃欲试，甚至扰乱班级秩序，这就和一心需要沉浸式学习的孩子产生了激烈的矛盾。在处理问题时就需要高度民主，而这类民主应该在老师正确引导下进行。首先确定学习的态度，五年级已经离中学生活越来越近了，我们应该为即将到来的新的生活提前准备点什么，是积极面对还是消极等待；其次是学习的过程，如何看待每一节课，我们怎样从每节课中获取知识，是主动学习还是不思进取；最后是学习的结果，同一位教师在每个班级讲授的内容是相同的，但是因为听课的秩序不同，教师讲解的程度就不同，认真学习的班级，教师就会传授更多的知识，秩序较乱的班级老师以维持秩序为主，知识的讲解就会相对减少。教师需要把问题分类陈述，让孩子们静下心来想一想，我们应该怎样做，形成一致的看法后，通过举手表决或者票决来解决课堂中出现的问题。引起孩子们内心的变动是工作的必要环节。

（二）"心"变革需要经验

经验对于班级的管理是有裨益的。接手新班级，班主任会制订新的班级目标，老师和孩子经过不断磨合，新的班级目标才会稳步推进。但大多数的班级都会出现不同的问题和矛盾。比如班委的设置，不同性格的老师需要不同性格的班级助手。健忘的老师需要一个细心的班委会，内向的班主任则需要一个和自己脾气差不多的领导集体或者互补的班级管理体系。其实我们进入一个新班级的初期不要急于变革，与同年级班主任交流更为重要，交流的过程就是经验分享的过程。因为在这个年级的整体中，我们是新来的，周围的很多班主任有的是跟上来的，有的是最近一两年接班的。如果和身边的那些一直处在这个年级的老班主任多聊一聊，说一说自己的带班困惑，他们就会给你最好的建议，而这些建议或者方法，有的我们就可以直接拿来用。比如，我在新班委选举的工作上一直迟疑不定，一次偶然的机会与同年级老师聊天，无意间他们说到班委轮岗制，就是负责班级工作的几个班委互换工作，反而让工作推进得更快了，我就有了在自己班尝试的念头，没想到问题迎刃而解。拿来的经验用对时机省"心"省力。

（三）"心"变革需要时间

问题的解决常常不是一蹴而就的，特别是班级管理工作，很多问题看似我们已经解决了，但是在未来的某个时刻还会出现反弹，而且问题的二次爆发就会让问题更加严重。我从原来学校带来的"人人有事干，事事有人管"的班级管理方法，开学初试运行很是见效，但是一个月后，我发现孩子们出现了"糊弄"的现象，很多岗位，老师不督促就没有人去管，没有人去做。这是为什么呢？细细想来是因为原来的班级已经把自己的岗位职责形成了习惯，每天都会约定俗成地去完成。新的制度、新的管理体系、新的班级都需要一定的适应时间，同时也需要不断地跟进。发现这个问题，我及时改变了原来的方法，在和孩子们课下交流后发现了问题的症结。于是，我们在每一个必要岗位又设立了一个副职。比如，擦窗台这一任务原来由一名同学负责，但由于新的学校只有周二、周四检查卫生，这样周一、周三、周五的窗台打扫就出现了问题，不是不做是经常被遗忘，了解到这个问题后，我们就和擦黑板小组的同学接洽，设立了副组长一职，如果组长出现病假不来，或暂时遗忘就由副组长完成或者提醒完成。另外，"人人有事干"的评价机制也由原来的一个月改为一周一评价，反复强调和深化，就会促进工作合理稳步运行。这需要一个月，在一个月时间内，不断反复磨合、改进和重复。只有从"心"里认可，并记住了才有可能成为真正的习惯！

三、细"心"总结，确立新目标

对孩子的教育不是一朝一夕的事情，需要持续不断、持之以恒的教育。作为班主任，应该及时抓住每个教育时机实施适度教育。如，学习"圆明园的毁灭"的过程中，在渗透爱国主义教育的同时，要让孩子铭记历史，从现在做起，规划自己的理想，做好现在的每件小事，珍惜在学校的每一分钟；学生因为调座位引起纠纷时，适时开一节班会，让孩子们想一想，如果他是一名警察，应该怎样处理？可以通过互联网查找警察调解民事纠纷的具体步骤，同时了解各种各样的纠纷案件都是如何化解的。高年级孩子的教育可以和社会接轨，做更高层次的教育。个人物品分类整理不好，可以布置假期作业，学学"巧"整理，进行有意义的比赛和评比；信息的高速发展也给我们带来了很多机会，可以通过小管家展示孩子们的视频作品、录音作品，可以开展投票、选举，公平公正公开，让合理竞争走进孩子们心里。

教育要触动内心，让每个孩子都要有"心"变革，才会有"新"变化，确定"新"目标。

作者单位：北京市房山二小

第四章　虔心育人

学生综合素质评价工作的实践与思考

平艳君　曹　锐

2020 年 10 月，中共中央、国务院印发《深化新时代教育评价改革总体方案》（简称《总体方案》）提出，"改革学生评价，促进德智体美劳全面发展""创新德智体美劳过程性评价办法，完善综合素质评价体系"。研究指向五育并举的学生综合素质评价，既是新时代教育评价改革的重大课题，更是贯彻落实党的教育方针的重要体现。

全面贯彻党的教育方针，坚持"评育结合"的核心理念，采取以"评"促"育"，以"育"督"评"的评价策略，构建开放性、多元化、发展性的评价体系，通过综合素质评价，促进学生全面而有个性地发展，是房山区深化学生综合素质评价研究，积极稳妥地推进区域学生综合素质评价工作不断走向深入的基本原则，示范引领，智慧共享，是房山区坚持采用的有效实施策略。

一、区校贯通，整体推进

以点带面，有序推进。在小学生综合素质评价平台试用工作中，引导学校注重边实践，边研究，边调整，努力使新平台成为全面落实小学生综合素质评价的有效载体。

黄城根小学房山分校的试点工作在领导和教师的共同努力下平稳开展，形成可推广的典型经验：高度重视，健全组织机构；集思广益，全员磨合方案；试验发布，操作耐心精细；家校协同，试行以点带面；问题梳理，评价初步体验。

统筹优化，逐渐落实。初中学生综合素质评价工作由区域统一进行整体设计、立体培训，按照"导—行—督—审—促"的工作流程，跟踪指导，为学校做好全方位服务：行政推动，业务跟进；集中培训，交流研讨；走进基层，访谈调研；聚焦重点，分组研讨；巧借平台，监控反馈。

专题探索，深入开展。通过学生综合素质评价促进学生全面而有个性地发展，充分体现了新一轮高中课程改革的人本化理念和人才培养模式多元化目标，使素质教育有了更丰富的内涵。一直以来，区域和学校一起不断在实践中摸索"评育"结合之路，经历了从困惑到清晰、从思考到实践的过程。在学业评价上开展专题研究，根植课堂，探索多种学业评价方法，引领教师开展评价实践；在评价方法上不断探索实践，融入常规，探索高中学生自我评价方法与指导的推进策略。结合高招政策，区行政与业务部门提出了高中综合素质评价工作的总体设想：基于学校开展此项工作面临的共性特点和个性化问题，指导学校开展好学生综合素质评价的课题研究工作，将"研究"与"深化"作为工作推进的重点。

二、融合共生，有效落实

由于学段间、校与校之间存在的差异，各校对学生综合素质评价理解和推进情况各有所长，我们始终坚持"典型引路"的工作策略，起到了很好的示范引领作用。

（一）与德育工作相融合

德育工作贯穿在学校管理的各个方面，以学生综合素质评价为载体，不断丰富和完善德育评价内容、指标、体系，采取德育评价量化与质性分析相结合的办法，将评价融入德育序列，抓载体，求落实。在德育工作中有效开展评价，可以使德育工作更具实效性，区域引导各小学紧紧依据《北京市小学生综合素质评价手册》（以下简称《手册》）评价要素，抓住德育工作的"载体实施"特点，切实将对学生评价落实于工作细节之中。

与养成教育相融合。无论是对学生进行生活行为习惯的制度约束，还是利用学科知识对他们进行教育和实践活动，都要贯穿评价激励的助力作用。尤其对低年级孩子而言，评价的激励作用是非常大的。学校通过评价强化学生常规行为养成，依托校本文化突出养成教育评价着力点，这些行为养成评价点与《手册》中的评价要素要保持一致，成为实施《手册》的过程性评价，使《手册》的评价结果既成为学生学习活动的目标，又是学生成长过程的记录。

【案例】琉璃河中心校以"阳光娃"评价为抓手，依托"阳光品行培养体系"与"三年行动计划"，培养学生良好行为习惯。做到从"大处着眼，小处着手"，在一举一动、一言一行中培养习惯。

与班级建设相融合。建立完善的班规、班级制度和班级评价体系，对建设有特色的班级文化及学生个性形成和发展具有重要的作用。学校充分利用教室、楼道的每一个展示柜、橱窗、墙壁，为学生提供展示自我的空间，给学生提供互评和学习的平台。

【案例】北京小学长阳分校田芳老师，积极构建班级评价体系，巧用文化评价，通过召开主题班会，让学生从"我希望我们拥有什么样的教室"入手进行讨论，总结了布置班级的要点，鼓励学生把教室布置成自己喜欢的样子，班级的各个角落均成了学生作品展示的窗口。

与校外教育相融合。整合校外教育是增强教育合力的重要因素。鼓励学校重视社会评价的参与，真正将学生的"做"与"评"结合起来，在"做"中激发"评"的兴趣，在"评"中促进情感的升华与能力的提高。

【案例】阎村中心校基于学校现状与学生实际，在构建"勤雅少年争章"评价体系的基础上，启动年度"勤雅家长"评选活动，鼓励家长为孩子做好榜样，重视亲子实践，带孩子多参加一些校外社会实践活动，鼓励孩子积极参加有意义的集体活动、公益活动等。

（二）与教学研究相融合

结合《手册》中评价要素及学科特点，确定各学科的评价项目，制定评价量表。评价量表在体现提升重点的同时，关注评价的全面性。在操作过程中，各评价点均以特色评价方式呈现结果。部分学校专门开展课题研究，保证评价的科学性和实效性。

【案例】黄城根小学房山分校结合《手册》的使用，积极开展"小学生综合素质评价奖励机制研究"。探索引导学生参与评价的策略，激发学生参与评价的兴趣，让学生爱评；课堂上教师给予充分的时间和留白，让学生参与评价；采用多种参与评价形式，让学生敢评；给予学生参与评价的机会，让学生乐评；探索实践学生参与评价的方法，让学生会评。

（三）与育人主体相融合

在将学生综合素质评价结果纳入中考的初期，无论是政策把握，还是新平台操作，各校都处于摸索阶段。区域积极组织学校参加市区级调研和培训，同时建立区级综合素质评价研究共同体，开展深入研究，部分学校形成了具有校本特色的学生综合素质评价工作有效策略。

【案例】窦店中学结合本校的办学理念和育人目标，构建独特的综评校本化实施体系，从学生、教师和家长三个主体出发，通过对学生全员、全方位、全过程评价，全力为学生发展服务。通过综合素质评价的校本化实施，画出了综评与学校教育思想的同心圆。

基于初中综评现状，通过访谈、调研、交流、分享、视导等多种形式，梳理出六项融合实施策略，即：与学校系列德育活动相结合，增强评价的实效性和序列性；与现代信息手段相结合，通过QQ群、微信群等及时沟通与宣传；与学生日常管理相整合，提高综评的教育性；将培训工作与家长会、学生会、教师会相结合，积极营造氛围；与家长委员会工作相结合，提高家长参与的积极性；与导师制整合，减轻班主任工作负担。

（四）与学生自我管理相融合

学生自我管理是一种新型的班级管理方式，符合中学生思维与个性发展特征，有利于降低班主任的工作量。苏霍姆林斯基说："只有能激发学生进行自我教育的教育，才是真正的教育。"可见提高学生的自我教育、自我管理能力是实现"育人无痕"的重要途径。这就需要班主任掌握班级中不同学生的自我管理情况，借助学生群体自我管理评价标准和机制，实现从个体到整体提高学生自我管理的效果。

【案例】北京师范大学良乡附属中学依托于学校"尚品"文化，紧紧围绕"智、仁、健、勇"的育人目标，制定学生综合素质评价方案及实施细则，将"立德树人"的根本任务贯彻到了评价工作中。于妍老师秉持"学生自我管理"的理念，在班级内实行学习小组量化制，并与全班学生共同设立了量化细则，包含加分项、额外奖励、减分项、减分对应的"小惩罚"补救措施。

表 1　学习小组量化细则

加分项		额外奖励	
分值	项目		
+1	优秀作业、早读、打卡	周加 6 分及以上同学：小红包一个 + 家长群表扬 + 免罚券一张（可抵 1 分，可以给小组其他成员使用）	11 班班训：以梦为马，不负韶华
	课上与老师互动，主动回答问题		
	老师单独表扬		
	优秀学习小结		
	优秀读书分享		
	考试进步 1-50 名		
	主动主持小组活动（如高效 30 分）		
	考试单科前 2 名		
+2	小组全员打卡		
	考试进步 50-100 名		
	内地生总成绩 4-6，内高生总成绩 3-5 名		
	主动承担班级事务		
+3	内地生总成绩前 3 名，内高生总成绩前 2 名		
	一周被评为优秀作业 3 次及以上		
	考试进步 100 名以上		
	承担班级事务两项及以上		
	内地生总成绩前 3 名，内高生总成绩前 2 名	进入 11 班 VIP 群	
	一周被评为优秀作业 3 次及以上		
	考试进步 100 名以上		
	承担班级事务两项及以上		

续表

减分项		小惩罚	补救措施
-1	不打卡	猜拳三选一：200 单词的英文作文 /500 字的中文作文 /3 道题目讲解	100 单词的英文作文 /300 字的中文作文 /2 道题目讲解抵 0.5 分
	上课、早读、交作业迟到		
	上课时长不够		
	打卡内容、早读内容不合格		
-2	旷课	猜拳三选二：200 单词的英文作文 /500 字的中文作文 /3 道题目讲解	
	缺席早读		
	不交作业		
	不主动承担班级事务		

通过建立学习小组，学生的角色发生转换，由被管理者转换为管理者，逐渐意识到自己不是孤立的个体，而是班集体不可缺少的一员，更加自主自律，集体责任感更强，从而愿意为集体贡献自己的智慧和力量。

三、深入思考，提升品质

经过几年的努力，区域学生综合素质评价工作实现小、初、高三个学段全面铺开，成为学校日常工作的一部分。学校、教师由疲于应付到发现其不可替代的教育价值和杠杆作用，评价已成为教师工作的必要组成部分，由机械填写平台（评价手册）到主动设计评价活动，学生综合素质评价的教育价值得以落实。结合本区实施情况，就如何做好新型学生综合素质评价我们有如下思考：

（一）组织机构和责任体系建设是综评工作稳步推进的基本保障

学生综合素质评价工作的难点在于学校主要领导的高度认可。在该项工作推进过程中，学校主要领导要立足学校实际，制定推进策略和工作思路，强化思想引领和保障机制建设，保障学生综合素质评价工作能够在学校顺利推进。同时，建立专项小组，明确分工，责任到人，层层负责，在工作中实现职责明、分工细、责任清。

（二）跟踪服务和指导体系建设是综评工作稳步推进的基本要求

学生综合素质评价工作的复杂性、系统性要求学校不断强化跟踪服务和指导体系建设。学校要通过多种途径在实践中对家长、教师、学生开展分层培训和针对性指导，及时解决工作中存在的问题，势必对营造良好的氛围起到积极作用。

（三）系统设计和整合模式探究是综评工作稳步推进的基本策略

学生综合素质评价工作的系统性决定了参与该工作人员的广泛性。学校要立足于学生发展需求，从有利于学校教育教学的视角出发，本着"评育结合，以评促育"的原则，宏观设计推进策略，不断整合人力、物力、组织体系，在确保该项工作顺利推进的同时，积极挖掘其内在的教育价值。

（四）规范创新和问题探究意识是综评工作稳步推进的实践保证

学生综合素质评价工作要始终坚持立足于学生，定位于学校，根据学校实际，确定实施目标，制定工作思路，强化思想引领，调整工作机制，创新推进方法，逐步形成"规范实施—整合推进—主动探索—自主创新—基于问题—加强研究"的学生综合素质评价的有效路径。

房山区对学生综合素质评价的有效落地进行了深入探索与实践，有困惑，更有收获。学生综合素质评价是一项开拓性、创新性的工作，关系重大，影响深远。评价对象的复杂性给这项工作增添了难度，我们的评价工作仍要在实践中不断调整完善。

作者单位：北京市房山区教师进修学校

以"学生成长手册"为载体的综合素质评价工作思考

徐志华

2001 年国家《基础教育课程改革纲要试行》文件指出"建立促进学生全面发展的评价体系"。2014 年、2016 年、2017 年北京市先后发布"北京市小学、初中、高中学生综合素质评价实施"的相关文件，2020 年中共中央、国务院印发了《深化新时代教育评价改革总体方案》，旨在培养德智体美劳全面发展的社会主义建设者和接班人。所以，综合素质评价是学校落实立德树人根本任务的重要手段。

北京四中房山分校一直传承并实践北京四中的育人理念，同时结合区情校情，形成了自己的育人理念：以学科课程为主旋律为孩子谱写生命交响曲，校园里所有工作都是为人的全面发展服务的。这一理念与立德树人的内涵、综合素质评价的育人导向相契合。在建校之初，基于北京四中提出的"成为四中人要做的 18 件事"，结合我校学生实际，已经初步形成了以此为蓝本的学生发展成长评价标准。这 18 件事分别是"读书、听讲、对话、写作、行走、交友、选修、社团、演讲、服务、领导、锻炼、劳动、尝试、研究、挑战、获奖、坚持"，它们深刻体现了德智体美劳全面发展。

自 2016 年，新的综合素质评价平台投入使用以来，在高校招生"两依据一参考"的背景下，学校结合四中本部的育人理念，努力探索将学校育人体系同综合素质评价相结合的方式方法，充分发挥综合素质评价的育人功能。为此，我们将综合素质评价体系的构建融入学校育人体系。在融合构建的过程中，我们发现一些有待改善的地方：

一是学校育人体系与综合素质评价融合有待加强，有些工作和内容是重复的；

二是如果在日常学习中不加引导地让学生随时登录网络平台进行综合素质评价操作，设备不好管理，学生操作不方便，学校很难把控；

三是整个综合素质评价过程中缺少抓手，评价结果缺少数据、材料的支撑和积累。

以上情况会阻碍学校综合素质评价的有效落实，因此，我们转换思路，进行了整体设计和行动研究。设计思路是"在构建学校整体综合素质评价体系时，从学校课程入手，将学校育人理念和办学特色同综合素质评价相结合，通过课程目标对应综合素质评价目标。"

一、完整设计——深入理解综合素质评价的功能定位

一般而言，课程与课程所实现的发展在内容上具有相关对应性，即特定的课程最有利于发展与之相对应的特定综合素质评价内容，综合素质评价内容最适宜于在特定的课程中形成。为此，学校结合开设的德育课程，与综合素质评价内容密切结合，一一对应，建立综合素质德育课程评价体系。

我们先构建课程的整体目标，再落实阶段目标。根据教育重要论述、德育工作指南、教育全过程、综合素质评价等理论和内容。学校将所有课程分为国家课程、校本课程和集体课程。综合素质评价从学校不同课程的目标出发，在对应维度中制定了不同的评价方法和评价标准。

国家课程：即各个学科文化课课程。国家课程主要对应综合素质评价的学业水平、身心健康维度，主要以过程性评价为主。评价主体为学科教研组、学科备课组、任课教师。评价标准为学生的学业成绩，研究性学习主题、次数、表现与成果等，科学实践活动的主题、实践、次数、承担任务和表现等。比如由任课教师对学生的课堂表现、作业表现进行评价。学科教研组要求，每学期教师要给出学生8次平时成绩，并且说明8次平时成绩的评定标准，任课老师每两周上传一次平时成绩到学校。评价标准由学科备课组统一制定，尽最大可能保证了同一年级、同一学科教师评价标准的一致性和公平性，也使任课教师参与学生综合素质评价工作有了抓手。在每一条评价背后都有事实的依据可查，保证评价客观、真实、及时、有效。

校本课程：包括选修课、大小讲堂、学科活动、志愿服务活动等。课程的理念是鼓励学生去进行尝试，尤其鼓励"零基础"尝试。希望通过这样的课程设置，帮助学生发现兴趣，培养志趣，个性发展。

集体课程：包括新生入学教育、班会活动课程、家长学校课程、社团等。学校希望学生能在集体课程中充分发挥个性，表现自我，展现才华。展现出每个人的多元智能。以社团为例，社团相对于校本选修课，是对相关领域有兴趣的同学，聚集在一起，在指导教师的带领下，在这个领域作出进一步探索的组织。如果说校本选修课更侧重于鼓励学生"尝试"，那各个社团则更多地鼓励"钻研"。

校本课程和集体课程主要对应综合素质评价的思想道德、艺术素养、社会实践、个性发展维度，校本课程内容根据实际一一对应，评价主体是课程负责老师，评价标准为学生是否完成了课程目标。

通过课程，形成与学生相关联的生命能量，如"信念、勤奋、忠诚、坚持、守时"等，构建学校德育的整体目标：修身，齐家，走天下。根据学生的成长特点，将总目标分阶段落实，初一、高一年级目标：认识自己，做一个有控制力的人。初二、高二年级目标：认识社会，做一个受集体欢迎的人。初三、高三年级目标：认识人生，做一个对

自己人生负责的人。将学校育人理念和办学特色同综合素质评价完美结合，最终实现为人的全面发展和成长服务，实现了综合素质评价的功能定位。

表 1　学校部分德育课程对应的综合素质评价内容

学科德育课程名称	课程目标	内容说明	综合素质评价关联类别
历史：历史剧 语文：话剧	技能习得，集体意识	初二、高二年级参加	A1、C4、D2、E2、F1
政治：时事政治辩论赛习学社	文化认同，知识拓展	初一、高一、高二年级参加	A1、B4、B5、C4、D2、E2
地理：社会实践、野外考察	实践操作，集体协作	初一、初二、高一、高二年级参加	A1、B4、B5、C4、D2、E2
生物：采集标本、实验、科学实践	热爱自然，学科实践	初一、高一年级参加	A1、B4、B5、C4、E2
物理：发明展示专利、物理竞赛	科学探索，兴趣培养	高一、高二年级参加	A1、B4、B5、C4、E2
化学：生活中的化学、科学实践	知识运用，科学兴趣	初三、高一、高二年级参加	A1、B4、B5、E2
语文：汉字大赛、演讲比赛、主持人大赛、作文比赛	兴趣激发，才华展示	初一、初二、初三、高一、高二、高三年级参加	A1、F2、D2、E2、F1
数学：制作学习工具、数学建模	学科学习，学以致用	初一、初二年级参加	A1、B4、B5、C4、D2、E2
英语：百词大赛、配音大赛	学科学习，知识应用	初一、初二、高一、高二年级参加	A1、D2、E2、F1

这样，以学科文化课为主的国家课程与融入学校育人理念和办学特色的校本课程、集体课程紧密联系在一起，课程有自己的课程目标，通过课程目标对应综合素质评价目标，完成了将综合素质评价融入育人体系的顶层设计。

二、有效落实——助力学生全面而个性化发展

学校有丰富充实的课程资源，为学生的综合素质评价记录搭建平台。学生参与课程之后，如何有效落实课程目标，使其成为综合素质评价的主要依据呢？基于以上融合构建的思路，学生主要以《学生成长手册》为记录载体，通过对所学课程的全过程记录，进行素材积累，然后每两周一次集中在网上平台录入，并将综合素质评价结果应用到学生自我成长方面，形成良性的反馈调节机制。

（一）手册设计

《学生成长手册》从建校起就有，当时的手册是 3 年一本，手册也是以四中学生要完成的 18 件事为基础，每件事后面留两页空白页，但在使用过程中存在使用时间长、内容重复、育人目标不明确等问题。随着综合素质评价工作的实施，在原来《学生成长手册》的基础上，进行了改良，现在的《学生成长手册》是将学校育人理念和办学特色同综合素质评价相结合后的结果。

综合素质评价内容涉及面广，内容丰富，学生平时记录、积累素材难度较大，《学生成长手册》包含了丰富的课程内容，可供学生随时记录，积累综合素质评价素材。

（二）手册应用

新生入学培训。每年初一、高一新生入学教育课程中，都对新生及其家长介绍综合素质评价，进行《学生成长手册》应用培训，使学生和家长快速了解综合素质评价的内容、操作方法和意义。将《学生成长手册》发给每位同学一本，这样等学生 3 年毕业后，就有 6 本成长手册，学校就建立了每位同学的综合素质评价档案，可以有痕迹地看到每位同学的成长，也使综素平台上的内容有据可查。

日常学习记录。将学生成长手册的应用方法做成微课，传给学生，让他们随时观看。这样，学生平时像记日记一样记录自己参加过的课程，坚持过程积累，真实客观地记录自己成长过程中的发展状况和实际表现。让学生综合素质评价的记录，成为学生成长、发扬个性、发现自我的记录。

每两周集中评价。以两周为一个周期，统一组织学生根据手册记录内容集中录入综素平台，保证综合素质评价的及时性和持续性。学期末学生将记录了一学期的《学生成长手册》，经课程负责人、班主任、家长、同学和自我审核后，集中交给学校，组织各年级互评，评出《学生成长手册》使用先进班集体和优秀个人，进行表彰。

评价结果应用。一是改进教育教学，为学校、教师、家长针对性教育引导和学生自我反思改进提供依据；二是明确发展目标，为学生进行初步生涯规划，确立长远发展目标提供参考；三是纳入中高考评价，评价结果将作为初高中升学的重要参考和依据。

这样，《学生成长手册》一方面可以如实记录，生成评价，为学生形成成长档案，为中考、高考招生提供佐证；另一方面也发挥了服务学生，辅助育人的作用。《学生成长手册》以学生的自主记录为主，一方面有助于学生的自我认知和自我管理，发扬个性。另一方面也要求学生记录的是学生在各项课程中所展现出来的自身某一方面或者多方面的素质，助力学生全面而个性化发展。

三、记录成长——充分发挥综合素质评价的育人功能

这样的完整设计和有效落实，给学生带来哪些成长呢？

（一）学生参加学校各类课程越来越积极，成长手册记录内容越来越丰富

以校本课程为例，学生的积极性体现在：学生的积极报名和需求促使学校开设的校本课程逐年增加，总课程量由原来的几十个增加到现在的近百个，并且课程内容越来越精细化，涉及德智体美劳各个方面，极大地满足了学生不同的个性化需求；学生的成长手册记录越来越认真、完整、丰富，应用越来越熟练，学生已经养成了参加各类课程时用成长手册记录的习惯，这点从每学期的期末总结评比中可以体现出来，受表彰的优秀班集体和优秀个人数量明显增加。

（二）学生呈现德智体美劳全面发展、个性发展的良好局面

班主任和教师采取帮助学生记录成长的方式去尊重和满足学生的合理成长需求，并帮助学生以恰当的方式来成就自我。班主任认真地去读懂身边的每一个学生的故事，见证每一个学生的成长。

以《学生成长手册》应用优秀班级高二 2 班为例，班级共有学生 42 人，学生大多比较内向不活跃，个性不突出，不善于表达和表现。经过入学教育课程的培训，班主任想让班级的学生全面发展，同时发扬学生个性，积极鼓励和支持班级学生参加各类学校课程，高一时 2 班的学生经过面试、笔试等成功参加学生会（9 名）、合唱团（11 名）、《斯文》校刊编辑部（5 名）、辩论社（5 名），担任学校活动主持人（5 名），以及参与其他各类文体社团共 42 名，全员参与。

《学生成长手册》作为评价一个学生成长状况的参照标准，在校本课程、集体课程中记录学生的兴趣特长，使学生发现并发挥自己的闪光点，并与国家课程的课堂学习互相促进，逐渐形成积极正向的能量场，使学生更加积极向上、自尊自信。经过高一一年的磨炼与培养，高二时 2 班大多数学生在学生会、社团等都担任重要职务，比如高一时参加学生会的 9 名同学，高二时有 6 位成长为学生会骨干，分别成长为 1 位主席、5 位部长。同时，班级学业成绩平均分多次年级第一，学生的个人综合素质得到了很大提升。这是学校、老师、家长、学生自己都能看得见的成长。

（三）家长从不同的视角探索和发现孩子们成长的故事

看到成长的不仅是老师、孩子，还有家长。家长通过孩子成长手册上的记录，接纳孩子的真实状态。通过给孩子写评语，全面看待孩子的表现，认可孩子的优势和长处。及时对孩子说一句鼓励的话："你的努力，我看到了。"在接纳的基础上，提示家长如何帮助孩子充分利用学校的各种课程资源去接纳自己，喜欢自己，树立自信心。同时，保护孩子的自尊心，培养孩子的上进心和同理心。

（四）让学生认识到成长是动态的，找到并发挥自己的优势特长

人的发展是存在着方向、水平的差异的。你学业成绩优异，我组织能力突出；你生活能力强，我热心公益活动；你活泼开朗、乐于助人，我腼腆内向，喜欢安静地读书。

每个人多元智能主体发展方向不一样。

成长的标准不是"好与不好"，而是"好和更好"。从学生实际出发，给予学生真诚准确的肯定，告诉学生如何做到优秀。真正全面优秀的人毕竟是很少见的，但是我们每个人都可以在生命多元智能的所有维度上去无限地追求优秀。

接下来需要努力改进的方面有：

1. 整理德育课程方案

使每个活动课程都有一个完整的链条，进而打造精品课程。并标明每个德育课程所培养的学生综合素质评价内容、目标，使学生有"看得见的成长"。

2. 健全学校课程体系

首先通过生涯规划课程，让学生自我评估、自我认识；然后进行相关课程配套，深入认识；最后是老师专业地辅导和跟踪，提高学生的综合素质。

3. 学校课程向多学科融合、多层面探究方向发展，处理好课程与综合素质评价内容的衔接与对应，使其互相促进、共同发展

新的综合素质评价体系实施以来，学校在市、区的指导下，进行了完整设计，将综合素质评价融入育人体系。今后会进一步探索将两者高度融合的系统设计与有效落实。

作者单位：北京四中房山分校

多样的教学评价促进语文课堂教学质量提升

赵　晨

新的时代对语文课堂教学也有了更高的要求，新课标、新教材、新的教学模式正在悄然地深入到我们的日常教学中。与此同时，我觉得新的教学评价也必须适应时代的要求。新课程标准提出，每一门学科课程标准都要注重评价功能的转变、评价手段的改变和评价的多元化。因此，注重课堂教学过程评价，促进语文教学质量的提升是语文老师必须深入研究实践的内容，我们必须重视课堂评价的运用，提高学生学习语文的兴趣，促进学生语文能力的提升。

一、语文传统评价的弊端

我国古代实行科举考试政策就是为了选拔人才，可是纵观历史，很多有才华的人往往没有通过科举考试，这是为什么呢？我认为这是因为古代评价人才的单一性造成的。十多年前"小组合作探究式学习模式"悄然来到了我们身边，于是，仿佛一夜之间所有学校，所有学科都开始了"小组式"的课堂模式。有一天，我去实验校听课，一节课四十五分钟下来，课堂气氛十分热烈，颇有点《口技》中的味道：掌声、喊声、表扬声，不绝于耳；"真棒""非常好""真有感情"交替出现。整节课学生的学习劲头似乎很高，学习探究合作能力得到了充分发挥。但我却陷入了深深的思考，学生间如此模糊的评价，评价的学生和被评价的学生是否真的懂得评价的含义？是否真的掌握了语文学习的能力？"真棒""非常好"达到了怎样的能力指标？"真有感情"怎么能称之为有感情，哪个词还是哪个句子有怎样的感情了？怎么处理才能是"真有感情"？学生并没有真正懂得如何评价，也不懂得评价的标准是什么，只是简单地复制评价语言来"表演"。短期看那些被表扬学生的朗读水平可能还停留在原有水平，得到了表扬只会是自鸣得意，而对朗读技巧一无所知。而读得不好的同学更是不敢当众"献丑"。这些判断式的模糊评价，没有起到提升和延伸功能，对学生的学习没有推进作用。这样的评价是肤浅的，于学生学习发展无多大引导价值。如何在课堂教学中正确地评价学生，如何让学生在评价中提升能力，这是我们要积极思考、探究、实践的。

二、语文教学过程中的实践

（一）多角度评价，打破"独角戏"

传统的课堂教学评价，评价主体是教师，学生作为被评价者在评价过程中处于被动地位。在多元化评价的实践探索中，改变以教师为主的评价方式，让学生和教师共同参与到学习的评价中，做到了评价主体的多元化，充分发挥学生的主体性作用。在课堂上，在学生的听课、读书、发言、思考、讨论交流及书写等各方面，引导学生与教师一起进行多角度、鼓励性评价，激发学生学习的积极性，全面督促学生各方面能力的发展与提高。同时我还对学生课堂学习进行多角度、多样化的评价、分析，并进行相应的指导和帮助。告诉学生什么情况下应该如何处理语文朗读的停连、重音，如何分析作者表达的情感，怎么样的字算是好字……让学生懂得评价的方法再去评价自己和他人，这样做到有的放矢，让评价的学生明明白白地去评价，让被评价的学生知道自己得到的评价背后含有的真正意义是什么。

（二）分层评价，打破"一刀切"

将学生分层评价。我认为不能只通过学生一次课堂活动的表现，就给学生整个课堂学习过程作评价。每个学生是不同的个体，他们的基础有差别，因此我觉得语文的评价不仅仅在于最后的分值，更应该在于学生提高的程度。试想一个优秀的学生想要提高一分也许都要付出很大的努力，一个学困生如果能够对语文感兴趣，能够学进去，那他的进步程度往往超过学优生。因此，我觉得应关注学生在某一阶段的成长过程，了解学生的经历与变化。

记录学生课堂内外的每一次成长，让学生能够在一点一滴的进步中获得语文学习的乐趣。在布置学生作业的时候，除了传统的纸笔作业外，还要引导学生复习旧知识、预习新知识，参与传统文化实践等综合实践性作业，并针对学生各类作业情况进行评价，让大部分学生都能找到自信，这样可以促进学生的全面发展，同时激发学生的学习积极性。此外，我还允许学生"借分制"，学生一次考试考不好，可以跟平时成绩借分。当然讲借讲还，下次必须还借分的"利息"——比所借之分多一倍的分值。这样有些同学在期中期末考试中也许会因为各种原因失利无法向父母交代，借分制背后貌似有些欺骗家长的味道，但是我们要注意学生借分时渴望好成绩的心理，为了还上所借之分所付出的努力，以及在这个过程中的诚信教育潜移的影响。通过几学期的实验，我发现学生往往在下一次考试的时候都能如期地归还所借分数和利息。我想一次考试并不代表什么，教育的目的是让学生有了学习的动力。

此外，我认为我们还要关注学生成长的全过程，可以从各个方面评价学生。学生的学习方法、学习态度、学习习惯等方面都是我们进行评价的角度。学校内部的、课堂内部的评价，通过教师和学生日常观察和丰富多样的活动积累，对学生的发展会有一个整体的客观描述，督促学生扬长避短，全面发展。

（三）多元化评价，打破单一评价

以往对学生的评价基本就是简单地依靠考试来评价课堂教学质量，课堂教学的过程中，更多的只是注重口头上的对与错的评价，而忽视了评价的多样性。因此，我认为语文教学中我们必须努力做到课堂评价标准多元化，打破单一评价，实现多样化评价。正所谓"多一把衡量的尺子，就会多出一批好学生"。要培养全面而又有个性的学生，就必须改变过去单一的只看考试成绩一刀切的衡量标准，而要多几把衡量的标尺，才能培养出更多更专的在各个方面出色的优秀人才，也才能适应瞬息万变的现代化发展需求。

为此，我大胆地尝试。为了更全面地评价一个学生的学习过程，我将语文学习分成了若干单元板块，重点在于综合评价学生的学习过程，而不是靠一次期末成绩定英雄，更不会因为一堂课上的某个表现就给学生下定义。我在对学生学习进行多样化评价的过程中，利用形成性评价和终结性评价相结合的全程性评价模式将平时考核与期末考核相结合，重视形成性的评价。对于一个学期的学习评价，我采用课堂评价、平时评价、考试评价的积分制形式对学生进行考核，特别注重对学生平时课堂学习情况的考核，明确平时课上表现考核成绩占课程总评成绩的比例。提倡多样化的评价方法，除了纸笔测验这种评价方式外，我在课堂上还将学生的语文学习活动加以细化，我用"笑脸"制来规范学生课堂上的表现，学生在课堂上一方面是要积极主动，第二方面就是要有进步，都可以得到我送出的"笑脸"标志，积攒到一定数量的"笑脸"标志可以换取相应的奖品，如：三十个笑脸可以换取免写平时作业一次，一百个笑脸可以换取免写假期作业一次……

"世间并不缺少美，而是缺少发现美的眼睛。"教师对学生在学习过程中的生成性问题要进行恰如其分的评价。教师一句鼓励的话就可能激发学生的灵感，一个到位的手势可能给学生增添探索的勇气。"每个孩子都是一个潜在的天才儿童，只是经常表现为不同的方式。对于一个孩子的发展最重要、最有用的教育方法是帮助他寻找到一个才能可以尽情施展的地方，在那里他可以感到满意而且能干。"只要灵活、及时运用多元化评价，就能够取得事半功倍的效果，激发学生学习的主动性、积极性，发挥学生的潜能，有效地促进学生的全面发展。

　　总之，语文课堂教学改进基于评价。评价不应局限于课堂，学习不应受制于测试，我们应该随时随地合理运用评价，让学生懂得评价背后真正需要掌握的知识能力。因此，课堂评价是一个语文教师专业实践的重要组成部分，合理地运用教育评价不仅能够提升学生的学习能力，也能够提升教师的专业素养。语文课堂教学评价探索之路，任重而道远。

作者单位：北京市房山区张坊中学

巧用多种评价方法
让孩子遇见更好的自己

何　畅

德国教育家第斯多惠说："教育艺术的本质不在于传授本领，而在于唤醒、激励和鼓舞。"在班级管理和教育中，鼓励和表扬这样的"过程性评价"能够促进孩子的上进心，增强孩子的自信心。都说好孩子是夸出来的，在班主任工作初期，面对刚入校的一年级学生，大多数情况下我采取的是口头鼓励和表扬，但是后来我发现，这样的评价太过随意和模糊，针对性不强，学生们也"疲"于这样的评价，学习动力不足。加之新冠疫情防控期间，学生们脱离了学校和老师的管理，学习的自觉性和主动性下降，为了解决这些问题，我在实践中不断探索。

一、评价软件"班级优化大师"来助力

"班级优化大师"是一款由希沃研发的针对学生在校行为评价的管理工具，班级优化大师为每一位学生设定了专属卡通角色，教师通过对学生加分、减分、随机抽选进行角色升级，配合游戏化的规则、界面和音效，激发学生的好奇心和战斗力。教师不仅可以随时设置评价内容，而且评价结果会自动生成数据分析，帮助教师更有针对性地开展学生辅导。

（一）评价内容越具体，学生行为习惯越规范

我将"班级优化大师"的评价内容设置了三个大板块：品质篇、习惯篇、学习篇。品质篇与学生的思想品德有关，如有责任心、帮助同学、关爱集体等；习惯篇与行为习惯有关，如站队快静齐、课后喝水、光盘行动等；学习篇与学习习惯有关，如坐姿端正、认真倾听、字迹工整等。内容可以根据学生情况随时添加修改。

班上有一个特别不爱发言的学生语嫣，她性格内向胆小，害怕自己回答错误，受到同学嘲笑和老师批评。为了帮助她增强自信心，我在学习篇中增加了"勇于挑战自己"一项，分值设置为2分，比通用的"积极回答问题"还多1分，专门针对语嫣这样内向的同学，我抓住他们勇敢地回答问题或提问的时机，大大表扬，班上内向的同学都自信了不少。

　　班上还有另一种学生，他们思维活跃，但是听到问题不假思索脱口而出，于是我设置了"认真思考，回答准确"一项，让他们慢慢安静下来，先思考再回答，回答问题最重要的不是速度，而是质量。

　　不仅仅是作为班主任的我随时对学生们进行评价，我还把所有任课教师加入群中，共同为学生打分。他们特别在乎自己的分数，像是荣誉和证明，向着优秀的评价标准看齐。坚持了三个月，班上学生的课堂参与状态、思维状态等学习习惯都有了明显的进步。

（二）评价数据精确客观，便于"对症下药"

　　"班级优化大师"软件会对学生们的评价数据自动留存，只要通过分析整合其评价记录，就能轻而易举地找到特点和规律，便于对学生后期的行为进行评价和评估，让研究每个个体成为可能。

　　平台的数据既可以看到全班的情况，也可以看到单人的情况，以及这个学生的具体加减分情况。数据的积累不但有文字的描述，还有学生的饼状图呈现，可以一目了然地看到学生的优点和不足，便于我指导学生后期改进。以某一月为例，我总共发出 1131分，表扬加分 1174 分，占到总比重 96%，批评减分 43 分，占到总比重 4%，可以看出以鼓励为主，还是有小部分学生待改进。同时还可以看到个人榜、小组榜、单项榜、进步榜的学生数据和排名。通过数据我可以清楚地知道在这个月中得分前三名的学生是杜思远、姜梓涵、薛梓昊；得分最多的小组是第三组；以及认真早读、注意力集中、最会做好课前准备的学生名单等等。

　　有了有力的数据，我会在每周班队会的时间对学生进行"有理有据"的分析，一周一分析，对于得分较高的学生提出表扬和肯定，对于待改进的学生我会通过数据和图片告诉他们努力的方向和方法，鼓励他们再接再厉。并且我会将孩子们的分数每周清零，给每个孩子重新开始的机会。

　　班上的常某是个表现欲极强、自控力不强的男孩子，上课经常走神做小动作，但是特别喜欢劳动。我看到软件对他的评价数据显示总分不高，学习篇得分偏低，但是生活篇得分很高，尤其是"积极劳动"这一项。在班会数据分析时，我看到他得知自己没有排名靠前，懊恼失落地低着头，便对所有学生说："同学们，虽然有些同学的总分不高，但是数据显示单项得分却很高，在积极劳动项得分最高的是常某同学，我要给常某同学颁发本周'劳动之星'称号。"我看到他的头突然抬起来，眼睛里充满了惊喜。下课后，我走到他身边悄悄地对他说："劳动之星，老师看到你积极劳动为集体着想特别高兴，劳动都能做得这么好，相信学习方面你也一定可以做得很好，有信心吗？"他笑着闪着充满期望的眼睛说："老师，我有信心！"在第二周的表现中，他像个上了发条的小人儿，积极认真践行着自己的诺言。看来有针对性的表扬和激励真的很有效，从此他的学习劲头更足了。

每个孩子都有自己的长处，发现了学生身上的闪光点，用发展的眼光看待学生，让孩子个性发展，育全人，这才是素质教育的真谛。

二、积分币辅助，评价变得及时高效

使用班级优化大师需要在大屏幕或手机上使用，但有时在户外上课，或进行集会时不能及时使用软件，而过时再评价则起不到良好的激励作用，这时我会拿出另一个"杀手锏"——积分币。积分币类似一元硬币大小，塑料制成，有 1 分、2 分、10 分的分值，使用标准和班级优化大师一样，奖励给学生。和班级优化大师不同的是，孩子们得到积分币就像拿到了实实在在的钱一样，小心翼翼地保管，这是他们荣誉的象征，进步的象征。

还记得学校在多媒体报告厅举行了一次健康知识讲座。这是孩子们第一次参加讲座，虽然我提前给他们讲授了集会礼仪，走路队伍要安静整齐，入座端正，认真聆听，可是一年级的小豆包们太兴奋了，激动得早就把规则抛在脑后，这时我拿出早已准备好的积分币亮在学生面前。有的学生瞬间安静了，我立刻当着全班同学的面，奖励安静有序的同学，此时说话的学生看见有同学得了奖励，也纷纷向榜样学习，这小小的积分币，威力可真不小哇！

三、积分＝精美礼品＋荣誉证书＝成就感

让这小小的积分币和班级优化分数这么"有魔力"的秘诀，就是积分兑换礼品的物质奖励和荣誉证书的精神奖励。

在班级墙壁的格子架上摆满了各式各样的礼品：铅笔、橡皮、转笔刀、尺子、记事本、拼图、棒棒糖……这个功能分区就是"礼品超市"。积分加上积分币可以兑换礼品，这是学生最喜欢做的事情。自己用勤奋和努力换来积分，兑换成自己喜欢的礼物，那可比爸爸妈妈买来的有意义多了。"礼品超市"每周五营业，由我和副班主任做"收银员"，5 分兑换橡皮或尺子，10 分兑换笔记本或棒棒糖，15 分兑换拼图，25 分兑换大礼包一个。平时路过"礼品超市"孩子们都会期待地说："我还差 2 分就可以兑换长颈鹿尺子啦！""我还差 1 分就可以兑换拼图啦！"……孩子们都特别期待每周五的到来。

除了可以兑换自己喜欢的礼品之外，我还会向积分较高、综合表现优秀以及某方面突出的学生颁发荣誉证书。我设置了周度之星、学习之星、礼仪之星、劳动之星、阅读之星、节俭之星、内务整洁之星、进步之星、乐于助人之星等等。颁奖仪式也要进行得隆重有仪式感，由我和副班主任说颁奖词，学生上台领奖并合影留念，同学们掌声鼓励。这些看似微不足道的细节，却是学生们心中最重要、最向往的时刻，这是学生们被尊重、被喜欢、被称赞的自豪时刻，感受过这份成功的喜悦，他们会更加自信更加努力地学习。

四、疫情防控期间，停课不停"评"

（一）适时调整评价内容，指导学生居家学习

2020年初，一场新冠疫情影响了学校的日常教学。根据学校"停课不停学"的要求，孩子们居家开展了一系列活动，如阅读、绘画、劳动、体育锻炼等。在"停课不停学"活动前期，学生特别积极参与，家长们通过微信家长群纷纷分享孩子在家的学习和生活的照片或视频，我都会一一查看，并鼓励点赞。可是时间一长，我发现家长分享的次数越来越少，便点对点向一些家长了解情况，原来孩子放假在家时间较长，没有了老师在耳边的谆谆教诲，孩子的自觉性和主动性下降，加上有的家长复工，没有了家长的监督，孩子们的学习状态更松懈了。了解到这一情况，作为班主任的我意识到孩子们的生活学习习惯亟待培养，何不继续用评价的方法激励监督孩子们呢？

"停课不停学"期间，根据线上学习的实际情况和要求，我继续使用"班级优化大师"软件对学生们的情况进行记录和评价，在评价内容上设置了学习篇、习惯篇、作业篇。学习篇包括：课前预习、认真听课、坐姿端正、不随意插话、积极回答问题、认真完成作业。习惯篇包括：课前准备好学习用具、上课时衣冠整洁、提前5分钟进入"腾讯会议"、不在上课期间做其他事情、做家务、整理内务、清洗衣物、晚上10点前入睡、早上7点前起床等。作业篇包括：语文书写端正整洁，数学步骤规范、答案正确，英语发音正确、朗读流利等。以上内容评价分数均为1分。

（二）师评、自评、家长评，三方共评促成长

在评价方式上，学习篇评价方式是通过我进入每天各科的课堂直播间，观察每个孩子的听课状态和回答问题次数进行加分或减分。习惯篇的评价方式则是家校联手评价。疫情防控期间，我邀请家长们加入班级优化大师班级群，家长们通过软件对学生在家里的行为习惯进行评价，同时我也通过家长发在微信群里的照片反馈对学生的行为进行评价。如做到评价内容加1分，做不到不加分。作业篇的评价方式则是通过记录各任课教师的作业批改情况进行统计加分。例如语文、数学、英语老师使用"班级小管家"和"一起小学"软件批改学生们提交的作业，我申请加入作业群后可以看到学生们提交的各科作业，进行统计并在"班级优化大师"软件上进行评价，作业一次得优加1分，未交作业扣1分。

在直播班会上，我带领学生一起制作了时间计划表，将起床、听网课、做眼保健操和课间操、体育锻炼、阅读、写作业等内容的时间作出了详细的规划，并要求学生按照时间严格执行。在每晚睡觉前问自己三个问题：1.我今天的作业完成了吗？2.我今天是否按照时间表完成了每一项内容？3.我今天是否专心认真？每完成一项加1分。由于一年级的孩子年龄较小，自我认知的能力还在形成中，需要家长和老师的引导和监督，但在自我评价的过程中，孩子一日三省吾身，逐渐学会了自我反省。

自线上开学以来，通过学生自评、家校联手共同开展学生评价，不少家长反馈孩子特别在乎自己的分数，用这样的方式不仅约束和规范了孩子的行为，孩子也慢慢养成了良好的学习和生活习惯。

（三）特色阅读评价活动——"阅读存折"

为了丰富学生们的假期生活，激发他们阅读的兴趣，培养其喜欢阅读的习惯，2月23日，我在家长群中发起了"阅读存折"的活动。读的书就像存进脑子里的精神财富，阅读时间越长，财富越多，学生们将阅读的时长记录在存折上，阅读内容不限，每15分钟存1分，30分钟存2分，依次叠加，记录人必须为家长；并且学生阅读后，需向家长以写或说的方式分享阅读心得或用自己的话复述书籍内容。我录制了小视频教学生们如何制作阅读存折，要求学生自己动手制作。阅读积分会定期进行评比和兑换。坚持每天阅读，并且积分在前三名者可获得好书一本；积分60分以上获得"读书小达人"荣誉称号和精美礼品；坚持每天阅读可获得超级精美礼品。鼓励家长和孩子一起徜徉书海，与阅读为伴，享诗意人生。

3月23日，经过一个月时间的阅读，我们进行了班级"阅读存折"活动第一次评比。家长们将阅读存折拍照发送至家长群中，全班有16位同学达到了积分60分以上。我为这16位同学准备了"读书小达人"荣誉证书和一根小动物铅笔、一个笔记本礼品，亲自送到了学生家的小区门口。学生拿到证书和奖品高兴得不得了。刘宸佑同学高兴地发来微信语音："何老师，我得到了证书、奖品好开心，以后我要读更多的书！"杜思远的妈妈也发来反馈："孩子收到证书和礼品后阅读的兴趣更浓厚了，现在除了听网课，其他时间都沉浸在书本里！"学生还在线上进行了好书分享会。

学生们用一点一滴的进步积累着积分，一个个积分币激励着一个个学生的进步，一次次加分见证了一个个学生的转变。学生们获得了成就感，养成了好习惯，激发了要变得更好的内驱力。而作为教师的我，也懂得了要用欣赏的眼光看待学生，评价机制是手段，真正重要的是作为教师，要从心底里喜欢学生，爱学生，发现学生身上的闪光点。教育是一场修行，我愿终身成为学生的守护者和引路人，不忘初心，一直在路上。

作者单位：北京理工大学附属实验学校

"雁阵"评价促自主管理能力的提升

乔海涛

春来秋去的大雁在飞行时总是结伴而行，队形一会儿呈"一"字，一会儿呈"人"字。生物学家说雁群的这一飞行阵势是它们飞得最快最省力的方式，管理学上把这种现象称为"雁阵效应"。笔者带着在班级管理中发挥"雁阵效应"的想法开始了班级评价的三部曲。

第一部：个人评价助每只"小雁起飞"

阎村中心校的办学理念是："勤雅立人"。学校以"勤雅"作为核心价值，把"勤与雅"作为学生的立身和做人的根本，从培养学生勤奋的行为和态度开始，最终实现由内到外的优雅，进而创造学生幸福美好的未来。勤雅文化滋养着勤雅少年的成长。培养"勤学雅识、勤养雅习、勤行雅健、勤修雅艺"的自信少年是学校的育人目标。学校以勤雅争章为载体设立了勤学章（针对学生的表达、听说、作业等方面的评价）、雅习章（以文明岗、课间活动等行为活动为依据）、健体章（以两操、体育课、体育赛事为评价依据）、博艺章（以社团，市、区、校级艺术比赛为依据），并依照"勤雅少年习惯养成年级培养目标"采取月主题推进的形式，进行日评、周汇总、月总评、学期表彰、学年表彰等评价方式促进勤雅少年的自信成长。

如何让这套评价机制更好地发挥实效？笔者主要从以下六个方面着手：整合细则、制订公约；群策群力、自主评价；发现问题、完善机制；抓住课堂、主体评价；关注个体、鼓励进步；联系家长、形成合力。

一、整合细则，制订公约

"勤雅少年争章标准"是分年级段进行制定的。每个学期开始，大家就要一起学习新年级段争章的评价细则，但对孩子们来说，这个学习的被动接受过程实在是枯燥、没意思。读魏书生老师的书，发现他是这样做的："班规是由全体学生共同讨论制订的，同学们可以提议修改或删减。"受这一方法的启发，笔者也尝试让孩子们把争章的细则与班级原有公约有效整合，这一过程发挥了孩子们的创造性。表1是六年级的勤雅争章标准。

表1　勤雅少年争章标准

年级	勤学章 细则	雅习章 细则	健体章 细则	博艺章 细则
六年级	1. 养成有效复习、归纳、整理知识的能力； 2. 增强学习意志力，培养分析问题的能力； 3. 广泛阅读，阅读有方法。	1. 用积极乐观的心态对待生活与学习； 2. 如实向父母汇报学习情况，要体谅父母的苦心，听从长辈教诲，学会感恩； 3. 自觉维护公共秩序； 4. 合理安排有效时间，不去网吧，玩游戏有节制。	1. 坚持晨练，选择自己喜欢的体育活动项目进行锻炼； 2. 保证每天一分钟跳绳不低于十次； 3. 积极参加户外活动锻炼有方，培养自主锻炼能力。	1. 合理安排社团活动与学生活动，社团、学习均衡发展； 2. 掌握一定的艺术技能，用艺术方式表现生活； 3. 发展特长，并有自己独特之处。

六年级的勤学章细则有这样一条：养成有效复习、归纳、整理知识的能力。他们就改成了可见、可操作的班级公约："每个单元学完，上交自己总结的单元知识点小报。"雅习章中有这样的标准：合理安排有效时间，不去网吧，玩游戏有节制。这一条还真不好评价。孩子们是这样改的："双休日有自己的活动计划表，安排合理。每次玩游戏不能超过半小时。"如此，高高在上的学校整体的评价标准接到了我们班的地气。不仅如此，我们班形成的公约并非一成不变，它还是一个动态化的班级公约。比如体育锻炼一项，就是按照体育抽测的标准，随年级的改变而改变的。

二、群策群力，自主评价

雁群中最重要的是领头雁。飞行中，当领头的大雁累了，会退到队伍的侧翼，另一只大雁则会取代它的位置，继续领飞。受到"雁阵"的启发，班级尝试在"头雁"的变换中建立起评价机制。

起初，每组选出一名小组长。由每组的小组长根据评价细则对本组同学进行个人日评价和周汇总。但是小组长一个人似乎忙不过来、看不过来，对自己的评价也有失公平。所以很快，就变成了每组选出两名小组长，由两名小组长共同评价。小组内选出两名组长，组长互评，再固定评价组内的另外两名同学，这样的模式解决了第一阶段的问题，使用了较长一段时间。但是，这样的模式也有欠缺，主要是提不起被评价的组员的兴趣。因此，又进行了改进，每组的六名同学分成两组，每组三人，轮流当评价人对另外的两名同学进行评价（见图1）。这样，全员都是评价人的"自主评价雁阵"就初步建立起来了。"头雁"的变换机制发挥了雁阵效应。

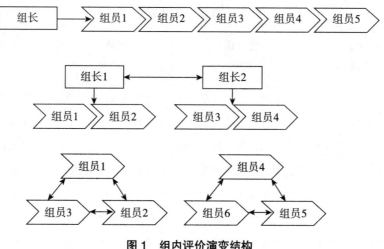

图1　组内评价演变结构

三、发现问题，完善机制

经过一段时间的评价，学生逐渐熟悉了评价细则以及评价方式，但还是有新的问题出现，比如印章的奖励只有两个层次（未达成评价细则要求的学生不得印章，达成的得一枚印章），不能客观地体现出学生的不同表现。针对这一问题，增加了一个奖励层次，对表现优秀的同学实施增加一枚印章的方式，比如小测成绩优秀，获得学科教师的表扬，就可以多加一枚勤学章。参加学校组织的体育、文艺等竞赛活动多，获得相应的健体章、博艺章等。帮助同学、做了好事就可以多得一枚雅习章。这样做体现了对合格与优秀之间差异的肯定；也激发了他们积极向上的原动力，促进孩子们从合格的自己成为更优秀的自己的改变！

四、依托环境，促进评价

注重班级环境文化的整体设计，充分发挥它的育人功能，从而做到"随风潜入夜，润物细无声"。在"做最好的自己，创最好的班级"的班级口号下，笔者班级以"勤雅少年，放飞梦想"为主题开展环境布置，分为播种、萌发、绽放三大版块（见图2）。播种：孩子们都有自己的理想，本版块就以一棵心愿树为背景，是孩子们播种希望的天地。版块上面有每个孩子的心愿以及月目标，目标达成可以更换新的愿望目标。萌发：这一版块可以看到学习习惯、行为习惯和体育健康三个方面的细致要求，以个人为基础、以小组为单位每个月在这三方面的评分，可以说这是孩子们点滴成长的记录。绽放：展示了个人和班级在各项活动中获得的奖励，是孩子们努力奋进的成果，也是大家继续努力的动力。班级读书角为我们增添了书香气，这里有在学校图书馆借的书，还有学生们自带的书籍。孩子们以书为友、以书为师，遨游在书籍的海洋里。当然教室里少不了孩子们精心养护的植物、带来生机和活力的小鱼……整齐的桌椅、有序的物品摆放、干净美丽的环境，是孩子们美好的乐园。

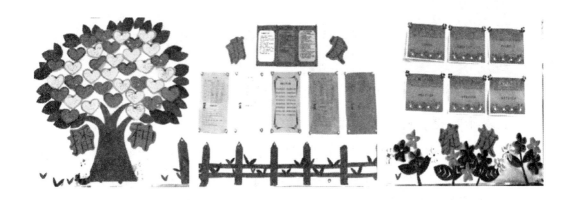

图2　室内班级文化展板

五、关注个体，鼓励进步

中心校对勤雅少年的个人表彰形式主要是利用校内电子屏、学校校刊、开学典礼、"六一"儿童节等集中表彰的形式。"勤雅书签"奖励每两月一次，小勤雅娃每学期评价一次，大勤雅娃每学年一次。可以说，每个孩子都想得到表彰，但有些孩子还不足够优秀，尤其是基础差的孩子，虽然进步较大但还是比不过一直优秀的孩子。所以针对个人奖励又进行了改变，增加每月的奖项形式，比如用表扬信、文具礼品（把平时节约箱收集的废品卖掉，用换来的钱买一些学生实用的小礼品）、满足一个合理的小愿望（想带个魔方玩具，休息时可以和同学一起研究进阶等小愿望）等奖励。这样做的目的只有一个：通过评价实现关注每一个孩子的发展。

六、联系家长，形成合力

家长是我们"雁阵"最有力的支持者。有时我们的评价必须依托家长来完成，在进行数学实践活动"设计存款方案"前，老师布置了让孩子亲自去银行存一次款，并搜集有关利率方面的信息的前期活动。孩子的表现怎么样？这就需要家长来进行评价。家长评价是通过微信群反馈的，一般设立三个选项标准：A 未完成，B 已完成，C 完成较好。另外，还包括家长的建议。有位家长在活动中这样反馈道："这样的学习和实践活动，让孩子做到了多动手、多操练。谢谢老师给孩子们这样的锻炼机会。"

这种全方位的个人评价有助于让"每只小雁"张扬个性地成长，为"小雁起飞"以及评价的第二部曲拉开了序幕。

第二部：小组评价让每组"小雁竞飞"

个人评价的数据是小组评比的依据。小组的"小雁竞飞"由此开始。

一、基于数据，建立组间竞争

每个月结束，"头雁"进行月汇总，将每个同学各得几枚印章进行总结，并算出每组队员共得几枚印章，在展板上张贴本小组的月总评评价表。小组的竞争由此展开。一段时间后，孩子们发现有的小组不能公正地评价自己的小组，有失公平，所以全班针对这个问题对评价"雁阵"进行了调整。由组内互评改为了组间互评（见图3），进行更为公平的小组较量。

图3　组间评价结构

二、设立奖项，促进小组竞争

有竞争就要有结果，学校没有设立小组评比，也没有相关的奖励。基于小组而进行的评价、表彰方式就需要进行必要补充。经过同学们的讨论，班级又添加了一些新的奖励方式：获得前两名的小组可以集体每人加一枚印章或拥有一次参加活动的优先选择权（优先选择值日任务、观看节目优先选座位等）的奖励。小小的奖励大大地促进了小组竞争的形成。

三、通过"鸣叫"，获益小组竞争

飞行的雁群中，大雁用叫声鼓励飞在前面的同伴，使团队保持前进的信心。班里的"雁儿们"又是怎样"鸣叫"的呢？

他们在班里的微信群中这样"鸣叫"："小宇你的语文作业没补完，今天补齐了，明天赶紧交给我；小利记得先写作业……"主动督促同学补作业、写作业，争取全组都得到勤学章。家长会上，小组长这样"鸣叫"："小刚学习、体育都挺好的，就是不怎么爱劳动，早晨做值日来得晚，我们有时都扫完了，他才来。希望你能早点来。小斌上课爱思考问题，在小组交流时，他的想法是我没想到的，挺让我佩服的。但是作业写得就不够好了，有点乱，希望你在这方面多注意……"他们对本组组员进行评价，有理有据，忠言逆耳却不失坦诚。可以说小组长对本组组员的评价是全方位的。孩子们从小伙伴的口中看到了自己。家长们也从不同的视角完善了对自己孩子的认识。他们有时还会发出鼓励的"鸣叫"。有这样一个孩子，课上不敢发言，怎么办？大家就给他出了个主意，每天让他大声读书，发在班级的微信群里，增加他的行动力与学习自信，就这样有了一点点进步。在一次次课上的不语中，同学们没有嘲笑他、抛弃他。在他每天的录音文件后，是同学发给他的点赞的大拇指！他所在的小组也选他当升旗手，只因为要鼓励他的坚持！

"雁阵"中的孩子们从帮助小组同学争取都得到争章，到后来慢慢地理解与鼓励同伴。评价让每组小雁公平竞争，又将"互助友爱"的种子播种到孩子们的心里。

四、动态调整，适应小组竞争

孩子们一直在发展变化，所以班里的小组评价也必须适应其发展，动态调整。比如小组长的轮换或替换；组内角色的互换；组间成员的互换等。一成不变容易让孩子产生倦怠等问题，用动态的方式进行评价，以变应变。此外，孩子们在成长中一定会有起伏，教师应该正视这种起伏，不要奢望即刻见效，科学思考、勇于实践、不断摸索与改进，最终都会获得智慧的结晶。

第三部：评价让"群雁远飞"

"雁儿"展开翅膀，"雁群"雁阵飞翔，毕业季的他们即将"远飞"。笔者为他们设计了这样的毕业课程：

一、寻找昨天的我——与感恩同行

四月份，班级以"感恩"为主题，开展演讲评比。以小组为单位，每个小组都要以"我的成长记——我与母校""我的成长记——我与老师""我的成长记——我与伙伴"为内容做好演讲准备，适当搭配图片或自制 PPT 等。邀请校领导、家长、学弟学妹参与，根据演讲准备、演讲内容、演讲现场效果进行星级评价，目的是通过评价，感恩母校、感恩老师、感恩伙伴，将感恩之情深埋于心底，伴之"远飞"。

二、完善今天的我——与责任同行

今天的"我"是怎样的？五月份，班级开展了一次"照镜子"的活动。自己调查"家长眼中的我""老师眼里的我""伙伴眼中的我""我眼中的我"等，通过调查，完善学生的自我认知，更加客观、全面地认识自己。了解自己有哪些不足之处，需要改进之处。进而开展小学毕业前"我还要做件事"的实践活动，包括为学校、为班级、为老师、为同学做件事，每完成一件得到一枚纪念印章，用实际行动明责任。

三、展望明天的我——与梦想同行

六月份与孩子们一起诵读梁启超的《少年中国说》，希望孩子们有所感悟、胸怀大志！开展"给未来的自己写封信"的活动。分别写给"初中的自己""高中的自己""大学的自己"，以此形式展望自己的未来，追寻自己的梦想，飞向更广阔的天地。

孩子们将进一步通过活动与评价，学会感恩、完善自我、展望未来！随着孩子们小学毕业，雁阵评价也即将结束，但雁阵评价给孩子们带来的"自主、互助、团结、勇敢、担当……"，优秀的品质将会陪伴他们前行，以一名真正的自信少年，踏上远飞的征程。

作者单位：北京市房山区阎村中心校

用评价促进学生良性发展

陈海英

新课程改革的核心理念是一切为了促进学生的发展，而评价是尊重学生主体地位，促进学生发展的重要环节，是充分发挥教师主导作用，促进学生主动学习的有效手段。有效的课堂评价，能充分发挥评价的激励、导向、调控功能，使学生学习有动力，学习有方向，学习有方法，使教师也教得有成效。针对高中数学的教学任务，不仅要求学生牢固掌握数学基础知识和技能，更重要的是培养学生的核心素养。

实施多元化的评价是新课程的主要内容之一。对学生的学习评价要从多个角度进行，包括知识掌握、学习效果、情感因素等等，根据新课程理念制定科学的学习策略，促进学生全面发展。

一、用评价促学生的参与度

新教材给学生创设了广阔的参与空间，教师应充分利用教材中丰富多彩的栏目，以栏目为"路标"，激励评价为手段，给学生创设多样化的学习方式，全面提高学生的素养。高中数学教材中设置了"本章导语""情境与问题""尝试与发现"等内容，教师应引导学生自己去完成，让学生充分参与课堂教学活动，利用教师评、同学评、自评，来激励学生充分参与。

对数学教师来说，以考试测验为主的评价方式并不全面，这种用百分制来评价学生的学习效果不能真正地帮助学生学好数学。尽管这种评价方式有助于学生了解自己对知识的掌握程度，反思自己还未完成的学习目标，但是教师不应该以分数排名来向学生反馈评价结果。数学教师必须清楚地认识到分数排名不能全面反映学生的学习情况，它只是能提升少部分学生的学习动力，对于大多数学生来说，这种评价方式更多地给他们带来了压力、焦虑、悲观，很不利于学生的持久学习。教师应该多从课堂提问、学习观察、作业情况等方面去全面了解学生的学习情况，在恰当的时候以定性评价的方法去激励学生不断前进。例如：布置常规作业，开放性、探索性数学问题，数学实验，课题研究作业，专题总结报告等。作业结果的呈现形式也应是多样的，如习题解答、数学学习体会、实验或调查报告（书面、口头）等。对作业的评价可以是量化的，也可以是定性的。评价过程应积极主动、简单可行，不能加重学生的学习负担。

在教学过程中，既要体现基础知识和基本技能，又要体现基本思想方法和基本活动经验。实践证明，只有学生真正参与了数学探究活动，才能去感受、体验和发现数学知识产生和发展的过程，才会获得积极的情感体验，才能诱发创新的灵感，增强学习的信心。学生的学习过程不应只是被动接受知识的过程，更应该是发现问题、提出问题、分析问题和解决问题的过程。因此，教师要引导学生开展数学探究、合作交流等活动，使学生主动参与学习。

二、用评价促学生学习习惯的培养

教师在关注学生学习兴趣的同时，更要关注用积极有效的方法去评价学生的学习习惯，尤其是在观察、倾听与表达方面。在课堂教学中，教师要能做到即时评价。学生在课堂上的每一点表现，教师都要看在眼里记在心里，并及时恰当地予以评价。如果教师对学生的表现视而不见，那下一步学生对教师的要求就应该是听而不闻了。在课堂教学中，教师不仅要关注学生的知识、技能掌握的情况，更重要的是要随时运用观察的方法，了解学生在数学学习过程中的行为和表现。如：学生是否认真听课，是否随着教师的讲解认真观察，在小组合作中，是否在讨论问题等。教师在教学中要及时作出评价。如发现个别学生没有认真听讲时不应直接批评，而应该表扬其他好的学生。"某某上课坐得端正，会听课，老师感觉到他的耳朵竖起来了"，其他的学生会马上纠正自己的行为。在讲课时，教师也可以运用体态语言，如微笑、注视、走到学生的身边等，达到评价的目的。

教师要在课堂上关注每一位学生的表现，依据学习要求和习惯养成过程，确定课堂的观察点，通过各种形式及时记录学生的表现，给予每个孩子个性化的反馈与评价，促进孩子良好学习习惯的养成，为每一个孩子奠定坚实的学习基础。其操作路径一般为：确定评价内容—确定课堂观察点—进行课堂观察评价—及时记录分析—评价反馈。

对于不敢提问的学生，不妨主动询问，一方面这是一种关心，同时也是让学生养成提问题的好习惯，无形中对学生来说也是一种鼓励。数学学习困难的学生往往提不出问题，或是提的问题很简单，这时教师应该更加耐心，不要对学生产生厌烦感，帮助他们复习学过的旧知识，举浅显易懂的例子，使旧知识能够自然地向新知识过渡。对程度中等的学生提出的问题，应归类整理，对同类问题作出不同解答，让他们模仿解决，同时引导他们总结规律，使所学的知识升华。程度较好的学生提出的问题，一般不给予直接解答，而是多进行启发，做到点到为止，尽量让他们自己领悟其中的道理，找出解决问题的方法，但教师要及时检查他们方法是否正确，结论是否准确，还存在哪些问题。通过这些差异性的辅导，不仅能够使学生存在的问题及时得到有效解决，而且能使他们形成良好的数学学习习惯，在今后的学习中产生积极的影响。

三、用评价促学生的个性发展

了解学生的性格差异。不同性格的学生在学习中的表现是不一样的。现在的高中学生普遍都希望得到老师和同学的关注与认同，但不同性格学生的表现是大为不同的。有的表现得很活跃，很自信，也可以是自傲；有的表现得很沉默，这可以是自卑，也可以是内敛。当然，这与每位学生的成长环境和教育背景有关系。过于自信，浮躁的学生，我们就需要适当地给以提示，使其谦逊；过于自卑的学生，就要给以帮助和鼓励，提供展示表现的机会。当然，这当中不能有失公平原则，教师要创造公平，让学生品尝成功的喜悦。

实际上，教师对学生的评价方式体现了课堂教学的评价过程，即实现评价效果的过程。这个过程是动态发展的，不是静止不变的。针对不同的学生，教师的教学评价目的也不尽相同，运用的评价方法也各有特色。这就要求学案的设计要符合学情，练习题要有梯度，要由易到难，还要分层次。要想学生能够参与课堂学习，学案的设计很重要，要让不同层次的学生在课前课上课后都有事做，在学案卷上可以设计三个等级的题，供不同层次的学生选择。

设计教学目标不仅要根据数学课程标准和配套教材，更重要的是要根据学生的实际发展水平来确定。一个班级几十名学生，他们的学习基础、认识兴趣、学习能力之间存在着各种差异，企图制定出对全班学生都合适的唯一的教学目标是不科学的，也是不可能的。设计教学目标必须具有一定弹性，让学生有一定的选择余地。宏观上，我们要面向全体学生；微观上，我们可以区别对待，对不同水平的学生有不同的要求，让每个学生都能从自我出发，循序渐进，都有一种成就感，都能看到自己的进步。

因此，教师将学习目标定为三个层次。第一层为基础目标，要求掌握课程标准中的基础知识与基本技能，是全体学生都必须掌握的；第二层为提高层，要求学生熟练地掌握规定的内容和要求，并对所学的知识具有一定的分析归纳能力和应用能力；第三层为发展层，要求学生除了达到以上层次外，还要进行横向提高，不但能解决已知问题，还能解决未知问题。

在教学环节的设置上进行兼顾不同层次的学生，巧妙设置问题情境和课堂提问。在设计问题情境时，应该充分考虑各层次学生的接受能力，选择多种方式启迪思维，突出重难点。课堂提问要有难易三个层次的问题。较容易的问题，要求全体学生都能掌握，但要把这个层次的问题留给学习水平较低的学生解决；稍难的问题让给水平中等的学生完成；较难的问题让水平高的学生来尝试解决。同时，中等难度的问题留有时间让尽可能多的孩子充分思考、讨论，有了一定认知和结论后再让学生回答，这样可以充分调动每位同学的积极性，让他们都能各抒己见，从而获得不同程度的提高，感受到成功的快乐。教师在评价学生时用肯定、激励、赞赏的语言进行评价。如：对优生可说"你说的老师都没有想到"；对潜能生可说"相信自己，你能做好。""老师再给你一次机会，你试一试。"等。评价学生的学习状态，能促使学生在课堂中全身心投入学习，并在学习中体验到满足、成功、喜悦，对后续学习更有信心。

　　课堂练习和作业布置都要提出不同层次的要求。一方面，习题的设置要有层次，有梯度，由易到难，逐层加深。在安排例题教学时，尽量采用"题组"的形式，根据教材和基础训练，设计一系列代表不同层次的"变式"问题（包括开放性问题），让每个层次的学生"跳一跳"才能够到，以激发其学习兴趣，实现各层次教学的具体目标。另一方面，题目类型分成必做题和选做题两种。必做题要求必须完成，选做题则是鼓励学生完成，并在必要时进行讲评。这种有梯度的题目使全体学生得到不同层次的巩固和提高，也可以拓展学生的思维。

　　总而言之，教师在平时的课堂教学中要用心观察学生，通常是观察学生的数学基础知识、数学解题能力、学习积极性、独立思考能力、问题解决能力、合作探究能力等方面的进步情况。对于评价结果，注重定性评价的意义，并充分结合定量评价。不管是运用哪种评价方式，教师都应以学生的学习情况为主要参考，加强和学生的沟通交流，并激励学生在教师评价和自我评价中不断树立起学习信心，正确认识学习中的不足，明确学习方向，最终实现良性发展，为未来的学习和成长打下坚实的基础。

　　　　　　　　　　　　　　　　　　　　作者单位：北京市房山区坨里中学

自信是打开成功大门的金钥匙

吴　晓

　　自信心是一个人对自身价值和能力的充分认识和评价，它是激励人自强不息地实现理想的内部动力；是一个人成才所必备的良好心理素质和健康的个性品质，也是一种重要的非智力因素。在教育教学实践中，我们也看到越有信心的孩子对于学习和活动越游刃有余，并能发挥自己最大的长处，取得更加卓越的成绩；而那些学习有困难的孩子则大部分都对自己缺乏信心，甚至是自我否定，不愿意也不敢尝试，在学习、活动中不能获得成就感，也很难进步。作为教师就要帮助学生获得自信，让他们学有所获，一步步迈向成功。

一、基本情况

　　新接的高三年级中，有一名学生从接班的第一天就引起了我的注意，他半躺着坐在班级的最后一排，当我站在讲台上作自我介绍时，他眼神中带着不耐烦和不友好，他就是小明（化名）。当时我心里就想，这是一个怎样的孩子呢？带着疑问，我跟原班主任了解了一些基本情况。小明是一个有个性的孩子，不服从班级管理，顶撞老师，经常与同学发生不愉快；上课经常趴桌子睡觉，不交作业，学习成绩一再下滑。进入高三后，小明仍然"破罐子破摔"，任课教师向我反映小明上课不认真听讲，总是睡觉，作业基本不交；课代表反映，收他作业时，他非但不交态度还不好；几次召开班会，组织班级活动，我在讲台上讲话，小明公然在下面发表一些消极言论；班长当众宣布事情时，他随意打断，并提一些比较令人尴尬的问题，引起同学们哄然大笑；在平时课间，我观察发现小明语言也很不文明，说脏话现象非常严重。

二、分析原因

　　是什么样的经历让小明有这样的表现，如何解决他目前的问题，如何与他沟通，怎么能激发他的学习内驱力……一系列的问题在我脑海里徘徊。根据我以往的经验，这样的学生一定是发生过非常不愉快的事，让他对学校、对老师、对学习没有好感，对自己也没有期待。我想，要想真正帮助他，还是得先去了解他，从根本上解决问题。于是，在接下来的一个月里，我适时借助"处理他的问题"的机会，与他聊天，想多多了解他。刚开始明显能感觉到他对我是敌对的，态度很明确："老师批评我，那就批评吧！

处理我，那就处理吧！"可是我并没有批评他，有意先避开他的问题，而是心平气和地和他聊天，这让他有点出乎意料，还有点小紧张了。一来二去之后，我发现他开始愿意和我聊天了，我有意识地引导他和我聊聊他原来学习的事，他家里的事。

小明来自比较偏的农村地区，父母文化水平有限，说话比较粗鲁，主要靠在外打工谋生；小明从小大部分时间自己在家，由于比较淘气，总是到处惹事，小学高年级开始结交了一些不太好的朋友，时常打架，被学校请家长。他自述小学老师都非常不喜欢他，甚至辱骂他，最令他难以释怀的一件事是他的班主任曾经将他的桌椅放到厕所，让他去那上课，从那时起他对老师就充满了敌意。直到初二，他遇到了一位令他佩服的年级组长，也是他的数学老师——王老师（化名）。王老师对他要求很严格，每次作业他出错都会一一订正，并让他讲解清楚，他犯错误了王老师也会严厉地批评他，可他并不反感，而是让他很信服。小明说初三一模考试前他又一次闯了祸，学校请家长都想劝退了，是在父母苦苦哀求下，学校才说最后再给他一次机会。事后，王老师找到他，狠狠地批评了他，还揍了他几下，但是他明显能感觉到王老师是真的关心他，为他着急。在这件事的整个过程中，父母的低三下四，王老师的殷切关心对他触动很大，因此，他下定决心要奋发图强，最终中考取得了非常优异的成绩。他在和我讲述这件事时，我清楚地看到他眼睛里闪烁着泪花，这件事对他的影响非常大，从这件事中也能感觉到小明是一个孝顺、有情义的孩子，也是一个聪明、有潜力的学生。虽然中考成绩不错，但由于之前学习基础并不扎实，高中学习困难重重，也由于一直以来对于自己自信不足，有"刺猬"性格，高中前两年，尤其是高二这一年他自暴自弃了，他想用各种所谓的个性行为引起大家的注意，刷存在感。

三、辅导过程与效果

（一）创造机会，建立自信

苏霍姆林斯基说："成功的欢乐是一种巨大的情绪力量，它可以促进儿童好好学习的愿望。"在学习和活动中，让学生体会成功的快乐可以帮助学生提高自我认同感，悦纳自我，建立自信，在今后的学习、活动中会更有动力。

九月份的运动会上，有好几项集体项目，每个项目需要 10 到 20 人不等，这是培养班级凝聚力的好机会，也最能体现同学们的团结合作能力。大部分同学都积极报名参加了，可是小明一项也不报，好像这件事与他无关，并和我说运动会时想请假，我很明显地感觉到他是在逃避。于是，我利用晚自习和他长谈，告诉他运动会两个具体项目非常需要他，不论从他的身高还是他的体能非常适合和同学们协同合作，除了他我们没有想出更合适的人选。刚开始时他不太愿意，话语中也表达了对自己的不自信。经过我再三鼓励和邀请，他终于答应了。比赛中，我悄悄观察，发现他非常认真，多次和同学们商量、演示，在大家共同努力下，取得了第一名的好成绩。赛后，小明跑过来告诉我好消息，表现得异常兴奋，此时的他虽然是高三了，却像个小孩子一样。

这次运动会之后，我发现小明有了自信，他的"个性"收敛了很多。在班里，他能和同学一起聊天了，也开始和同学们讨论题了。更让我惊喜的是，我在班里开会、上课，他那不耐烦的眼神和消极的言论消失了，也能认认真真地听讲，并时不时地回答问题了，每次他回答完问题，我都会有意识地表扬一下他。我们之间的相处越来越融洽了，虽然他有时还会犯小错误，但是每次在说他的问题时，他都能欣然接受，并努力改正，态度很诚恳。

（二）及时鼓励，树立自信

俗话说："金无足赤，人无完人。"我们的学生更是这样。如果一直盯着孩子的缺点不放，并总是批评他们，他们只会把事情做得更糟。因此，我们在日常教育活动中，应该挖掘学生身上的闪光点，放大优点、改正缺点，帮助学生克服自卑心理，树立自信。

高三开学后，我找到小明高一时的班主任、数学老师了解情况，老师们都反映小明其实挺聪明的，数学、物理的基础都还不错，更重要的是他的理科思维很好。语文老师也说他的语文基础不算太差，只要努力，提高成绩是没问题的。我又找来小明高二期末和高三入学时的试卷，认真查阅了他的各科成绩，并进行了试卷分析，最后得出结论：只要他愿意付出，刻苦努力，一切都来得及。我在和小明聊天时，把我与各科老师对他的评价和期待如实告诉他，我能清楚地看到他脸上表情的变化，他没有想到老师们对他的评价这么高。过了几天，他主动找我说他想在高三再拼一把，可是他不知道怎么开始，自己承认落下了太多知识，高考不同于中考，没有那么容易逆袭。我给他的建议是抛开结果，从现在开始，认真做好每一件事。

从这之后，小明真的变了，老师们都看到了他的变化。他上课睡觉的次数逐步减少，作业也开始逐科上交了。课后开始主动找老师问问题了，有时他提的问题还是很有深度的，虽然基础漏洞很多，但他思维很活跃，也善于思考。同学们也发现小明开始参与他们的讨论了，有时还真能提出一些独特的解题思路。在期中考试后的家长会上，我特别表扬了包括小明在内的几个变化比较大的同学，展示了他们半学期努力学习的过程、作业打卡情况，还有利用课间上三四层楼找老师答疑的照片。小明的学习动力更足了，找老师答疑的频次更高了，我们都明显感觉到了他的积极和进步。

（三）自我完善，提升自信

寒假组建学科任务学习小组时，我推荐了小明担任英语语法专项小组组长，这完全出乎了他的意料，不过这次他并没有推辞而是认真地开展工作，他的任务总是第一个完成，并每天督促未打卡的同学完成任务，还主动与我商量将他讲解的视频发微信群里。他由于基础的原因，虽然讲解得不是最好的，但是真的是非常认真。一个月的专项学习他进步明显，对英语的学习也表现出了兴趣，在第二学期高考的冲刺阶段，他越学越有劲，就连最薄弱的写作部分也是积极主动找我面批，并反复修改。小明自己说，从来没有这么充实过，感觉时间太不够用了，想学的东西太多了，就想如果再有几个月时间，他一定能学得更好。

一年的相处虽然比较短暂，但很高兴在小明高三这一重要阶段能够陪伴他，为他助力，见证他的成长。依稀可见一年前那个不太友好、总是挑事的小明经过一年的成长，他逐渐有了自信，愿意为班级出谋划策，在学习中找到了快乐，相信在不久的将来，自信的他一定能获得更多的成功。

作者单位：良乡附中

家校共育　助力成长

吕宏博

　　龙龙是个老实憨厚的"慢性子"，学习主动性差，注意力不集中，上课小动作多，完成作业时不是少写、不写，就是错误率太高。尤其是经过较长时间的居家学习，他的学习状态更是令人担忧，开学后迟迟进入不了角色，上课时总是走神儿，每当叫到他回答问题时，他都先是一愣，然后一脸呆萌地看着我，"啊？嗯？"仿佛没有接收到我的"信号"。这样下去可不行，我决定与家长取得联系，及时反馈孩子在校的真实情况，一起帮助孩子走入学习的正轨。

　　龙龙的妈妈是一名医务工作者，新冠疫情防控期间，她心力交瘁，根本无暇顾及孩子，看见孩子学习退步，就对孩子发脾气，没有用有效的方法进行引导，如此形成了恶性循环，龙龙的学习状态就越来越不好。

　　我了解到这些情况后与家长进行了深入交流。首先，家长要与孩子平等相处，不要用家长权威压制孩子，让孩子总是处于失败状态。其次，家长要有双善于发现"美"的眼睛，善于发现孩子的优点，多给孩子正面的肯定，固化好的行为习惯。最后，家长要少批评，多找方法，一起改进。通过交流，龙龙妈妈逐渐认识到自己的做法欠妥，有点自责地说："是呀，我最近的状态不好，看见孩子写作业磨蹭，我就着急，我一看听写没几个对的，这火就不打一处来了，嚷完他，他不高兴，我也一肚子火。您说得对，我光批评他，也没告诉他是哪儿做得不好，应该怎么做。这样下去，他只能是越来越没自信，越来越不爱学习了。我得照您说的，一定改。"我趁热打铁与她分享方法："龙龙还小，如果硬让他做题，抄抄写写肯定是提不起他的兴趣，您可以给他营造一个安静的学习环境，每天多抽出点时间来陪着孩子学习，让他来当'小老师'，您当学生，讲讲今天学什么了，有什么收获。这样，他为了回家当好'小老师'上课会更加投入，听讲更认真，而且他讲一遍的过程，也是他把知识读厚再读薄的过程，自己的思维水平也能快速提高。"龙龙妈妈听后异常欣喜："老师，您教我的这招儿真好，一举多得呀，我一定好好试试。"

　　过了几天，龙龙妈妈给我打来电话，欣喜地说："老师，您教我的方法真灵，好孩子真是夸出来的……"原来，孩子那天学习了"用多种方法比较大小"，放学后兴奋地跑到妈妈面前说道："妈妈，我知道怎么比较数的大小啦，我的方法是这样的……"孩子讲得头头是道，分析得清清楚楚。讲完之后说："妈妈，我这样比对吗？"然后用期待的眼神看着妈妈说，"妈妈，那我有进步了吗？"于是妈妈毫不吝啬地说："你真是进步了，自己能分析得这么清楚，我真高兴！"孩子开心得嘴角一直上扬着，他在学习中找到了自信，并且发自内心地开心。对于龙龙妈妈的行为我表示十分赞同，我说："龙龙妈妈，您做得特别正确，夸奖远比批评成效好，对孩子多肯定，多表扬，少批评。通过这次表扬，孩子的成就感会得到大大的满足，还有咱们让孩子当'小老师'的方式，既能让孩子复习一遍知识，又能检测出孩子上课的听讲效果，两全其美。咱们还要让孩子把这个好习惯坚持下去！"龙龙妈妈说道："老师，没问题，我一定配合。"

　　第二天，到了学校，我找到了龙龙，"昨天你妈妈跟我夸奖你了，说你回家当'小老师'，给妈妈讲怎么比较大小，妈妈说你会好多种方法，龙龙你进步真不小哇！"龙龙听了笑嘻嘻地挠着头，开心得合不拢嘴。我继续说："孩子，就要像这样，每天上课时认真听讲，积极参与到学习中来，多动脑、多思考，学会了知识后，当小老师，回家给妈妈讲讲这一天的新知识，你的学习会越来越出色的。"龙龙看着我的眼睛，用力地点了点头。

　　我还在班里成立了互助小组，龙龙这一小组取名"帮帮团"，"帮帮团"的成员们各自分工。乐乐负责每天查看龙龙的记事本，看看他有没有把作业记全，这样龙龙妈妈每天翻看他的记事本，能协助督促他完成全部任务，做到不丢项；月月爱读书，课下把帮帮团的成员叫到一起，大家互相分享前一天晚上在家读了什么书，说说哪里印象深刻，哪些地方写得特别出色，这样久而久之，不光是龙龙，帮帮团成员们的阅读水平、写作能力都有了提高；萌萌数学思维特别强，尤其擅长画数学小报、思维导图，她利用课余时间和龙龙一起画思维导图，互相说说知识点之间的联系，并且把知识点完整地呈现在一张导图里，然后在每个知识点旁边扩充几道题，这样一个个孤立的知识点，就能连点成线，连线成网，在头脑中形成了体系，龙龙的数学成绩直线上升。不知不觉中，帮帮团的同学们各方面能力都有了大幅提高，尤其是龙龙的进步最大，变化最明显。

　　学生、家长、老师，劲儿往一块儿使，就能形成一股强大的力量，在共同努力下，龙龙脱胎换骨，最明显的就是他上课的听讲状态，从之前的走神儿溜号，到现在的小眼睛特别"亮"，小耳朵认真听，整个人都充满了朝气，散发着自信。以前那个反应慢半拍的"树懒"不见了，取而代之的是一个抢着回答问题，全神贯注、认真听讲的龙龙。

　　我和龙龙妈妈看到孩子的变化都很欣喜，我们继续心往一处想，力往一处使，共同帮助孩子调整学习状态，当发现有不太好的苗头时及时校正。龙龙变得越来越有自信，就连他不太擅长的语文学科，也逐渐有了起色。

　　龙龙的变化让我尝到了家校共育的"甜头儿"，当发现孩子出现什么问题时，教师不要急于求成，要及时与家长沟通，一定先找到"症结"所在，与家长一起努力，对症下药。在和家长沟通上也需要注意方式方法，只有基于共建的沟通，才能实现良性的家校合作，要让家长真正参与到孩子的学习监管中来。学生的成长，离不开教师和家长的共同努力，让我们携手同行，家校共育，助力孩子健康成长，实现教育效果的最大化。

作者单位：北京市房山区周口店中心校

心与心的对话

曹连飞

　　我校是一所农村普通高中，学生水平差异性很大，有些学生学习认真刻苦，学习成绩优秀；有些则缺乏主动完成学习任务的习惯，学习效果较差。有些学生家长文化水平很低，缺乏对学生学习的指导、督促，学生容易在学习困难面前退却；有些学生家长望子成龙、望女成凤心切，但只是盲目地给予，缺乏必要的引导，他们的子女在校表现得过分狂妄自大，学习成绩也不好。我坚信，任何一个学生学习、生活习惯的养成都不是偶然的，任何一个学生身上表现出来的问题都是其自身与环境互相作用的结果，这些问题在教师正确、恰当的方法指导、督促下是可以不同程度上解决，甚至是彻底解决的。

　　在实际工作当中，我换位思考，站在学生的角度，想学生之所想，急学生之所急，广泛深入地与学生接触、沟通，逐渐摸索出一些帮助学生健康成长的经验和方法。通过与学生的接触、沟通，我感受到了他们对"优秀""成功"的渴望，看到了他们内心对"进步"的渴望，同时也了解到他们对自己身上不良习惯的无奈。他们也许身材比教师还要高大，他们也许说话比教师还显成熟，他们也许始终一副无所谓的样子，但在他们伪装的外表下面是一颗不谙世事的心。他们希望得到教师的关注，呼唤教师的理解，渴望与教师心与心的沟通，盼望着自己能健康、茁壮地成长。作为班主任，我关心每一个学生，但对他，我则倾注了更多的心血。

　　初期，充分关注。开学一周后，一个学生引起了我的注意，通过仔细观察，广泛征求其他任课教师意见，期中考试之后，我基本掌握了这个学生的特点，从此开始了一个学期的一对一教育工作。

　　他是教师们眼中的"顽石"，他是课堂中的"朽木"，他永远占据着班级考试成绩的最后一名。即使在体育课上，他也萎靡不振，同时，他家境富裕，狂妄自大，有"恃"无恐，不在乎成绩怎么样，不在乎老师和同学们怎么看，对于他，仿佛任何引导方法都无效，任何教育方式都显得有气无力，他甚至认为老师逼他学习是为了得到奖金。因此，他不学习的理由是坚决不让老师的"阴谋"得逞。这是我在日记中对他表现的评价，他平时对教师很客气，也很懂礼貌，但学习千万不要找他，提问肯定不会，有时他还会私下组织本班同学和教师唱对台戏，但经过一段时间的充分关注后，我找到了切入点。

　　那是一次高一年级的歌唱比赛，他演唱了一首港台的经典老歌，从那时起我知道他是那样喜欢一个乐队。随后在他们班的晚会上，我特意演唱了一首他喜欢的乐队的歌，他随后也唱了一首这个乐队的歌，我感觉到我们的距离拉近了。

　　中期，理解沟通。他依然不学习，但我能感觉到他课上情绪的变化。接下来，我采用课上提问法，我开始提问他的问题始终是"这个你听说过吗？"提问中丝毫没有埋怨和不屑，而是充满了关爱和期待，对于感情的接近他没有任何抵触，我至今还清晰地记得，他前两次回答的是"没听说过""真没听说过"第三次是"老师，我听说过"。这次我说："很好，请坐。"没有再多的对话，这时我想的是他进步了。接下来，我在课后将每次课的课堂达标习题给他印一份，叮嘱他认真"背"，下次课提问，他每次的回答都非常准确。接着我把分层卡和答案给他，告诉他测验时间。测验时我用原题测试他，他虽然还有错误，但每次经过"准备"，考的成绩非常好。在我的精心布置下，他在基础知识的学习上有了很大的进步，我看到了希望，我相信他也感到了自己的进步。作为努力的回报，期中考试他得了50多一点的分数（我对学校的监考有足够的信心），我非常高兴，找到他笑着说："不是最后一名了，你行啊！"他回答道："下回我能考得更好。"他找到了自信，这是我最希望看到的，我想再过一段时间他就能甩掉我这根拐杖，独立行走了。

　　"没有学不好的学生，只有教不好的老师。"正确理解这句话关键在如何评价学生学得好坏。有些教师想当然地认为学生成绩到一定水平才算学好了，而学生"考不好"就是没学好，这种情况反映出教师缺乏正确的学生学习观。

　　学生的学习是一个渐进的过程，不同个体具有不同的学习特点，这种特点既与学生本人学习态度、学习方法、学习兴趣有关，同时也与个人的知识储备有关。因此，教师评价一个学生学习的进步，就是要基于学生全部的知识基础和个性特点，一个学生能取得"优秀"的成绩也许并不能算进步，因为他具有更大的潜能，一个学生考试中只得了30分，但他却是进步了，较之前掌握了更多的知识，即使这些知识还非常少，但教师应该看到学生的进步。正确的学生学习观是教师进行分层教学的基础，使每一位学生都能在教学中获得最大限度的进步，同时也是避免教师产生"嫌贫爱富"思想的必要条件。只有看到所有学生的进步，教师才能真正地感受到教书的乐趣，全心爱所有的学生，进而饱含热情地投入教书育人中。这名学生的进步过程充分说明，学生学习的进步应该是一个渐进的过程，教师应该看到进步，给教师自身一个鼓励，也让学生感到是一种激励，进而师生共同努力争取更大的进步。

　　在理解沟通阶段，我从没跟他说过什么大道理，找他就是询问课堂听课效果，布置下次课堂任务。我尽量将每次谈话局限在知识学习上，不进行长篇大套的理论教育，也不讲人生目标，就是实实在在地讲学习。我们在实际的教与学中建立了一种信任，我信任他能完成任务，他信任我一定会在课堂上关注他任务是否完成，并且将他的进步展现在全班同学的面前。这种简单交流起到了非常重要的作用，我认为这胜过空洞的说教。学生高中阶段已经具备一定的人生观、价值观和是非观，教师试图通过高压严管说教的方式改变他们的不良习惯和错误认识以达到促其成长的目的很难，同时这种方式也容易激化师生间的矛盾，这时最好的方法是引导，教师要本着高度负责、尊生爱生、一切为了学生的教学态度，教学中正确认识学生的知识水平和个性特点，因材施教，看到学生的进步，认可学生的进步，用欣赏、赞扬、鼓励的言行激励他们成长，让学生在实际的进步中重新认识自己、改变自己、发展自己。

末期，助力成长。第二学期他语文成绩稳步提升，我从此不再一对一地帮助，而是定期找他谈话，了解他的学习情况，在校生活情况，叮嘱他要注意平时知识的积累，通过课堂测试掌握他学习的变化。第二学期，他的成绩一直比较稳定，在最后的会考冲刺阶段表现得非常好，并且对不懂的问题主动请教同学或教师。成绩的稳步提高，使他自身发生了变化。他积极做各种工作，一改以前"闭关自守"的态度，主动帮助同学，整个人精神面貌有了大改观。功夫不负有心人，会考成绩下来后，他兴奋地找到我说全部通过，我认真地对他说："只要努力，没有达不到的目标，学习如此，做其他事也如此。"这是我第一次对他说教。随后又传来好消息，他期末考试也取得了好成绩。

成效与反思。成绩不能说明一切，在一个人的一生中，在校学习成绩的好坏并不代表最后人生、事业成功与否，但有一点是肯定的，就是任何个人成绩的取得都需要自身的努力，小成绩小付出，大成绩则需要更多的付出。在对学习成绩努力追求的过程中，他掌握了一些方法，改变了一些习惯，并最终取得了比较满意的结果，但这并不是我最终的目的，我就是要通过这样一个过程，使他了解别人取得好成绩的"秘密"，让他自己明白只有努力，才能达到目的，没有什么是他不能完成的。我想这种自信的建立将对他终身有益，这才是我最想看到的。一年的时间要想完成这样一个目标是很困难的，他今后的路还很长，还需要不断同自身的坏习惯斗争，不断地努力学习，才能最终完成自身的蜕变，真正成为国家和社会需要的人才。

作者单位：北京市房山区实验中学